THE 10X RULE

그랜트 카돈 Grant Cardone

세계적인 세일즈 트레이닝 전문가이자 마케팅 인플루언서, 기업가, 부동산 투자자다. 또한 국제적으로 명성 높은 리더십, 기업가정신, 동기부여, 금융, 투자 전문 강연가이자 《뉴욕타임스》 베스트셀러 작가다. 현재 보유 기업 7개, 운용 자산 40억 달러, 순자산은 6억 달러를 웃도는 억만장자다. 《포브스》 "세계 #1 세일즈 트레이너"와 "2017 올해의 주목할 마케팅 인플루언서 25인" 중 1위, 〈리치토피아 Richtopia〉 "세계에서 가장 영향력 있는 CEO 500인" 중 7위, 미국상공회의소 "비즈니스 분야 소셜 미디어 인플루언서 톱 5"에 선정되었다. 1958년 미국 루이지애나주에서 태어나 맥니스주립대학교에서 회계학을 공부했다. 10세 때 아버지를 잃고 어린 시절 ADHD(주의력결핍과잉행동장애), OCD(강박장애) 등 진단을 받았다. 21세에 대학 졸업 뒤 여러 직업을 전전하다 파산하고 빚더미에 올랐으며, 알코올과 마약에 빠져 거의 목숨을 잃을 뻔했다. 중독 치료 후 25세부터 세일즈 일에 전념해 업계 상위 1퍼센트 안에 들었다. 29세에 첫 창업에 나서 컨설팅 회사를 차렸으며 30세에 백만장자가 되었다. 구글, 모건 스탠리, 스프린트, 애플랙, 노스웨스턴 뮤추얼, 도요타, GM, 포드 등 포춘 500 기업과 스몰 비즈니스 오너, 스타트업을 대상으로 컨설팅을 해왔으며 전 세계를 돌며 세일즈, 마케팅, 브랜딩, 부동산, 인간관계, 투자, 부 등을 강연해왔다. 1989년 개인, 영업인, 사업가, 경영진을 대상으로 비즈니스 증진 및 극대화 툴을 제공하는 그랜트 카돈 엔터프라이시스 Grant Cardone Enterprises를 설립했다. 1990년에는 그랜트카돈세일즈트레이닝대학교 Grant Cardone Sales Training University를 세워 전망, 세일즈, 협상, 거래 체결, 돈, 금융, 동기부여 교육 프로그램과 과정을 개설했다. 1996년 부동산 회사 카돈 캐피털 Cardone Capital을 창립해 미국 전역의 공동주택에 투자해왔다. 2011년 《10배의 법칙》 출간 후 세계 최대 비즈니스 기업가 콘퍼런스인 10배 성장 콘퍼런스 10X Groth Conference를 출범시켜 월드클래스 기업가들로부터 경영 전략을 배우는 10배 운동 10X Movement을 이어가고 있다. 폭스 뉴스, MSNBC, CNBC, CNN, 로이터, 〈허핑턴포스트〉 《비즈니스위크》 《월스트리트저널》 등 여러 매체에 출연하거나 기고해왔으며 〈회복왕 Turnaround King〉(내셔널지오그래픽 채널), 〈억만장자 파헤치기 Undercover Billionaire〉(디스커버리 채널) 등 리얼리티 쇼에도 출연했다. 저서로 《10배의 법칙》 외에 《집착의 법칙 Be Obsessed or Be Average》《팔든가 팔리든가 Sell or Be Sold》《일등이 아니면 꼴찌다 If You're Not First, You're Last》《백만장자 요람: 슈퍼 리치가 되는 법 The Millionaire Booklet: How to Get Super Rich》《부를 일구는 부동산 투자법 How to Create Wealth Investing in Real Estate》 등이 있다.

THE 10X RULE

10X
RULE

10배의 법칙

그랜트 카돈 지음
최은아 옮김

부·키

옮긴이 최은아

상명대학교 경제학과를 졸업한 후 교육 회사에서 인사 관리 및 교육 프로그램 개발을 담당했다. 글밥아카데미를 수료한 후 바른번역 소속 번역가로 활동 중이다. 옮긴 책으로 《생각이 바뀌는 순간》《인생이 바뀌는 하루 3줄 감사의 기적》《더 원페이지 프로젝트》《어른초년생의 마인드 트레이닝》《공정한 리더》《슈퍼 석세스》《퍼스널 스토리텔링》《부자 습관 가난한 습관》《10배의 법칙》《나폴레온 힐 부자의 철학》《밥 프록터 부의 시크릿》《집착의 법칙》 등이 있다.

10배의 법칙

개정판 1쇄 발행 2023년 8월 28일 | 16쇄 발행 2024년 3월 5일

지은이 그랜트 카돈
옮긴이 최은아
발행인 박윤우
편집 김송은 김유진 성한경 장미숙
마케팅 박서연 이건희 이영섭 정미진
디자인 서혜진 이세연
저작권 백은영 유은지
경영지원 이지영 주진호

발행처 부키(주)
출판신고 2012년 9월 27일
주소 서울시 마포구 양화로 125 경남관광빌딩 7층
전화 02-325-0846 | 팩스 02-325-0841
이메일 webmaster@bookie.co.kr
ISBN 978-89-6051-994-7   03190

※ 잘못된 책은 구입하신 서점에서 바꿔 드립니다.

만든 사람들
편집 성한경 | 디자인 표지 서혜진 본문 studio forb

"내게 일을 줄이라고 말하는 사람은 진정한 친구가 아니거나
아니면 뭔가 잘 모르는 사람이다."

그랜트 카돈

켈리 최

《웰씽킹》 저자

이 책은 부와 성공을 꿈꾸는 사람을 위한 최고의 선물이다. 내가 해주고 싶은 말, 듣고 싶은 말이 어쩌면 이렇게 하나도 빼놓지 않고 담겨 있는지 감탄이 절로 나온다.

부자가 되고 싶다면 부자의 생각 '웰씽킹'을 이해하고 체득해야 한다. 마찬가지로 성공하고 싶다면 성공한 사람의 '씽킹'(생각)과 '액팅'(행동)을 공부하고 훈련해야 한다. 그런 점에서 이 책은 성공에 목말라하지만 어떻게 해야 할지 방법을 몰라 고민하고 방황하는 모든 사람에게 안성맞춤 교과서다. 실제로 평생 성공한 사람들을 연구하고 그대로 실천해 억만장자가 된 저자가 알려주는 비법이기에 더더욱 믿음이 간다.

부를 창조하거나 성공하는 데서 타고난 재능, 학벌, 출신, 운, 인맥, 물려받은 재산 같은 것들은 별로 중요하지 않다. 운이 성공을 낳는 게 아니라 성공에 완전히 몰입하는 사람이 행운을 얻는다는 저자 말에 전적으로 공감한다. 당신에게 필요한 건 운이나 학위 따위가 아니다. 과거의 잘못된 습관과 태도를 버리고 생각하는 법, 행동하는 법을 전환하는 일이 가장 중요하다. 부자 마인드, 성공한 사람의 마인드셋으로 완전히 갈아타야 한다. 이 책은 그 길을 보여준다.

이 책은 참 독하다. 그리고 엄청나게 독해지라고 말한다. 결핍과 실패라는 벽을 무너뜨리려면 충격과 파괴가 동반되어야 하기 때문이다. 이 책의 매운 쓴소리를 당신이 기꺼이 달게 받아들일 때 기회의 문이 활짝 열릴 것이다.

부와 성공에는 한계가 없으며, 생각과 행동만 올바로 설정하면 누구나 성공할 수 있다는 이 책의 메시지에 나는 여전히 가슴이 뛴다. 부디 당신도 이 책을 읽고 그렇기를 바란다. 그래서 원하는 바를 꼭 이루기를 진심으로 응원한다.

좋은 자기계발서를 찾고 있다고? 여기 내가 선정한 역대 최고의 자기계발서 목록을 참고하라. 한두 권밖에 읽을 시간이 없다면 맨 먼저 실어놓은 5권을 강력 추천한다. 그중 하나가 그랜트 카돈의 《10배의 법칙》이다. 한마디로 환상적이다.

_제임스 클리어James Clear, 자기계발 전문가, 《아주 작은 습관의 힘Atomic Habits》 저자

그랜트 카돈의 10배의 법칙은 핵심을 정확히 꿰뚫는다! 삶의 모든 영역에서 크게 성공하는 진정한 이유를 알고 싶다면 이 책을 읽어라.

_브라이언 트레이시Brian tracy, 자기계발 전문가, 비즈니스 컨설턴트, 《백만불짜리 습관Million Dollar Habits》 저자

"나는 인플루언서가 아니라 비즈니스맨이다!" 《뉴욕타임스》 베스트셀러 작가이자 세계 최고의 세일즈 트레이너 중 한 명인 그랜트 카돈은 말한다. 그랜트는 성공하는 방법에 대한 자신의 아이디어를 소셜 미디어에서 널리 알리는 데 성공했다. 그는 이제 리더십, 기업가정신, 소셜 미디어, 부동산 투자, 금융 분야의 전문가로 국제적으로 유명하다. 《포브스》는 그랜트 카돈을 "2017년 주목해야 할 마케팅 인플루언서 25인" 중 1위로 선정했으며 이후 그는 전 세계적으로 수백만 명의 팬과 팔로어를 확보했다.

경제, 중산층, 비즈니스에 대한 자신의 견해를 공유하는 능력 덕분에, 그랜트는 삶에서 더 많은 것을 원하지만 거기에 도달하는 방법에 대한 청사진이 없는 수많은 이들 사이에서 유명해졌다. 그는 팔로어들과 고객들에게 성공을 그들의 의무, 사명, 책임으로 삼으라고 촉구한다. 그랜트는 투자자들이 그와 파트너 관계를 맺어 초과 이익을 창출하는 방법을 창조해냄으로써 소셜 미디어의 영향력을 현실

세계의 영향력으로 바꾸었다.

당신이 그랜트 카돈의 인스타그램 팔로어 중 한 명이 아니라면 당신은 비즈니스 팁, 세일즈 전략, 부동산 조언 등 많은 것을 놓치고 있는 셈이다. 다이내믹한 성격으로 잘 알려진 이 부동산 거물이자 여러 사업의 소유자는 다음 거래를 성사시키거나 사업을 한 단계 더 끌어올리는 법, 심지어 10배로 성장할 수 있는 길을 당신에게 알려준다.

카돈은 이 책에서 대부분의 사람이 3가지 수준의 행동을 하며 살아간다고 지적한다. 그러나 목표를 달성하기를 원한다면 네 번째 수준의 행동을 추구해야 한다고 단언한다.

그가 말하는 4가지 행동 수준은 다음과 같다.

첫째, 전혀 행동하지 않는다. 이런 사람들은 그냥 아무것도 하지 않는다.

둘째, 뒷걸음친다. 이런 사람들은 실패를 피하려고 애쓰며 그래서 어떤 시도도 하지 않는다. 이들은 도피 모드에 놓여 있다.

셋째, 보통 수준으로 행동한다. 대부분의 사람이 여기에 속한다. 그렇지만 시장에 유익한 일을 전혀 하지 않는데도 실제로 뭔가를 하고 있다는 느낌을 주기 때문에 사실은 가장 위험한 행동 수준이다.

넷째, 10배로 행동한다. 이 행동 수준의 목적은 먼저 주목받고, 이어서 비판받고, 그런 다음 미움받고, 그리고 결국에는 찬양받는 것이다. 당신을 미워하는 사람이 없다면 당신은 성공하지 못한 것이다.

_《비즈니스인사이더Business Insider》

2020년 놓칠 수 없는 최고의 기업가들이 있다. 오늘날 코로나, 경제 및 여러 요인으로 인해 세계에서 일어나고 있는 온갖 일에도 불구하고, 이 힘든 시기에 우리에게 영감을 줄 수 있는 사람들이다. 이제 그 어느 때보다 전 세계의 기업가들이 내년과 나머지 새로운 10년을 정의하는 데 도움을 줄 것이다. VIP 미디어 그룹은 2020년 주목해야 할 최고의 기업가 목록을 작성했다.

그중 한 사람이 그랜트 카돈이다. 카돈은 베스트셀러 《10배의 법칙》 저자며 30년 넘게 부동산 투자를 해왔다. 그가 탁월한 부동산 투자자가 된 것은 극한의 원칙, 특유의 방식, 투자 타이밍을 아는 훌륭한 본능을 갖추었기 때문이다. 커리어 내내 그랜트는 작게 시작해 크게 성장할 수 있는 비결을 소규모 투자자들에게 전수해왔다.

_AP

《10배의 법칙》을 최근에 읽었는데 정말 흥미로운 책이다. 내가 '10배'라는 용어를 처음 들은 것은 한 친구가 실리콘밸리의 엔지니어들 이야기를 하면서 그들이 남들보다 어떻게 10배 더 열심히 하는지 언급했을 때였다. 호기심이 발동한 나는 이 용어를 검색했고 결국 이 책을 만나게 되었다. 《10배의 법칙》을 읽으면서 나는 이 책에서 말하는 요점들에 너무나 공감하게 되었다.

《10배의 법칙》은 나에게 엄청난 영향을 끼치고 있다. 이 책을 접하기 전까지는 책 읽기를 좋아하지 않았는데 다른 책을 더 많이 읽고 싶어졌다. 또 글을 쓰거나 발

표하는 것도 좋아하지 않았는데 이제는 내 생각을 공유하고 싶을 정도로 너무 좋았다.

앞으로 이 책을 몇 번이고 다시 읽을 것이다. 이 책을 만난 것이 정말 고맙고 앞으로 이 원칙들이 내 행동의 지침이 될 것이다.

_〈미디엄Medium〉

궁극적으로 《10배의 법칙》은 극한의 성공, 직장과 가정과 영적 생활에서 성취하는 엄청난 성공에 관한 책이다. 달성할 수 있는 성공의 양에는 한계가 있으며 한두 측면에서만 성공할 가능성이 있고 나머지 인생은 고통을 겪을 것이라는 생각은 잊어야 한다. 10배의 법칙에는 성공에 대한 세 가지 만트라가 있다. 성공은 중요하고, 성공은 의무이며, 성공은 부족한 법이 없다.

당신이 성공하고 싶다면 아무도 당신을 방해하지 않는다. 무엇이 당신을 성공으로 이끄는지 파악하고 그것을 실천하라. 그리고 당신이 이기기 위해 다른 누군가가 질 필요가 없다는 사실을 명심하라. 다른 사람이 성공했다고 해서 당신이 성취할 수 있는 성공의 양을 빼앗아가는 것은 아니다. 자신의 잠재력을 최대한 발휘하지 못하는 것은 비윤리적이라고 생각하라.

명심하라. 성공에 전념하고 헌신하는 것은 직장, 가족, 미래를 위한 당신의 윤리적 의무이자 책임이다. 그러니 앞으로 나서라. 올인하라. 몰입하고 전념할 때 창의력은 절로 발휘된다는 사실을 믿어라.

_〈레딧Reddit〉

내 인생을 바꾼 책. 《10배의 법칙》은 세일즈에 관한 책이지만 또한 생각하는 방

식에 관한 책이다.

_《히트Heat》

사업을 가속화하려는 기업가 또는 스몰 비즈니스 오너인가? 어떻게 하면 당신의 비즈니스를 빠르게 성장시킬지 궁금해하거나 고민해본 적이 있는가? 그렇다면 그랜트 카돈의 《10배의 법칙》은 바로 당신을 위한 책이다!

《10배의 법칙》은 또한 기업가만이 아니라 모두에게 도움이 된다. 목표를 10배 높이면 누구든 천재적 역량을 발휘할 수 있다. 그러니 이 책은 MZ 세대에게도 매우 유익하다.

세계적 팬데믹을 경험하고 있는 오늘날 많은 사람이 비즈니스와 커리어 전환의 필요를 절감하고 있다. 10배의 법칙을 이해하면 그 프로세스를 한층 가속화할 수 있을 것이다.

_《인비저블멘토The Invisible Mentor》

그랜트 카돈의 《10배의 법칙》은 내가 가장 좋아하는 책 중 하나로, 그의 추종자들이 '10배 운동'을 시작한 계기가 된 책이다. 그는 목표 설정, 잠재력 실현, '중산층 마인드셋' 깨기 등에 관한 이 책의 아이디어로 유명해졌다.

그랜트 카돈은 기업체 대상 세일즈 트레이닝, 비즈니스 성장 컨설팅 및 자문, 부동산 투자 기회 등의 서비스를 제공하는 여러 회사의 소유주다.

투자 팁, 동기부여 동영상 등으로 가득한 그의 SNS와 유튜브 채널은 팔로어와 구독자 수가 10배씩 계속 늘어났다. 또한 지난 4년 동안 그는 10배 성장 콘퍼런스를 주최해 왔다. 세계에서 가장 큰 비즈니스 콘퍼런스 중 하나인 이 행사는 그의 추종자들이 함께 모여 네트워크를 형성하고 다양한 분야에서 성공한 연사들로부터 배울 수 있는 기회를 제공한다.

'10배'는 일종의 운동이 되었다. 그랜트 카돈의 《10배의 법칙》은 당신이 10배 더 높은 수준의 삶을 살 수 있는 방법을 알려줄 것이다.

나는 이 책을 정말 사랑한다. 그리고 많을수록 좋다는 생각에 동의한다. 10배 더 높은 수준으로 인생을 살기는 확실히 어렵겠지만, 비범한 목표를 설정하면 평범한 목표를 설정했을 때보다 훨씬 뛰어난 결과를 얻을 것이다. 그랜트와 그의 아이디어는 때로 가혹하거나 오만하게 느껴질 수 있다. 하지만 그의 열렬한 추종자 중 한 사람으로서 나는 그의 의도가 단지 우리 모두가 자신의 잠재력을 최대한 발휘하게 만들기 위함임을 안다. 《10배의 법칙》은 스스로에 대한 기대를 초과하는 목표를 설정함으로써 개인 또는 회사의 브랜드 영향력을 높이고, 우리가 누려야 마땅한 성공 수준을 달성하기 위한 필수 지침서다.

_〈더석세스버그The Success Bug〉

최근에 그랜트 카돈의 《10배의 법칙》을 읽었다. 나는 내 기준을 높이는 데 도움이 되고 더 많은 동기를 부여하는 책을 찾고 있었는데, 《10배의 법칙》이 딱 그런 책이었다. 그전까지는 《10배의 법칙》이나 그랜트 카돈에 대해 들어본 적이 없었지만 책 제목에 확 끌렸다. 《10배의 법칙: 성공과 실패를 가르는 유일한 차이》.

그렇다면 '10배의 법칙'이란 무엇일까? 이것은 기본적으로 인생의 목표를 달성하기 위한 철학이다. 무엇보다 그랜트 카돈은 성공이 당신의 의무이자 사명이며 책임이라고 책 전체에서 여러 번 강조한다. 어째서 성공이 우리 모두가 추구할 기준이 되어야 할까? 이유는 간단하다. 성공이 평범해지는 것과 반대로 우리에게 너무나 많은 성과를 안겨주기 때문이다. 이 책이 전하는 메시지는 분명하다. 성공이 인생에서 최우선순위가 되어야 한다는 것이다.

그는 성공하려면 정말 큰 목표를 세워야 한다고 설명한다. 성공하려면 큰 비전이 필요한데 우리 대부분은 너무 작게 논다. 우리는 목표를 낮춘 채, 도전하거나 추구하도록 동기를 부여하는 어떤 목표도 설정하지 않는다. 무슨 일이 발생할지 알 수 없더라도 목표는 클수록 좋다. 여기에 '10배의 법칙'이 적용된다. 당신이 현재 가진 목표가 무엇이든 간에 그랜트는 10을 곱해야 한다고 말한다. 당신이 달성할 수 있다고 생각하는 것보다 10배 더 높이 잡아라. 자신을 제한하지 마라. 그러면 자신이 정말로 할 수 있는 일에 놀라게 될 것이다.

큰 목표를 갖는 것만으로는 충분하지 않다. 행동을 취해야 한다. 그것도 엄청난 행동을. 10배의 법칙은 바로 이 순간 평소보다 10배 더 많은 행동을 해야 한다고 말한다. 지금 하고 있는 것보다 10배 더 노력하라. 기준을 높여라. 더 많은 행동을 할수록 성공에 더 가까워질 것이다. 다시 말하지만, 자신을 제한하지 마라. 당신은 훨씬 더 많은 것을 할 수 있다.

그랜트 카돈은 성공을 원하는 사람이라면 누구에게나 환상적인 멘토다. 동기부여를 강화하고 더 높은 목표를 달성하기 위해 기준을 높이고 싶다고? 그렇다면 《10배의 법칙》이야말로 더할 나위 없이 훌륭한 지침서다.

_〈프로젝트라이프마스터리Project Life Mastery〉

북클럽 친구가 추천해준 책에 완전히 빠져들고 말았다. 바로 《10배의 법칙》이다. 이 책의 전제는 10배 성장을 이루어내는 비법은 무엇이며, 평범한 접근법과 고성능 접근 방식의 차이점은 무엇이냐는 것이다. '10배의 법칙'은 한 분야를 지배하기 위한 엄청난 행동, 이것이 유일하게 올바른 길이라고 말한다. 그랜트는 10배의 법칙을 실천하는 사람들이 경쟁이 아닌 지배를 위해 일하는 이유와 중요성을 강조한다. 그것이 바로 그들을 남들과 정확히 차별화하는 특징이기 때문이다. 그들은 틀에 얽매이지 않는 사고와 무한한 창의력으로 전통을 깨뜨리며 남들을 까마득히 뛰어넘는 이익 창출에 집중한다.

_세팔리 두아Shefali Dua, **아마존 웹 서비스**Amazon Web Services **수석 제품 매니저**

엄청난 행동력을 발휘하라. 자수성가 비즈니스 타이탄인 그랜트 카돈은 이 혁신적인 책에서 권고한다. 당신 자신에게 더 많은 것을 베팅하라고, 당신의 잠재력과 호기심과 만족도를 재고해 훨씬 더 높은 수준으로 도전하라고.

_〈**프랭클린코비**FranklinCovey〉

이 책은 이름값을 한다. 이 책의 메시지는 정말 강렬하다. 안주하고, 너무 편한 것만 찾고, 자꾸만 미루는 버릇을 고치고 싶다면, 비즈니스를 키울 방법을 몰라 고민한다면 이 책만 한 것은 없다.

_〈**하이퍼웹**HyperWeb〉

그랜트 카돈의 《10배의 법칙》을 읽은 지 1년이 넘었지만 아직도 계속 생각하고 있다! 내가 가진 이 책에는 모든 페이지마다 모서리가 접혀 있고 강조 표시가 되어 있다. 그러므로 당신이 이 책을 읽어보기로 결정한다면 훨씬 더 많은 유익한 내용을 발견하리라 믿어 의심치 않는다!

책 서두에서 말하듯이 '10배의 법칙'은 당신의 재능, 학력, 금융 상황, 조직 기술,

시간 관리, 당신이 속한 산업, 또는 당신이 가진 행운의 양에 상관없이 당신의 성공을 보장할 것이다.

당신의 삶과 꿈이 이 책에 달려 있는 것처럼 이 책을 활용하라. 그러면 당신이 가능하다고 생각했던 것보다 훨씬 새롭고 높은 수준에서 일하는 법을 배우게 될 것이다!

〈긱낵geeknack〉

《10배의 법칙》은 엄청나게 성공한 사람들이 어떤 마인드셋을 가지고 있는지, 당신도 그런 사람이 되려면 어떤 마인드셋을 갖추어야 하는지에 대해 눈을 뜨게 해준다. 이 책은 당신이 얼마나 똑똑하든, 얼마나 많이 배웠든, 어떤 좋은 아이디어를 가졌든 당신의 성공과 성취는 당신이 기꺼이 얼마나 막대한 행동을 하느냐에 달려 있음을 보여준다. 늘 책상에 놔두고 수시로 펼쳐봐야 할 책이다.

〈후크에이전시Hook Agency〉

억만장자 기업가이자 유명한 동기부여 강연가인 그랜트 카돈은 《10배의 법칙》에서 생각과 행동을 10배로 늘리는 것이야말로 성공의 열쇠임을 보여준다. 10배의 법칙 아래서는 보통보다 10배 더 큰 목표를 설정하고, 그 목표를 달성하기 위해 보통보다 10배 더 많은 시간과 노력을 기울인다. 비범한 성공을 이루기 위해서는 비범한 생각과 노력이 필요하다. 10배의 법칙은 특별한 결혼을 꿈꾸든, 사업에서 큰 성공을 바라든, 1000만 달러를 버는 것이든 상관없이 모든 개인적·직업적 목표에 적용할 수 있다.

〈숏폼Shortform〉

큰 꿈이 있는데 어떻게 이뤄야 할지 막막한가? 베스트셀러 작가가 되거나 성공적인 회사를 이끌고 싶은가? 우리 중 많은 사람이 큰 목표를 가지고 있지만 거기에 도달하려는 시작조차 하기 힘들어한다.

다행히 세계적 세일즈 전문가인 그랜트 카돈은 《10배의 법칙》으로 당신이 인생에서 성공을 거둘 수 있는 몇 가지 간단한 단계를 제시한다. 10배의 법칙을 적용하면 감히 꿈꿔왔던 것보다 더 많은 것을 성취할 수 있다. 누구나 성공할 수 있다. 이 책으로 인생에서 원하는 것을 얻는 방법을 찾으라!

_〈12min〉

《10배의 법칙》은 비즈니스 업계에서 최첨단 유행을 선도하는 저자의 책이다. 이 책에서 저자는 큰 성공을 거두기 위한 목표 설정법과 사람들이 목표를 설정할 때 일반적으로 저지르는 다양한 실수에 관해 이야기한다. 평범함과 비범함이라는 두 가지 상반된 마인드셋과, 목표와 행동을 설정하는 올바른 접근법은 무엇인지에 대해서도 이야기한다.

"성공과 실패를 가르는 유일한 차이"라는 부제가 모든 것을 말해준다. 성공과 실패는 목표와 행동을 설정하는 방식에 따라 결정된다.

_〈BPA에튜케이터스 BPA Educators〉

《10배의 법칙》 저자인 그랜트 카돈은 말한다. "돈은 실제로 목화솜으로 만들죠. 그런데 진지하게 말하자면, 돈이 부족하다는 개념은 사실이 아닙니다. 용기와 올바른 태도로 돈을 벌려는 사람이 부족할 뿐입니다."

_CBS KIRO7

최고의 개인 금융서. 이 책은 미루기나 머뭇거리기 등 목표 달성에 장애가 되는 습관을 극복하기 위해 동기부여가 필요한 사람에게 가장 좋다. 저명한 마케팅 및 세일즈 컨설턴트이자 대중 강연가인 그랜트 카돈은 탁월한 행동력으로 당신 자신을 다른 사람들과 차별화하라고 권하는 《10배의 법칙》을 썼다. 이 책은 미루기와 자신감 결핍을 극복함으로써 당신이 목표를 달성하도록 격려한다. '10배의 법칙'이 힘을 주고, 동기를 부여하고, 비즈니스와 커리어를 더 높은 단계로 끌어 올려주었다고 수많은 독자가 입을 모아 칭찬한다.

_〈스튜던트론히어로Student Loan Hero〉

억만장자 투자자이자 베스트셀러 《10배의 법칙》 저자인 그랜트 카돈은 대중에게 보내는 게시물에서 이렇게 말했다. "내가 줄 수 있는 최고의 생산성 팁은 뭔가를 하라고 요청받았을 때 즉각 할지 말지 결정하라는 겁니다. 글쎄는 없습니다. '예스'인지 '노'인지 바로 결정하십시오. 그리고 하기로 결단했으면 그 과업을 끝까지 완수해내십시오. 나는 일을 이렇게 정의합니다. 일이란 '시도하기'가 아니라 '과업 완수하기'다."

_《앙트러프러너Entrepreneur》

카돈은 세계적인 기업가, 동기부여 강연가, 부동산 투자자, 세일즈 트레이너이자 베스트셀러 《10배의 법칙》 저자다. 카돈은 비즈니스에서 가장 큰 자본은 사람이며, 아무리 많은 현금을 보유하고 있어봤자 투자 등에 활용되지 않는다면 아무런 의미가 없다고 본다.

_〈팝컬처Popculture〉

더 나은 리더가 되도록 영감을 불어넣는 세계 최고 기조강연가 톱 50 중 한 사람.

_《리얼리더스RealLeaders》

돈을 저축하는 것은 언제나 좋은 예산 계획의 하나다. 들어오는 모든 돈 중 일부는 비 오는 날을 위해 남겨두어야 한다. 그러나 《10배의 법칙》 저자 그랜트 카돈은 우선 저축이 무엇을 의미하는지에 대한 전체 개념, 특히 은행 계좌에 현금을 쌓아두는 전통적인 전략을 재고하라고 조언한다. 2019년 인터뷰에서 카돈은 이렇게 말했다. "저축을 위해 저축하지 마십시오. 투자를 위해 저축하십시오. 모든 돈을 저축하면 인플레이션으로 연간 가치의 3퍼센트를 잃게 됩니다."
순자산이 3억 달러인 그는 10만 달러를 저축하고 나머지는 투자한다.

_〈고뱅킹레이츠GOBankingRates〉

부동산 업계에 종사하거나 투자하려는 사람을 위한 필독서.

_〈인맨뉴스Inman News〉

차례

　아마 당신은 이 책을 집으면서 '10배의 법칙10X Rule이 정확히 뭘까? 이게 나한테 어떤 도움을 줄까?'라고 생각했을지 모른다.

　10배의 법칙은 성공을 갈망하는 사람을 위한 성배Holy Grail다. 성공은 궁극적으로 10배의 법칙 하나로 다 설명할 수 있다! 10배의 법칙은 성공을 보장하는 생각과 행동의 올바른 수준을 설정해준다. 그래서 삶과 커리어 전반에 걸쳐 올바른 수준의 생각과 행동을 계속 유지할 수 있게 해준다. 10배의 법칙은 두려움을 없애고, 용기를 심어주며, 자신에 대한 믿음을 키워준다. 미루는 버릇에서 벗어나게 해주고, 불안감을 잠재우며, 목적의식을 불어넣는다. 이 법칙을 잘 적용하면 당신은 삶에 새로운 활력을 얻고 원대한 꿈과 목표를 향한 새로운 발걸음을 내딛게 될 것이다.

　탁월한 성취를 이룬 사람들은 자신이 가장 성공한 분야에서 한 가지 원칙을 적용하는데 그것이 바로 10배의 법칙이다. 성공에 대한 정의는 사람마다 다를 수 있다. 하지만 이 책은 어떤 꿈이든 어떤 상황이든 성공을 보장하는 방법을 보여준다.

성공을 이루기 위해 가장 먼저 해야 할 일은 생각을 10배 더 원대하게 하고 행동을 10배 더 많이 하는 것이다. 이 책을 통해 나는 10배의 생각과 행동이 어떻게 인생을 더 수월하고 즐겁게 만들며 더 많은 시간 여유를 주는지 설명할 것이다. 평생 성공을 연구해온 결과 나는 10배의 법칙이야말로 성공의 유일한 요소임을 확신하게 됐다. 성공한 사람들은 10배의 법칙을 잘 활용해 자신이 꿈꾸는 삶을 이룬다.

10배의 법칙을 통해 당신은 올바른 목표를 설정하는 방법, 필요한 노력을 정확하게 측정하는 방법, 올바른 생각으로 일에 접근하는 방법, 필요한 행동량을 정확하게 판단하는 방법을 알게 될 것이다. 또한 10배의 법칙으로 생각하고 행동할 때 성공이 보장되는 이유를 이해하고 많은 사람이 절대 성공하지 못하는 단 한 가지 이유를 깨닫게 될 것이다. 그리고 사람들이 목표를 세우면서 흔히 하는 실수를 처음으로 알게 될 것이다. 그러한 실수 때문에 꿈이 실현될 가능성이 무참하게 사라지고 만다. 이 책을 통해 당신은 목표 달성에 필요한 노력의 크기와 양도 정확하게 파악할 수 있을 것이다. 마지막으로 생각과 행동을 10배 더 많이 하는 일을 훈련해 습관으로 만드는 방법까지 알게 된다. 나를 믿어보라. 당신이 그렇게 한다면 성공이 보장되는 데서 그치지 않는다. 성공은 말 그대로 더 많은, 그리고 멈추지 않는 승리를 낳아 스스로 영속해나갈 것이다.

10배의 법칙은 교육이나 재주, 재능, 행운과는 아무 상관이 없다. 10배의 법칙은 훈련을 통해 쟁취하는 것이다. 개인의 특별한 자질은 필요하지 않다. 10배의 법칙을 활용하고 싶은 사람은 누구나 그렇게 할 수 있다. 10배의 법칙 때문에 당신이 잃을 것은 전혀 없으며 오히려 원하는 것을 모두 얻을 수 있다. 개인과 조직이 목표를 설정할 때 그리고 목표를 달성하고자 할 때 따라야 할 접근법이 바로 10배의 법칙이다. 나는 10배의 법칙을 어떻게 삶의 방식이자 일 처리 방식으로 만들 수 있는지 보여줄 것이다. 10배의 법칙은 당신이 속한 업계에서 당신을 동료들보다 뛰어나게 만들어준다. 사람들은 성공을 향한 당신의 집념과 행동에서 비범함을 보고 당신을 탁월한 사람으로 인정할 것이다. 그들은 당신을 직업에서만이 아니라 인생에서 최고의 성취를 거둔 사람이라 여기며 자신의 롤 모델로 삼을 것이다.

10배의 법칙은 성공이 무엇이며, 성공하려면 무엇이 필요한지 간단명료하고 이해하기 쉽게 설명한다. 개인적으로 내가 저지른 가장 큰 실수는 개인 생활이나 사회 생활에서 목표를 높이 설정하지 못한 일이다. 평범한 결혼 생활이나 훌륭한 결혼 생활이나 거기에 쏟는 에너지의 양은 똑같다. 마찬가지로 1만 달러나 1000만 달러나 버는 데 들이는 에너지와 노력의 양은 똑같다. 말도 안 되는 소리라고 생각하는가? 그렇지 않다. 당신이 10배의 법칙을 적용하기 시작하면 이 말을 이해하게 될 것이다. 10배의 법칙을 적용하면 당신의 목표는 달라질 것이다. 그리고 당신이 하는 행동 역시 마침내 당신이 진정 어떤 존재인지, 당신이 정말로 얼마나 큰 역량을 발휘할 수 있는지에 발맞추어 변하기 시작할 것이다. 10배의 법칙을 적용하면 당신은 행동력을 발휘하기 시작할 것이고 이어서 더 많은 행동을 하게 될 것이다. 그리하여 결국에는 어떤 조건, 어떤 상황에서든 어려움을 이겨내고 목표로 한 일을 달성할 수 있을 것이다. 나를 인생에서 성공으로 이끈 단 한 가지 가장 중요한 요인을 꼽는다면 단연코 10배의 법칙을 적용한 덕분이다.

이러한 목표 설정, 목표 달성, 행동력 개념은 학교나 경영 강좌, 리더십 트레이닝, 유명 호텔에서 열리는 주말 콘퍼런스 등에서 배울 수 없다. 노력을 얼마나 쏟아부어야 하는지 정확히 판단할 수 있는 공식은 존재하지 않는다. 적어도 내가 찾아본 책에서는 그렇다. CEO나 사업주에게 물어보면 요즘 사람들에게는 충분한 동기나 근면함, 실행력이 확실히 부족하다고 말할 것이다.

당신의 목표가 이 사회를 더 살기 좋은 곳으로 만드는 것이든, 이 세상에서 이윤을 가장 많이 올리는 기업을 설립하는 것이든 목표에 도달하려면 10배 더 많은 사고력과 행동력을 발휘해야 한다. 그렇게 하는 데는 학력, 재능, 인맥, 성격, 운, 돈, 기술, 적절한 업계 커리어, 적절한 시점의 적절한 지위 등은 중요하지 않다. 자선가든, 사업가든, 정치인이든, 사회운동가든, 운동선수든,

영화제작자든 엄청난 수준의 성공을 이룬 사람은 장담하는데 10배의 법칙을 활용해 더 나은 업적을 이루고 성공을 쟁취했다.

성공에 필요한 또 하나의 요소는 목표를 달성하기 위해 자신과 팀이 얼마나 많은 양의 노력을 투입해야 하는지 정확하게 측정하는 능력이다. 성공을 위해 어느 정도의 노력이 필요하다면 꼭 그만큼 노력을 쏟아부어야만 목표 달성이 보장된다. 목표 설정이 얼마나 중요한지 모르는 사람은 없다. 하지만 사람들 대부분은 목표 달성에 필요한 행동의 양을 과소평가한다. 그렇기에 목표를 설정하는 일조차 제대로 하지 못한다. 성공을 보장하는 유일한 방법은 올바른 목표를 세우고, 거기에 필요한 노력의 양을 계산하고, 걸맞은 수준의 행동력을 발휘하는 것이다. 그렇게 할 때 꿈을 향해 한 발 한 발 다가가는 동안 당신은 틀에 박힌 사업 형태, 경쟁, 고객 저항, 경제적 난관, 위험 회피 성향, 실패에 대한 두려움을 모두 뚫고 나갈 수 있다.

10배의 법칙은 재능, 학력, 재정 상황, 조직력, 시간 관리, 당신이 종사하는 분야, 당신의 운에 상관없이 성공을 보장해준다. 당신의 삶과 꿈이 10배의 법칙에 달려 있다고 여기며 이 책을 활용하라. 그러면 지금까지 당신이 가능하다고 생각했던 수준보다 훨씬 더 새롭고 높은 수준으로 일하는 법을 배우게 될 것이다!

THE
10X
RULE

10배의
법칙이란
무엇인가

당신은 충분히 행동하고 사고해본 적 있는가

10배의 법칙은 당신이 여태껏 상상할 수 있었던 것보다 훨씬 더 크게 원하는 것을 얻도록 보장해주는 유일한 방법이다. 이 법칙은 영성, 신체, 정신, 정서는 물론 가정과 부까지 삶의 모든 영역에서 작동하며 큰 영향을 미친다.

10배의 법칙은 어떤 일을 성공적으로 해내기 위해 얼마나 많은 노력과 사고력을 쏟아부어야 하는지 이해하는 데서 출발한다. 지난 삶을 한번 돌이켜보자. 당신은 어떤 일에 성공이라는 이름표를 달 수 있을 정도로 충분히 행동하고 사고해본 적이 있는가? 아마 당신은 성공에 필요한 행동력과 사고력을 과소평가했을 가능성이 높다. 내 경우 10배의 법칙의 첫 번째 요소인 행동과 관련해서는 성공적으로 잘 해냈다. 나는 얼마나 노력을 쏟아부어야 목표를 실현할 수 있는지 제대로 판단하고 있었다. 하지만 이 법칙의 두 번째 요소인 사고의 수준은 조정하지 못했다. 감히 상상조차 할 수 없었던 꿈을 꾸려면 사고를 전환해야 했는데 그 일에는 실패했다. 앞으로 나는 이 2가지 측면을 상세하게 다룰 것이다.

나는 30년이라는 시간 동안 성공에 관해 연구해왔다. 성공하려면 목표 설정, 훈련, 끈기, 집중, 시간 관리, 좋은 사람의 도움, 인맥 쌓기가 필요하다는 데는 대부분 의견이 일치했다. 하지만 성공과 실패를 가르는 '한 가지'가 무엇인지는 명확하지 않았다. 수많은 세미나와 인터뷰를 하면서 수백 번 넘게 받은 질문이 있다. "탁월한 성공을 보장해주는 한 가지 특성/행동/마인드셋 mindset(사고방식, 마음가짐)이 있다면 그게 무엇인가요?" 이 질문이 끊임없이 뇌리를 맴돌았다. 나는 내 삶을 남다르게 만들어준 중요한 요인 한 가지가 있는지 계속 생각했다. '내 성공에 가장 결정적인 영향을 준 '한 가지'는 무엇일까?' 나는 남다른 유전자를 타고나지 않았다. 운이 좋았던 것도 아니다. '좋은' 인맥도 없고, 명문 학교 출신도 아니다. 그렇다면 나는 어떤 요인 때문에 성공한 걸까?

지난 삶을 되돌아보니 내 성공에는 한 가지 일관된 특성이 있었다. 언제나 나는 다른 사람보다 10배 더 많은 행동력을 발휘했다. 영업 프레젠테이션, 전화, 면담 등 모든 일에서 내 행동량은 다른 사람보다 10배 더 많았다. 부동산 매입을 시작했을 때 나는 살 수 있는 것보다 10배 더 많은 매물을 조사했다. 그런 다음 내가 원하는 부동산을 원하는 가격으로 확실하게 매입할 수 있게 흥정했다. 그렇게 나는 모든 사업에 엄청난 행동력으로 접근했다. 이것이 내 성공에 가장 결정적인 한 가지 요인이었다. 사업 계획 없이 첫 회사를 세웠을 때 업계에서 나를 아는 사람은 전혀 없었다. 나는 노하우나 인맥이 없었고 자금이라고는 세일즈를 하며 벌어들인 돈이 유일했다. 하지만 나는 다른 사람이 생각할 수 있는 것보다 훨씬 더 많은 활동을 계획하고 실행함으로 탄탄하고 성공적인 회사를 세울 수 있었다. 마침내 나는 이름을 떨치게 됐다. 말 그대로 업계의 판도를 바꿔놓았다.

여기서 분명히 짚고 넘어갈 것이 있다. 내가 탁월한 수준으로 성공했다거나 나의 모든 잠재력을 활용했다고는 생각하지 않는다. 적어도 부 면에서는 나보다 몇 배 더 큰 성공을 거둔 사람이 무척 많다는 사실을 잘 알고 있다. 나는 워런 버핏Warren Buffet이나 스티브 잡스Steve Jobs가 아니고 페이스북이나 구글의 설립자도 아니다. 하지만 나는 맨손으로 시작해 많은 회사를 일구었고 그래서 지금은 만족스러운 라이프스타일을 즐기고 있다.

내가 부에서 탁월한 수준으로 성공을 거두지 못한 건 10배의 법칙의 두 번째 요소를 어겼기 때문이다. 10배의 사고력을 발휘하는 면에서 나는 실패했다. 올바른 마인드셋으로 삶에 접근하지 못했다는 것, 이것이 나의 유일한 후회다. 처음부터 목표를 10배 더 크게 설정했어야 했다. 하지만 아직 늦지 않았다고 생각한다. 당신이 앞으로 그래야 하듯 이제 나는 더욱 크게 사고하기 위해 노력하고 있다. 나에게는 올바른 마인드셋을 기를 시간이 아직 여러 해 남아 있다.

성공하려면 생각과 행동을 완전히 바꾸어야 한다

이 책 전반에는 '탁월한 수준'의 성공이라는 개념이 반복해서 언급된다. 탁월함이란 평범한 사람 대부분이 달성 가능하거나 달성하는 수준을 벗어난다는 뜻이다. 물론 이 정의는 자신을 누구와 비교하느냐에 따라, 자신의 성공을 어떤 종류의 성공과 비교하느냐에 따라 달라질 것이다. 어쩌면 지금 이 순간 당신은 "난 탁월한 수준의 성공은 바라지 않아" "성공이 전부는 아니잖아" "나는 행복해지기만 하면 돼"라고 되뇔지 모른다.

어떤 생각을 하든 그 전에 반드시 알아야 할 것이 있다. 당신이 무슨 일을 하든 다음 단계로 도약하려면 지금까지와는 완전히 다른 방식으로 생각하고 행동해야 한다. 더욱 원대하게 생각하고 속도를 높이고 힘을 더 내지 않는다면 어떤 일이든 다음 단계로 넘어갈 수 없다. 당신이 지금 있는 곳은 당신의 생각과 행동이 낮은 자리다. 따라서 생각과 행동, 둘 다 재고해야 마땅하다!

당신이 직장에 다니지만 저축은 하지 못하는 상태여서 한 달에 1000달러의 추가 수입을 원한다고 가정해보자. 또는 현재 은행에 2만 달러의 예금이 있는데 100만 달러까지 모으려 한다고 해보자. 아니면 당신 회사의 연 매출이 100만 달러인데 1억 달러로 올리고 싶다고 해보자. 어쩌면 당신은 직장을 구하거나, 몸무게를 18킬로그램 빼거나, 좋은 짝을 찾고 싶어 할 수도 있다. 삶의 온갖 영역에서 이런 시나리오가 일어날 수 있다. 하지만 여기에는 한 가지 공통점이 있다. 정작 이러한 목표를 원하는 '사람'이 '아직 그런 일을 해낼 대비가 안 되어 있다'는 것이다. 이 목표들은 모두 가치가 있다. 그런데 각각의 목표를 달성하려면 '목표를 원하는 사람'이 이전과는 전혀 다른 방식으로 목표를 설정하고 행동해야 한다. 그동안 당신이 평범한 것으로 여겨온 수준을 넘어선다면 무엇이든 탁월함으로 정의될 수 있다. 다른 사람이 추구하는 목표와 비교하면 '탁월한' 수준이 아닐 수 있지만, 당신이 세운 목표는 언제나 당신을 더 나은 곳으로 데려다주거나, 아직 성취하지 못한 지점에 도달하게 해주는 것이어야 한다.

당신의 성공을 놓고 남들이 이런저런 의견을 제시할지 모른다. 하지만 당신의 성공이 탁월한지 아닌지는 오직 당신만 결정할 수 있다. 당신만이 자신의 진정한 잠재력을 알고 있으며 그것을 제대로 발휘했는지 알 수 있다. 누구도 당신의 성공을 대신

판정할 수 없다. 기억하라. 성공이란 '당신이 원하는 목표나 목적의 달성 정도 또는 크기'다.

성공은 숨쉬기와 같다

원하는 목표를 달성했다면 다음은 그런 성과를 계속 유지하는 문제로 넘어간다. 성공을 유지하려면 그간 해온 행동을 지속하고, 반복하고, 배가할 수 있느냐가 중요해진다. 한 번 달성한 업적을 성공이라 말할 수도 있다. 그런데 대개 사람들은 성공을 꾸준히 이어가는 법은 연구하지 않는다. 한 방만을 노리며 일념으로 거기에 매달린다. '성공과 관련해 흥미로운 점은 성공이 숨을 쉬는 것과 비슷하다는 사실이다. 당신이 지금 막 쉰 숨은 중요하다. 하지만 그것이 다음에 쉴 숨보다 더 중요하지는 않다.'

지금까지 당신이 얼마나 많은 성공을 이루었든 앞으로도 계속 성공하기를 바랄 것이다. 성공을 위한 시도를 멈춘다면 그것은 마지막 숨에 의존해 남은 인생을 살아가겠다는 것이나 마찬가지다. 모든 것은 변한다. 그대로 남아 있는 것은 아무것도 없다. 당신이 이룬 뭔가를 잃지 않으려면 거듭 주의를 기울이고 행동해야 한다. 결혼 생활 역시 결혼식 날 느꼈던 사랑이 사라지면 결혼 자체가 유지될 수 없지 않은가.

커리어와 개인 생활에서 큰 성공을 거둔 사람은 번영을 이룬 뒤에도 계속 노력해 생산성을 끌어올려 새로운 성공을 이룬다. 성공한 이들의 치열한 노력을 이해하지 못하는 사람들은 놀라움이 가득한 눈으로 그들을 바라보며 의아해한다. '어째서 이 사람들은 자신을 계속 몰아붙일까?' 답은 간단하다. 그들은 새로운 성공을 거두려면 계속 노력해야 한다는 사실을 잘 알고 있기 때문이다. 원하는 목적이나 목표를 좇는 사냥을 그만두면 성공 사이클은 중단되고 만다.

최근에 나는 이런 질문을 받았다. "당신은 돈을 많이 벌었으니 이제 여유롭고 편안하게 살아도 되잖아요. 그런데 왜 그렇게 계속 열심히 일하죠?" 내가 다음 숨을 쉬어 새로운 업적을 이루는 일에 집착하기 때문이다. 나는 유산을 남겨 이 행성에 긍정적인 발자국을 남겨야겠다는 생각에 온 정신과 마음이 쏠려 있다. 나의 행복과 불행은 모든 잠재력과 능력을 끌어내 성취를 이루느냐 그러지 못하느냐에 달려 있다고 해도 무방하다.

지금 내 상황에 실망하거나 불만을 품는 것은 뭔가 잘못되었다는 뜻이 아니라 오히려 '제대로' 되고 있다는 뜻이다. 내게는 나 자신과 가족, 회사, 미래를 성공으로 이끌 윤리적 의무가 있다. 누구도 새로운 수준의 성공을 지향하는 내 욕망이 잘못됐다고 말할 수 없다. 내가 내 아이와 아내에게 어제 느낀 사랑으로 만족하며 평생 살아가야 하는가? 아니면 오늘과 내일 새로운 사랑을 만들어 더 많이 쏟아부어야 하는가?

10배의 법칙에 보통 수준이란 없다

대부분의 사람이 성공을 제대로 정의 내리지 못한 채 살아가는 것이 현실이다. 그러면서 다들 최소한 인생의 어느 한 영역에서든 '뭔가를 더' 누리기를 바란다. 이런 사람들, 만족하지 못하고 뭔가를 더 갈망하는 사람들이 이 책의 독자일 것이다. 따지고 보면 어느 누가 더 나은 뭔가를 마다하겠는가? 더 좋은 인간관계, 사랑하는 이와 보내는 더 많은 시간, 더 중요한 경험, 더 멋진 몸매와 더 건강한 신체, 더 넘치는 활력, 더 많은 영적 지식, 공공선에 이바지할 더 많은 능력. 이러한 것들이 무수한 사람이 성공이라고 판단하는 특성이다. 그리고 이 모두에 내재된 공통점은 더 나아지고 싶다는 갈망이다.

당신은 무엇을 하고 싶고, 무엇이 되고 싶은가? 체중 감량이든, 책 쓰든, 억만장자 되든 거기에 도달하고자 하는 '갈망'은 당신을 행동하게 하는 몹시 중요한 요소다. 이러한 목표 하나하나가 당신의 잠재력을 드러내주기 때문에 미래의 생존에 필수적이다. 이 가운데 어떤 목표를 달성하려고 노력하든 당신은 다르게 생각하고, 치열하게 전념하고, 자신이 필요하다고 생각하는 수준보다 10배 더 많이, 엄청난 행동량을 발휘해야 한다. 그리고 뒤이어 더 많은 행동을 해야 한다. 사회 생활에서 부딪히는 거의 모든 문제와 더불어 다이어트 실패, 결혼 실패, 경제적 어려움 같은 문제는 행동력을 충분히 발휘하지 못했기 때문에 생긴다.

혹시 "~만 있으면 행복할 텐데" "부자가 되고 싶지는 않아. 그저 편안히 살 수 있으면 돼" "행복하기만 하면 돼"라는 말을 수없이 되뇌는가? 그렇다면 그 전에 한 가지 중요한 사실을 명심해두기 바란다. 당신이 원하는 성공의 크기를 제한하는 것은 10배의 법칙 자체를 위반하는 짓이다. 장담하는데 '당신이 원하는 성공의 크기를 제한하기 시작하면 성공을 이루기 위해 당신이 해야 할 일을 제한하게 된다. 그러면 결국 성공에 필요한 행동을 끌어내는 일에 처참하게 실패하고 만다.'

10배의 법칙의 핵심은 이렇다. '원하는 목표보다 10배 더 큰 목표를 설정하라. 그런 다음 목표 달성에 필요하다고 생각하는 행동보다 10배 더 많은 행동을 하라.' 엄청난 생각을 한 다음에는 엄청난 행동이 뒤따라야 한다. 10배의 법칙에 보통 수준이란 없다. 10배의 법칙은 말 그대로 10배의 법칙이다. 다른 사람이 하는 것보다 10배 더 많은 생각과 행동을 하는 것이다.

10배의 법칙은 전적으로 지배 정신과 관련 있다. 다른 사람이 하는 대로 해서는 안 된다. 사람들이 하지 않는 행동을 기꺼이 해야 한다. 심지어 '비합리적'이라고 생각되는 행동도 해야 한다. 이 지배 정신은 사람들을 통제하는 일과는 전혀 관련 없다. 오히려 다른 사람이 보고 배우는 본이 된다. 당신의 마인드셋과 행동은 다른 사람들이 스스로를 판단하는 척도가 되어야 한다. 다른 사람보다 10배 더 많이 생각하고 행동하는 사람은 단지 하나의 목표를 달성하려는 생각으로 목표에 접근하는 법이 없다. 그들은 모든 영역을 지배할 방법을 모색한다. 그리고 그러기 위해 비합리적인 행동을 과감하게 한다. 만약 당신이 자신의 잠재력으로 이룰 수 있는 성과를 제한하기 시작하면, 목표에 상한선을 설정하는 셈이기 때문에 당연히 필요한 행동 역시 제한하게 된다.

원대한 목표 설정의 중요성

사람들이 목표를 설정할 때 저지르는 기본적인 실수들은 다음과 같다.

1. '잘못된 목표'를 설정한다. 충분한 동기를 부여하지 않거나 너무 낮은 목표를 세운다.
2. 목표 달성에 '필요한 행동, 자원, 돈, 에너지를 심각하게 과소평가한다.'
3. 다른 사람과 '경쟁'하는 데 너무 많은 시간을 쓰고 자신의 영역을 '지배'

하는 데 너무 적은 시간을 쓴다.

4. 원하는 목표를 달성하기 위해 '극복해야 하는 역경의 크기를 과소평가 한다.'

이러한 실수가 초래한 결과의 대표 사례가 미국에서 불거졌던 부동산 압류 사태다(2007년 발생한 서브프라임 모기지 사태로 인한 주택 압류. 이 사태로 대공황 이후 세계 최대 경제 위기인 '대침체'가 촉발되었다-옮긴이). 이 사태의 피해자들은 목표를 잘못 설정하고, 필요한 행동의 양을 과소평가했다. 그들은 예기치 못한 불황이 닥쳤을 때 타격을 받지 않도록 대비하지 않고 다른 사람과 경쟁하는 데 지나치게 몰두했다. 부동산 붐이 일었을 때 사람들은 군중심리로 움직였다. 지배 정신이 아니라 경쟁심이 작동했다. 그들은 '나한테 가장 좋은 일을 해야 해'가 아니라 '동료/이웃/가족이 하는 일을 나도 해야 해'라고 생각했다.

많은 사람이 무슨 주장을 하든 뭐라고 믿고 싶어 하든, 주택시장 붕괴와 압류 사태로 혹독한 일을 겪은 모두는 생존을 위한 올바른 목표를 세우지 못했다. 무수한 주택이 압류당하면서 나라 전체 집값이 요동쳤다. 부동산 시장의 거품이 꺼지면서 다른 모든 부분이 큰 타격을 입었다. 부동산 열풍에 참여하지 않은 사람들까지 피해를 봤다. 실업률이 갑자기 두 배, 세 배로 뛰었다. 여러 산업이 휘청거리고 급기야 문을 닫는 기업이 속출하면서 근로자들의 퇴직금마저 사라졌다. 아무리 현명한 투자자라도 이러한 폭풍우를 헤쳐 나가려면 어느 정도로 재정이 뒷받침되어야 하는지 정확하게 계산하지 못했다. 사람들은 은행이나 연방준비제도, 담보 대출 중개인, 타이밍, 불운, 심지어 신을 탓할지 모른다. 하지만 문제는 모든 사람(나를 포함해!), 모든 은행과 회사, 전 산업계가 상황을 올바로 판단하지 못한 탓이다.

10배의 목표를 설정하지 않아 10배의 행동력을 발휘하지 못하는 사람은 '일확천금'을 노리는 열기에 쉽게 영향받으며 예기치 않은 시장 변화에 크게 흔들린다. 자신의 영역을 지배하겠다는 목적 아래 자신만의 활동에 몰두하는 사람은 일확천금이라는 미끼를 덥석 물지 않는다. 내가 직접 겪은 일이라 잘 안다. 나는 목표를 10배 더 크게 설정하지 못했기에 다른 사람의 유혹에 취약했다. 당시 나는 내게 접근한 한 사람을 믿고 말았다. 그는 자신과 자기 회사가 진행하는 투자에 동참하면 큰돈을 벌게 해주겠다고 꼬드겼다. 나만의 게임을 펼치며 충분한 '행동력'을 발휘하지 않았던 탓에 그 함정에 빠져 결국 막심한 손해를 입었다. 나만의 목표를 올바로 설정했다면 목표 달성에 필요한 행동에 몰두하느라 그런 사기꾼을 만날 시간도 없었을 것이다.

대체로 사람들은 보통 수준 아래로 목표를 설정하는 경향이 있음을 주위를 둘러보면 알게 될 것이다. 심지어 많은 사람이 자기가 설계한 계획이 아닌데 목표로 삼도록 길들여져 있다. 우리는 어느 정도가 '많은 돈'인지, 부유층과 중산층과 빈민층을 가르는 기준은 무엇인지에 대한 메시지를 끊임없이 접한다. 또한 공정성, 난이도, 가능성, 윤리성, 선과 악, 아름다움과 추함, 맛, 외모 등과 관련된 선입견도 우리의 잠재의식 속에 자리 잡고 있다. 따라서 당신이 목표를 설정할 때 이러한 생각에 영향받지 않는다고 가정해서는 안 된다.

어떤 목표는 달성하기 어려워서 목표를 이루어가는 과정에서 좌절을 겪는 일이 불가피할 수 있다. 그렇다면 아예 처음부터 당신이 원했던 목표보다 훨씬 더 큰 목표를 설정하면 어떨까? 그런 목표를 달성하기 위해 노력, 집중, 에너지, 끈기를 10배 더 많이 발휘하면 어떨까? 혹시 당신이 자신의 능력을 과소평가하고 있다면 어떨까?

아, 물론 당신은 반박할 수 있다. 하지만 비현실적인 목표를 설정한다고 해서 실망할 일이 뭐가 있는가? 현실적인 목표 때문에 실망한 적이 더 많지는 않았는가? 잠시 역사만 살펴보라. 아니 더 좋은 예로 당신의 삶만 되돌아보라. 목표를 너무 낮게 설정해서 달성해봤자 여전히 원하는 것을 얻지 못해 충격을 받고 실망한 적이 훨씬 더 많을 것이다. 어떤 학파는 이룰 수 없음을 알면 포기할 수밖에 없으므로 '비현실적인' 목표를 세워서는 안 된다고 말한다. 하지만 10배 더 원대한 목표를 세워 달성하려고 노력하다가 거기에 미치지 못하는 것이 10분의 1밖에 안 되는 목표를 달성하려다 미치지 못하는 것보다 더 많은 성취를 가져다주지 않을까? 나의 원래 목표가 10만 달러였다고 해보자. 그런데 목표를 100만 달러로 변경했다. 두 목표 중 어느 쪽으로 설정할 때 더 많은 돈을 모을 수 있을까?

어떤 사람은 기대가 불행의 원인이라고 말한다. 하지만 내 경험에 비추어 장담하는데 보통 이하의 목표를 설정할 때 훨씬 큰 고통을 겪는다. 어떤 프로젝트나 이벤트를 진행하다 보면 예상치 못한 변수나 상황이 발생하기 마련이다. 그런데 목표를 낮게 잡으면 그런 문제를 처리하는 데 필요한 에너지, 노력, 자원을 투입할 여력이 없을 것이다.

왜 당신은 '충분한' 돈을 벌겠다면서 충분한 돈을 '벌지 못하는' 쪽으로만 인생을 허비하는가? 아프지 않고 멋진 몸매로 변신하겠다면서 어째서 일주일에 겨우 단 한 번 운동하러 가는가? 시장이 탁월한 수준에 도달한 사람에게만 보상한다는 사실을 잘 알면서 어째서 그저 '좀' 하는 수준에 머무르는가? 당신은 슈퍼스타가 될 수 있고 심지어 회사를 직접 소유하거나 경영할 수 있는데 대체 왜 아무도 알아주지 않는 직장에서 하루 8시간씩 일하고 있는가? 어쨌거나 이 모든 일에는 똑같이 에너지가 소모된다. 오직 10배 더 큰 목표를 세울 때만 당신은 진정으로 성공할 수 있다!

10배의 법칙은 새로운 성공을 계속 보장한다

성공에 대한 정의로 돌아가보자. 대다수 사람은 성공의 정의를 조사하거나 연구하지 않는다. '성공을 이루다' 또는 '성공하다'의 진정한 의미는 무엇일까? 중세에 이 단어는 흔히 왕좌를 차지한 사람과 관련해 사용됐다. 'success'(성공)라는 영어 단어는 라틴어 succeder(현재 이 말은 '진정한' 힘을 뜻한다!)에서 유래했다. 'succeed'(성공하다)는 문자적으로 '일을 잘 해내다' 또는 '원하는 목표나 목적을 달성하다'라는 뜻이다. '성공'은 잘 해낸 일이나 달성한 성과의 '축적'이다.

당신이 다이어트를 한다고 해보자. 4킬로그램을 뺐다가 5킬로그램이 다시 찌면 다이어트에 '성공'했다고 하지 않을 것이다. 다이어트에 성공하려면 한 번의 성공으로 그치는 게 아니라 성공을 '유지'할 수 있어야 한다. 당신은 성공을 더 나은 형태로 계속 이루어나가면서 성공한 상태를 유지하기를 원할 것이다. 마당에 잔디가 마구 자라 있다고 해보자. 잔디를 한 번 자르는 일에는 성공할 수 있다. 하지만 잔디는 곧 다시 자란다. 성공으로 계속 정의되려면 정돈된 마당이 지속적으로 유지되어야 할 것이다. 따라서 성공은 한 가지 목표를 한 번 달성하는 일이 아니라 지속해서 새로운 성공을 만들어나가는 것이다.

이 일을 영원히 해야 한다니 걱정되기 시작하는가? 걱정하지 마라. 장담하는데 처음부터 목표를 10배 더 크게 세우면 그럴 일 없다. 어떤 분야에서 탁월한 성공을 거둔 사람들에게 물어보라. 그들은 성공을 유지하기 위해 하는 노력을 일처럼 느끼지 않는다고 말할 것이다. 그럼 대부분의 사람은 왜 일이라고 느낄까? 보상이 변변찮을뿐더러 '일'이 아니라고 느낄 수준의 승리감을 맛보지 못하기 때문이다.

스스로 발전을 거듭하는 성공에, 다시 말해 단 한 번으로 끝나지 않고 영속하는 성공에 초점을 맞추어야 한다. 이 책은 탁월한 성취를 이루는 법, 탁월한 성공을 보장하는 법, 성공을 유지하는 법, 일을 일처럼 느끼지 않고 새로운 수준의 성공을 계속 달성하는 법을 다룬다.

명심하라. '자신의 성공 가능성을 제한하는 사람은 성공을 이루고 유지하는 데 필요한 행동까지 제한한다.'

반드시 명심해야 할 것이 더 있다. 얻으려는 대상, 즉 목표나 목적도 중요하다. 하지만 그보다 10배 목표 달성에 필수인 10배 마인드셋과 10배 행동이 훨씬 더 중요하다. 당신의 목표가 전문 강연가든, 베스트셀러 작가든, CEO든, 남다른 부모든, 훌륭한 교사든, 본이 되는 부부든, 멋진 몸매의 소유자든, 여러 세대에 걸쳐 칭송받는 영화감독이든 당신은 현재 수준을 뛰어넘어 사고력과 행동력을 10배 더 발휘하는 데 전념해야 한다.

바람직한 목표 또는 목적이라는 말에는 당신이 아직 이루지 못한 것이라는 의미가 담겨 있다. 당신이 이미 얼마나 많이 성공을 이루었는지는 중요하지 않다. 살아 숨 쉬는 한 당신은 당신의 목표와 꿈을 이루기 위해 살아야 한다. 그러지 않으면 다른 사람이 추구하는 목표의 수단으로 이용되고 말 뿐이다. 이 책에서 말하는 성공은 또한 당신이 원하는 목표보다 더 높은 수준의 목표를 달성하는 것으로 정의될 수 있다. 그리고 어떤 면에서 성공은 당신 자신, 당신의 삶, 당신의 에너지 사용에 대한 당신의 인식 방식을 완전히 바꿔놓을 것이다. 더 나아가 아마 가장 중요하게는 다른 사람들이 당신을 인식하는 방식을 영원히 바꿔놓을 것이다.

10배의 법칙은 지금껏 상상할 수 있었던 것보다 10배 더 큰 만족감을 주는 목표를 달성하기 위한 마인드셋과 행동을 다룬다. 이러한 수준의 성공은 '평범한' 수준의 마인드셋과 행동으로는 결코 달성할 수 없다. 평범한 목표 대부분은 성취해봤자 충분한 성취감을 맛보지 못하기 때문이다. 평범한 결혼 생활, 은행 예금, 체중, 건강, 사업, 제품 등은 그냥 평범한 것일 뿐이다.

자, 이제 10배의 모험에 나설 준비가 됐는가?

01 10배의 법칙의 2가지 요소는 무엇인가?

02 사람들이 목표를 설정할 때 저지르는 가장 큰 실수 4가지는 무엇인가?

03 목표를 낮게 잡는 게 왜 문제인가?

04 10배의 법칙을 따라 할 준비가 됐는가?

THE
10X
RULE

10배의 법칙은
왜
성공 공식인가

나의 창업 이야기: 불확실성을 이기는 법

10배의 법칙에 따른 생각과 행동의 중요성을 살펴보기에 앞서 내 이야기를 잠시 할까 한다. 예전에 나는 온갖 프로젝트를 진행하면서 성공으로 이끄는 데 필요한 시간과 에너지, 돈, 노력을 과소평가했다. 그래서 새로운 고객을 유치하거나 새로운 사업 분야에 뛰어들었을 때 처음 계획했던 것보다 10배 더 많은 행동을 해야 했다. 메일 발송이나 전화, 면담을 처음 생각했던 것보다 10배는 더 많이 해야 일을 성사시킬 수 있었다. 심지어 지금의 아내를 만나 데이트를 하고 결혼하기까지 내가 처음 계산했던 것보다 노력과 에너지가 10배 더 많이 들었다(하지만 전혀 아깝지 않을 만큼 가치가 있다!).

당신의 제품과 서비스, 제안이 아무리 훌륭하다 해도 미처 예상하지 못한 요소나 정확한 계획을 세우지 못한 부분이 틀림없이 있기 마련이다. 경기 변화, 법률 문제, 경쟁사와 마찰, 변화 거부, 새 제품에 대한 낯선 시선, 자금 동결, 시장 불확실성, 기술 변화, 고객 문제, 직원 문제, 선거, 전쟁, 파업 등. 이 모두는 잠재적 '불확실성'의 일부 사례일 뿐이다.

겁주려고 하는 말이 아니다. 가장 중요한 기회가 나타났을 때 그 기회를 잡도록 당신을 대비시켜주기 위해 하는 말이다. 이런 대비를 하려면 10배 더 많은 생각과 행동은 필수다. 원대한 사고력과 엄청난 행동력만이 불확실한 사건을 헤쳐 나갈 수 있게 해주는 유일한 수단이다. 돈만으로는 그렇게 할 수 없다. 물론 돈도 도움이 되지만 돈이 당신을 대신해 문제를 해결하지는 못한다. 적절한 병력과 보급품, 탄약, 지구력 없이 전투에 나서면 패잔병이 되고 말 것이다. 간단하다. 영토를 정복하는 것으로는 충분하지 않다. 정복한 영토를 지킬 수 있어야 한다.

나는 29세에 첫 사업을 시작했다. 사람들은 대부분 불가피한 금융 손실을 감수하려고 하지 않기 때문에 사업에 직접 뛰어들지 않는다. 나는 여기에 대비했고 이전 직업에서 벌어들였던 수입 수준에 도달하기까지 3개월 정도 걸릴 거라고 예상했다. 하지만 실제로는 거의 3년이 걸렸다. 내 예상보다 '12배' 더 많은 시간이 걸린 셈이다. 사업을 시작한 지 3개월 만에 나는 거의 포기할 뻔했다. 돈이 없어서가 아니라 시장의 저항에 맞닥뜨리면서 좌절했기 때문이다.

내게는 내 회사가 실패의 길로 가는 이유를 늘어놓은 아주 구체적인 목록이 있었다. 사업을 그만두고 싶어서 회사가 잘 안 될 수밖에 없는 이유를 잔뜩 모아왔던 것이다. 나는 실망의 수준을 넘어서 완전히 좌절하고 거의 무너져버렸다. 친구에게 이렇게 말했다. "더는 못 하겠어. 난 끝났어." 나는 일이 잘되지 않는 이유를 계속해서 만들어냈다. 의뢰인은 돈이 없고, 경제는 불황이고, 타이밍이 좋지 않으며, 나는 너무 어리고, 고객은 사지 않으며, 직원은 변화를 싫어하고, 나는 지쳤고, 직원도 지쳤고 등 이유가 꼬리에 꼬리를 물었다.

사업이 안 풀리는 이유를 알아내려고 많은 시간을 고민한 뒤에야 나는 내가 완전히 엉뚱한 곳에서 해결책을 찾으려 했다는 사실을 깨달았다. 곰곰이 생각해보니 나는 신제품을 시장에 출시할 때 초반에 무엇이 필요한지 잘못 계산했다. 새로운 아이디어를 제시했지만 누구도 원하는 아이디어가 아니었다. 자금 역시 한계가 있어 직원을 고용할 수 없었고, 광고를 할 여력마저 없었다. 그래서 가슴 아프게도 나와 내 회사에 대해 아는 사람이 전혀 없었다. 나는 뭘 하는지도 모른 채 판촉 전화를 걸곤 했다. 사업이 잘 풀리려면 핑계 찾는 짓을 그만두었어야 했다. 대신에 '노력'을 배가했어야 했다.

나는 온갖 잘못된 이유 곱씹기를 그만두고 노력을 10배 더 많이 함으로써 사업을 성공시키기로 결심했다. 그러자 즉각 모든 것이 달라지기 시작했다. 나는 쏟아야 하는 노력을 올바로 측정해 시장에 다시 진입했고 성과를 내기 시작했다. 예전에는 하루에 두세 통의 세일즈 전화를 했다면 이제는 10배인 20~30통의 전화를 했다. 완전히 전념하면서 적절한 수준의 생각과 행동을 투입하자 시장은 나의 노력에 반응하기 시작했다. 소비자 반응을 끌어내는 일은 여전히 어려웠고 실망스러울 때도 있었다. 하지만 노력을 10배 더 많이 함으로 4배 더 많은 결과를 얻었다.

당신이 뭔가를 이루는 데 필요한 시간과 에너지, 노력을 과소평가하면 당신 마음과 목소리, 자세, 표정, 계획에는 '포기'가 자리를 잡게 된다. 그러면 성취에 필요한 끈기를 발전시키지 못한다. 반면에 필요한 노력을 정확하게 계산하면 올바른 자세로 임하게 된다. 시장은 당신의 행동을 보면서 당신이 무시할 수 없는 세력이고 당신의 제품이 사라지지 않는다고 판단해 거기에 맞춰 반응하기 시작할 것이다.

절대로 목표를 줄이지 마라

지난 20년 동안 수천 명의 개인과 기업에 컨설팅을 해왔지만 생각과 노력의 수준을 정확하게 측정하는 사람을 나는 본 적이 없다. 집을 짓거나, 돈을 모으거나, 법정 싸움을 하거나, 직장을 구하거나, 신제품을 팔거나, 새로운 역할을 배우거나, 승진하거나, 영화를 제작하거나, 인생의 동반자를 구하는 일에는 사람들이 생각한 것보다 항상 더 많은 사고와 행동이 필요하다. 이런 일 중 '단 한 가지'라도 쉽다고 주장하는 사람을 나는 여태껏 본적이 없다. 이러한 목표 달성은 겉으로는 쉬워 보일지 모른다. 그러나 그 일을 이루는 데 무엇이 필요한지 아는 사람은 결코 쉬운 일이라고 말하지 않는다.

결과를 만들어내는 데 어느 정도 노력이 필요한지 정확하게 계산하지 못하면 크게 실망하고 낙담할 수 있다. 그러면 뭐가 문제인지 제대로 파악하지 못하며, 이내 목표를 달성할 수 없다고 생각해 패배를 받아들이고 만다. 관리자를 포함해 대부분의 사람이 보이는 첫 번째 대응 방식은 행동량 늘리기가 아니라 목표 줄이기다. 그동안 내가 지켜본 바에 따르면, 기업 영업팀에서 관리자는 오랫동안 그런 식으로 영업 관리를 해왔다. 그들은 분기 초에는 팀원에게 할당량을 지정해주거나 팀의 목표를 정한다. 그러다 중간에 목표를 달성할 수 없겠다 싶으면 회의를 열어 달성할 수 있는 수치로 목표를 줄인다. 그렇게 해서 팀원에게 계속 동기를 부여하고 승리 가능성을 열어둔다.

이는 그야말로 '중차대한' 실수다. 잠깐이라도 이런 방식을 선택지로 고려해서는 안 된다. 조직에 잘못된 메시지를 전달하기 때문이다. 목표는 중요하지 않다거나 승리하는 유일한 방법은 결승선을 앞으로 당기는 것이라는 그릇된 신호를 준다. 훌륭한 관리자는 목표를 줄이는 대신, 기대에 미치지 못할 리스크를 무릅쓴 채 팀원이 더 많은 행동력을 발휘하도록 격려한다. 모두의 마음을 편안하게 해주기 위해 목표를 조정하려는 시도는 사기를 꺾고, 희망을 줄이고, 기대를 낮추고, 능력을 약화시킨다. 모든 팀원은 팀이 목표를 달성할 수 없는 이유를 나열하기 시작할 것이다. 그렇지만 이는 핑계에 가깝다.

'절대로 목표를 줄이지 마라. 행동을 늘려라.' 목표를 하향 조정하고, 핑계를 만들고, 어려움을 모면하려고 들면 꿈을 포기하게 된다! 이런 행동은 당신이 궤도에서 벗어나고 있다는 신호다. 따라서 그럴 때는 다시 깊이 생각해보고 처음에 계산했던 노력의 양을 올바르게 조정해야 한다.

성공은 우연히 찾아오지 않는다

10배의 법칙에서 목표의 종류는 '전혀' 문제가 되지 않는다. '끈기를 갖고 올바른 행동을 적절한 양으로 쏟아붓는다면 어떤 목표든 이룰 수 있다.' 다른 행성에 가보고 싶다고 해보자. 이를 달성하는 데 얼마나 시간이 걸리든 적절한 수준의 행동력을 발휘하면 목표를 이룰 수 있다고 가정해야 마땅하다. 필요한 행동을 잘못 계산하면 사람들은 어김없이 스스로를 합리화하기 시작한다. 인류는 실패를 정당화하려는 목적을 가진 계산기를 내장하고 있는 것처럼 보인다. 문제는 이 계산기가 언제나 행동량이 아닌 '다른 것'을 1순위로 계산한다는 것이다. 이 계산기는 논리적이지 않고 감정적인 경향이 있다. 일이 잘 풀리지 않는 이유를 정당화하려고 프로젝트가 훌륭하지 않다거나, 고객이 없다거나, 불황이라거나, 팀원이 부족하다는 등의 핑계를 댄다.

이는 아마 미디어나 교육 시스템, 성장 환경이 잘못된 내용을 계산기에 심어놓았기 때문일 것이다. "시장이 준비되지 않았다" "경기가 나쁘다" "이건 필요 없다" "이 일은 내 적성에 맞지 않는다" "목표가 비현실적이다" 등의 핑계가 계산기에 들어 있다. 하지만 틀렸다. 이 계산기는 한마디로 필요한 행동량을 올바로 계산하지 못한다. 시기와 경기, 제품, 모험의 수준과 상관없이 시간이 걸리더라도 올바른 행동을 적절한 양으로 쏟아붓는다면 반드시 성공한다.

지난 30년 동안 회사들을 세우고 신제품과 새로운 아이디어를 시장에 내놓으면서 했던 경험을 바탕으로 나는 확실히 말할 수 있다. 당신이 사업 계획을 얼마나 꼼꼼히 세우든 예측하지 못한 뭔가가 반드시 존재한다. 제품 생산 비용이 전혀 들지 않거나 가장 강력한 경쟁사보다 100배 더 우수한 제품을 당신이 내놓는다 해도 내 말은 달라지지 않는다. 그러니 그런 예측 불가능한 온갖 잡음을 뚫고 나가 사람들에게 당신의 제품을 알리려면 어김없이 10배 더 많은 노력을 기울여야 한다. 어떠한 프로젝트를 시도하든 '모든' 일에는 당신이 상상한 것보다 더 많은 시간과 돈, 에너지, 노력, 사람이 필요하다고 가정하라. 당신이 처음에 한 계산에다 10을 곱하라. 그래야만 안전하다. 만약 예상보다 10배까지 더 들지 않았다면 정말 잘한 것이다. 크게 실망하기보다 기분 좋게 놀라는 쪽이 더 낫지 않은가.

신제품이나 아이디어를 시장에 내놓는 시간을 단축하려면 더 짧은 기간에 더 많은 사람과 더 많은 장소에서 협력해야 한다. 그러자면 반드시 모든 일을 10배 더 많이 해야 한다. 예를 들어 회사에서 아이디어를 한 사람에게 기획하도록 했다면 이제는 10명에게 그 일을 맡겨야 한다. 그래야 시간 단축이 가능하다. 하지만 이때 명심해야 할 점이 있다. 직원을 10배 더 많이 쓰면 돈이 10배 더 든다. 그리고 직원을 관리할 사람도 있어야 한다.

10배의 상수를 적용하면 프로젝트 진행 중 언제든 생길 수 있는 예상치 못한 다양한 변수에 대처할 수 있다. 고용 문제, 소송, 경기 변동, 국가적 또는 세계적 사건, 경쟁, 질병 등을 10배의 법칙으로 대비할 수 있다는 말이다. 또한 프로젝트에 대한 시장 저항, 사람들의 보수적인 태도, 기술 변화 등 발생 가능한 온갖 사안을 이 대비 목록에 추가할 수 있다.

무슨 이유에서인지 새 제품을 출시하려고 아이디어를 개발하는 사람들은 낙관주의에 빠지는 경향이 있다. 이 때문에 프로젝트 완수에 무엇이 필요한지 완전히 잘못 판단하는 일이 잦다. 프로젝트에 대한 열정은 분명 중요하다. 하지만 한 가지 중요한 사실을 잊어서는 안 된다. 잠재 고객은 당신이 내놓을 제품을 아직 잘 모르기 때문에 당신만큼 열광하지 않는다는 것이다. 잠재 시장은 당신의 신제품이 무엇인지 이제 겨우 이해하기 시작했을 수 있다. 그런 탓에 냉담할 가능성, 관심이 전혀 없을 가능성이 존재한다.

비관주의자가 되라는 말이 아니라 모든 사태에 대비하라는 것이다. 10배의 법칙으로 무장한 채 프로젝트에 뛰어들어라. 당신 인생이 10배의 법칙에 달려 있다고 여기며 그렇게 하라. 당신의 모든 발걸음을 하나하나 카메라로 찍듯이 행동을 관리하라. 자녀와 손주에게 인생에서 성공하는 법을 알려줄 본보기로 당신 삶의 기록을 남긴다고 생각하며 행동하라. 역사의 한 페이지를 장식하고자 마지막 기회를 노리는 챔피언처럼 맹렬한 기세로 모든 목표를 공격하라. 그리고 일단 시작하면 끝까지 완벽하게 해내야 한다는 사실을 언제나 명심하라. 이는 모든 위대한 승자의 공통점이다. 핑계 대지 말고 '절대 타협하지 않는' 자세로 임하라. '뭐든 반드시 이기고야 말겠다'는 마인드셋으로 모든 상황에 접근하라. 너무 공격적으로 들리는가? 미안하지만 오늘날에는 승리하려면 바로 이런 인생관이 필요하다.

　이미 들어본 말일 테지만 성공은 그냥 '우연히' 찾아오지 않는다. 성공은 오랜 시간 쏟아부어온 끈질기고 적절한 행동의 결과다. 이런 올바른 관점을 갖추고 거기에 맞춰 행동하는 사람만이 성공을 쟁취할 것이다. 물론 성공하려면 운 역시 어느 정도 따라야 한다. 그러나 '운이 좋은' 사람 누구나 자신의 '운'은 자기가 해온 행동에 정비례한다고 말할 것이다. 더 많이 행동할수록 '운'이 좋을 가능성은 더 커지는 법이다.

01 관리자를 포함해 대부분의 사람이 목표를 달성하지 못할 때 보이는 첫 번째 반응은 무엇인가?

02 목표를 달성하지 못한 이유에 대해 핑계를 대기 시작할 때 이것은 당신에게 어떤 신호가 되어야 하는가?

03 다음 빈칸을 채워라. 10배의 법칙에서 목표의 종류는 '전혀' _____ 않다. 끈기를 갖고 올바른 _____을 적절한 _____ 으로 쏟아붓는다면 _____ 이룰 수 있다.

**THE
10X
RULE**

CHAPTER 03

성공이란
무엇인가

성공은 왜 중요할까

성공이라는 단어를 앞서 여러 번 언급했지만 이것이 실제로 무엇을 의미하는지 명확히 살펴보자. 성공의 의미는 분명 사람마다 다를 것이다. 각자가 인생의 어느 시점에 있는지, 또는 무엇에 관심이 있는지에 따라 성공의 정의는 달라진다.

어린 시절에는 처음으로 용돈을 받는 일 또는 잠자리에 들 시간이 지났는데 놀 수 있는 일이 성공이었을지 모른다. 하지만 이런 것들은 몇 년만 지나면 더는 관심을 끌지 못한다. 10대 시절의 성공은 자신만의 침실이나 스마트폰을 갖는 것, 또는 귀가 시간 제한이 풀리는 것일 수 있다. 20대 초라면 생애 첫 아파트를 장만하거나 첫 승진을 하는 것이 성공을 의미할 수 있다. 그 다음에는 결혼, 자녀, 지속적인 승진, 여행, 더 많은 돈이 성공일지 모른다. 나이가 들고 상황이 바뀌면서 성공에 대한 정의 역시 다시 바뀐다. 나이가 훨씬 더 많이 들게 되면 건강과 가정, 손주, 남길 유산, 죽은 후 기억될 모습에서 성공을 찾으려고 할 수 있다. 이처럼 인생에서 어느 시점에 있느냐, 어떤 환경에 있느냐, 관심이 집중되는 상황과 사건, 사람이 누구냐에 따라 성공의 정의가 달라지는 것이다.

성공은 경제, 영성, 신체, 정신, 정서, 베풂, 공동체, 가정 등 수많은 영역에서 찾을 수 있다. 하지만 성공을 어디서 발견하든, 성공을 이루고 유지하기 위해 알아야 할 가장 중요한 사항은 다음과 같다.

1. 성공은 중요하다.

2. 성공은 당신의 의무다.

3. 성공은 한계가 없다.

이 장에서는 1번을 다룰 것이다. 나머지는 이어지는 장들에서 살펴본다.

문화, 인종, 경제 배경, 사회 집단에 상관없이 사람들은 개인과 가족과 집단의 행복, 나아가 자신을 포함한 집단의 생존에 성공이 필수적이라는 데 모두 동의할 것이다. 성공은 자신감, 안정, 안락함, 더 크게 이바지할 능력을 안겨준다. 또한 당신이 성공하면 다른 사람들에게 희망을 주고 당신은 그들에게 리더십을 발휘할 수 있게 된다. 성공이 없다면 목표와 꿈은 사라지며 당신과 당신이 속한 집단, 회사, 심지어 문명 사회 전체가 생존과 번영을 중단하고 만다.

확장이라는 측면에서 성공을 생각해보자. 지속적인 성장이 없다면 기업이든 꿈이든 심지어 어떤 인종 전체든 하나의 독립된 실체로 더는 존재하지 못한다. 확장이 계속되지 않을 때 재앙이 일어난다는 견해를 뒷받침하는 역사의 사례는 많다. 바이킹, 고대 그리스와 로마, 소비에트사회주의공화국연방(소련)이 그런 사례다. 기업과 제품이 확장하지 못해 시장에서 잊히는 경우 역시 허다하다. 사람, 장소, 사물을 불문하고 영속하려면 성공은 꼭 필요하다.

마음속으로든 대화하면서든 절대로 성공을 중요하지 않다고 폄하해서는 안 된다. 성공은 '필수'다! 자기 앞날의 성공을 중요시하지 않는 사람은 성공 가능성을 아예 포기한 셈이다. 또한 그런 사람들은 남들 역시 자신과 똑같은 삶을 살도록 설득하려고 애쓰면서 인생을 낭비한다. 개인과 집단이 계속 앞으로 나아가려면 목표와 목적을 달성하고자 적극적으로 움직여야 한다. 그러지 않으면 어느 순간 더는 존재하지 않거나 다른 사람이나 집단의 일부가 되어 소모품으로 쓰일 것이다. 자신들의 지위를 유지하려는 기업과 산업은 새로운 제품을 성공적으로 개발해 시장에 내놓아야 한다. 그래서 고객과 직원, 투자자를 끊임없이 기쁘게 해 주어야 한다. 이러한 사이클을 계속 반복해야 한다.

성공을 폄하하는 말에 현혹되지 마라

"성공은 목적지가 아니라 여정이다"라는 말처럼 성공의 중요 성을 깎아내리는 '달콤한' 말들이 너무 많다. 제발 이런 말에 현 혹되지 마라! 극심한 경기 침체가 닥치면 사람들은 이런 듣기 좋 은 어설픈 말만 들어서는 생계를 유지할 수 없다는 사실을 금방 깨닫는다. 지난 몇 년간 벌어진 혹독한 경제 위기를 겪으며 자신 이 그동안 성공의 중요성을 얼마나 과소평가했는지, 성공이 자신 의 생존에 얼마나 절대적인지 사람들이 분명하게 배웠기를 바란 다. 경제 활동에 참여하는 것만으로는 충분하지 않다. 시장에서 승리하는 법을 배우는 일이 반드시 필요하다. 자신이 하는 모든 일에서 거듭 승리를 거둔다면 틀림없이 더욱 확장할 수 있을 것 이다. 그럴 때 앞으로 당신과 당신의 아이디어의 생존이 '모두' 보 장된다.

성공은 한 사람의 자존감에도 똑같이 중요하다. 성공은 자신 감과 상상력, 안정감을 키워주고 세상에 기여하는 일의 중요성을 부각시킨다. 가족을 부양하고 가족의 미래를 책임질 능력이 없는 사람은 자신과 가족을 위험에 빠뜨린다. 성공하지 못한 사람은 재화와 서비스를 구입할 수 없다. 이런 사람이 많아지면 경기가 둔화하고 세수가 줄어든다. 그러면 학교나 병원, 공공 서비스 운영 자금에 심각한 악영향을 미친다.

이쯤에서 누군가 "성공이 전부는 아니다"라고 말할지 모른다. 물론 '전부'는 아니다. 하지만 나는 그런 말을 하는 사람들이 도대체 무슨 주장을 하려는 것인지 모르겠다. 내 세미나에 참석한 청중이 그런 말을 하면 나는 흔히 이렇게 되묻는다. "당신이 이루지 못했다고 해서 그런 일의 중요성을 깎아내리고 싶습니까?"

현실을 직시하라! 당신이 달성하려는 목표가 무엇이든 성공은 '절대적으로' 중요하다. 관심을 거두면 승리 역시 중단된다. 승리를 계속 포기해보라. 그러면 완전히 '포기'하게 될 것이다. 엄마나 아빠가 패배하거나 포기하는 모습을 보면 과연 아이들에게 이로울까? 당신이 예술 작품을 팔지 못하고, 훌륭한 책을 출간하지 못하고, 세상을 나아지게 할 훌륭한 아이디어를 실행하지 못할 때 이로울 사람이 어디 있는가. 당신의 실패로 유익할 사람은 아무도 없다. 그러나 만일 당신이 이런 상황을 뒤집어 당신의 목표와 꿈을 이룬다면, 그러면 뭔가 엄청나게 유익한 일이 벌어질 것이다.

01 당신이 들어본 성공의 중요성을 깎아내리는 달콤한 말은 무엇인가?

02 성공하는 것이 당신에게는 얼마나 중요한가, 성공은 당신의 삶을 어떻게 개선하는가?

THE
10X
RULE

CHAPTER 04

성공은

나는 어떻게 패배자의 늪에서 벗어났나

성공을 더는 가만히 앉아서 기다리지 않고 의무이자 사명이며 책임으로 받아들이기 시작했을 때, 나는 인생에서 가장 큰 전환점을 맞았다. 나는 성공을 말 그대로 윤리적 문제로 바라보기 시작했다. 성공은 이룰 수 있고 없고의 문제가 아니라 가족과 회사, 미래를 위해 꼭 이루어야 하는 의무라고 여겼다.

세상으로 나갈 준비를 하기 위해 17년 동안 정규 교육을 받았지만 그중 성공을 가르쳐주는 과정은 하나도 없었다. 성공의 중요성을 말하는 사람도 없었고 성공하려면 무엇을 해야 하는지 알려주는 사람은 더더욱 없었다. 놀랍지 않은가! 오랜 세월 교육을 받고, 수많은 정보를 얻고, 수백 권의 책을 보고, 교실에서 수많은 시간을 보내고, 많은 돈을 들였는데도 여전히 나는 목적을 놓치고 있었다.

하지만 정말 다행히 나는 내 인생에 경종을 울리며 각성의 계기가 되어준 두 번의 놀라운 전환을 경험했다. 두 번 모두 내 존재와 생존에 심각한 위협을 받고 있던 시기에 찾아왔다.

첫 번째는 25세 때 일어났다. 그전까지 내 삶은 초라하기 이를 데 없었다. 여러 해 동안 아무런 진정한 목적이나 목표 없이 방향을 잃고 표류했다. 돈도 없고 방향도 없는 내게는 불확실성과 시간만 넘쳐났다. 그 시절에 나는 성공이 의무라는 생각은 전혀 하지 못했다. 만일 성공이 의무라는 사실을 깨닫지 못했다면, 그래서 삶을 진지하게 받아들이지 않았다면 지금 나는 살아 있지 않았을 것이다. 알다시피 사람이 나이 들어 늙어야만 죽는 건 아니다.

방향과 목적이 없던 나는 20대에 죽어가고 있었다. 직장을 구할 수 없었고 주변은 패배자로 가득했으며 결국 희망을 잃었다. 그게 다가 아니었다. 나는 날마다 마약과 알코올에 빠져 살았다. 중대한 각성 없이 그런 식으로 계속 지냈다면 기껏해야 겨우겨우 살아가거나 아마 훨씬 끔찍한 상황을 맞았을 것이다. 성공에 인생을 바치겠다고 결심하지 않았다면 내 목적이 무엇인지 몰랐을 것이고 평생을 그저 다른 사람의 목적을 충족하는 소모품으로 살다 갔을 것이다. 솔직히 세상에는 단지 존재하는 것만으로 살아가는 사람이 무척 많다. 이 사실을 나는 알아야 했다.

당시 나는 세일즈를 했는데 그 일을 하찮게 여겼다. 하지만 나는 생각을 바꿨다. 세일즈에 몰두해 커리어를 쌓겠다고, 이 분야에서 성공하기 위해 무엇이든 하겠다고 다짐했다. 성공을 내 의무로 삼겠다고 결심한 순간, 내 인생은 완전히 달라졌다.

두 번째 각성은 50세에 일어났다. 당시는 대공황 이후 최대 경기 침체기였다. 말 그대로 내 삶의 모든 영역이 위험에 처해 있었다. 수십억 명의 개인, 회사, 산업, 경제 전체의 생존이 위태로웠다. 내 회사가 업계에서 탄탄한 기반이 아직 없고 미래도 위험하다는 사실이 거의 하룻밤 사이에 명확해졌다. 게다가 내 경제 상태 또한 몹시 심각해졌다. 남들이 엄청나다고 생각하던 내 자산과 부가 물거품처럼 사라질 위기에 처했다. 어느 날 TV를 켰는데 주식 시장과 주택 시장이 붕괴하면서 실업률이 치솟고 어마어마한 부가 증발하고 있다는 뉴스를 본 기억이 생생하다. 주택이 압류되고, 은행이 파산하고, 기업은 구제 금융을 받았다. 나는 그동안의 성공에 도취해 안주한 나머지 더는 성공을 내 의무이자 사명이며 책임으로 여기지 않고 있었다. 그래서 가족과 회사, 나 자신을 위태로운 상황에 빠뜨리고 말았다. 나는 또다시 초점과 목적을 잃고 있었다.

이 2가지 인생의 전환점 덕분에 나는 온전한 삶을 살려면 성공이 중요하다는 사실을 뼈저리게 깨달았다. 두 번째 경험을 통해서는 대부분의 사람이 생각하는 것보다 훨씬 더 큰 성공이 필수며, 성공을 지속적으로 추구하는 일은 선택이 아니라 단연코 절대적 '의무'임을 깨닫게 됐다.

성공을 바라보는 올바른 자세

한때는 나도 성공에 전념하지 못했다. 그런데 사람들 대부분이 그때의 나와 같은 방식으로 성공을 바라본다. 그들은 성공을 중요하지 않은 것으로 여긴다. 성공이 선택 사항이거나 다른 사람에게나 생기는 것으로 생각한다. 어떤 사람들은 '조금만' 이루면 다 잘될 거라고 믿으며 작은 성공으로 만족한다.

성공을 선택으로 여기기 때문에 많은 사람이 성공을 이루지 못한다. 바로 그런 생각 탓에 잠재력을 최대한 발휘하는 일에 근처도 가지 못한다. 자신의 능력을 얼마나 제대로 끌어내고 있는지 스스로 물어보라. 내면의 솔직한 답변이 썩 마음에 안 들 수 있을 것이다. 잠재력 발휘를 자신의 의무로 여기지 않는다면 당신은 잠재력을 발휘하지 못하게 될 것이다. 성공이 윤리적 문제가 되지 않는다면 당신은 능력을 발휘할 의무감을 느끼지도, 동기를 얻지도 못할 것이다.

사람들은 성공을 이루는 일을 절대적 의무로 생각하지 않는다. 죽기 살기로 덤비지 않고, 꼭 쟁취해야겠다는 생각이 없으며,

굶주린 하이에나처럼 '나는 아직 배고프다'는 정신이 없다. 그리고 성공을 이루지 못한 이유에 대한 핑계를 늘어놓느라 남은 인생을 허비한다. 성공을 의무가 아니라 선택이라고 생각할 때 생기는 일이다.

우리 가족은 성공을 매우 중요한 일, 가족의 생존이 달린 일로 여긴다. 나와 아내는 성공에 대한 의견이 일치한다. 우리는 성공이 왜 그렇게 중요한지 자주 대화를 나누고 부차적인 문제들로 방해받지 않으려면 무엇을 해야 하는지 확실하게 정한다. 내가 말하는 성공은 금전 면에 국한하지 않고 모든 영역에서 이루는 성공이다. 결혼 생활, 건강, 종교, 공동체에 대한 기여, 미래, 심지어 죽은 후의 미래까지 염두에 두고 성공을 이뤄나가야 한다.

훌륭한 부모가 양육에 대한 의무감을 지니는 것과 같은 식으로 성공의 개념에 접근해야 한다. 자녀를 키우는 일은 부모에게 영예이자 의무이며 우선순위다. 훌륭한 부모라면 자녀를 돌보는 데 필요한 모든 일을 기꺼이 할 것이다. 훌륭한 부모는 한밤중이라도 아기가 배고파 울면 젖을 물리고, 자녀의 의식주를 해결하기 위해 열심히 일하고, 자녀를 위해 싸우고, 자녀를 보호하기 위해서라면 자신의 목숨까지 내놓는다. 성공을 바라보는 자세가 바로 이래야 한다.

행동하는 사람만이 운을 얻는다

원하는 일을 달성하지 못한 사람이 자신을 정당화하는 일은 상당히 흔하다. 심지어 자신에게 거짓말까지 하는데, 성공의 가치를 최소화함으로 그렇게 한다. 오늘날 이런 경향은 사회 여러 분야에서 쉽게 찾아볼 수 있다. 책이나 교회에서 또는 학교에서 성공이 별로 중요하지 않다는 생각을 부추긴다.

예를 들어 자신이 원하는 것을 얻지 못한 아이들은 처음에는 잠시 싸우며 울지만 곧 애초에 자신은 그것을 원하지 않았다고 스스로를 설득한다. 어떤 일에서 결과를 내지 못했더라도 그 일을 간절히 이루고 싶었다고 인정하는 것은 결코 해로운 일이 아니다. 사실 이런 태도야말로 장애물을 만나더라도 결국 목표에 도달하게 해주는 유일한 방법이다.

아무리 운이 좋고 인맥이 탄탄한 사람이라도 적절한 시기에 적절한 장소에서 적절한 사람들과 함께하려면 뭔가 행동을 해야 한다. 앞장 끝부분에서 언급했듯이 운은 가장 많은 행동을 하는 사람들이 얻는 부산물 중 하나다.

성공한 사람이 운이 좋아 보이는 건 성공이 자연스럽게 '더 많은' 성공을 낳기 때문이다. 그들은 목표에 도달함으로 마법과 같은 추진력을 만들어낸다. 이 추진력 덕분에 더 원대한 목표를 설정하고 또 끝내 이루어낸다. 당신이 행동의 중요성을 간과한다면 성공한 사람들이 얼마나 많이 행동하고 실패했는지 알지 못할 것이다. 세상은 그들이 성공한 순간에만 스포트라이트를 비추기 때문이다.

켄터키프라이드치킨을 세상에 널리 알린 커넬 샌더스Colonel Sanders는 자신의 아이디어가 채택되기 전에 무려 80번 넘게 아이디어를 제시했다. 실베스터 스탤론Sylvester Stallone은 영화 〈록키Rocky〉의 각본을 단 3일 만에 썼고 영화는 2억 달러의 수익을 올렸다. 하지만 각본을 썼을 당시 그는 돈 한 푼 없는 빈털터리였다. 아파트 난방비를 낼 형편이 안 됐고 심지어 음식을 사기 위해 자신이 키우던 개를 50달러에 팔아야 했다. 월트 디즈니Walt Disney가 놀이 공원을 만들겠다는 아이디어를 냈을 때 많은 사람이 비웃었다. 하지만 지금은 전 세계 사람들이 100달러짜리 티켓을 기꺼이 사고 디즈니 월드에서 가족 휴가를 보내려고 열심히 저축한다.

어떤 성공이 행운의 결과처럼 보인다고 해서 착각하지 마라. 운이 성공을 만들지 않는다. 성공에 완전히 몰입하는 사람이 인생에서 행운을 얻는다. 어떤 사람은 이런 말을 했다. "열심히 일할수록 운이 좋아진다."

성공을 당신의 의무이자 습관으로 만들어라

여기서 우리는 한 걸음 더 나아갈 수 있다. 당신이 반복적으로 성공을 이룰 수 있다면 이제 성공은 '성공'이라기보다 '습관'에 가까워진다. 성공이 누군가에는 일상적인 일이 되는 것이다.

성공한 사람은 자기력 같은 것을 지녔다고 묘사되기까지 한다. 그들은 사람들을 끌어당기는 'x 인자' 또는 마법 같은 매력을 갖고 있다. 왜일까? 성공한 사람은 성공을 '의무이자 사명이며 책임'으로 보기 때문이다. 심지어 성공을 자신의 '권리'라고 여긴다! 두 사람에게 성공의 기회가 닥쳤다고 해보자. 성공을 자신의 의무라 믿고 손을 뻗어 움켜잡는 사람이 성공할까, 아니면 '안 되면 말고'라는 태도를 지닌 사람이 성공할까? 답은 뻔하다.

"눈 떠보니 성공했다"라는 말을 자주 듣지만 실제로 그런 일은 일어나지 않는다. 성공은 언제나 앞서 한 행동들의 결과로 생기는 것이다. 사소해 보이는 행동이든, 오래전 한 행동이든 그 행동들이 쌓여서 성공을 이룬다. 성공을 거둔 사업가나 제품, 배우, 밴드 등을 보고 하룻밤 사이에 성공했다고 하는 사람은 특정한 개인이 성공의 길을 구축하기 위해 쏟은 엄청난 사고력을 무시하는 것이다. 그들은 성공한 사람들이 승리를 쟁취하기 전에 얼마나 많은 행동을 했는지 이해하지 못한다. 성공한 사람에게 승리는 그들이 받아 마땅한 보상이라는 사실을 알지 못한다.

성공은 성공이 자신의 것이라고 정신적·영적으로 주장하면서 성공을 이룰 때까지 시간을 투자하고 필요한 행동을 한 사람들이 얻는 결과다. 성공을 자기 가족과 회사, 자신의 미래에 대한 윤리적 의무이자 사명이며 책임으로 보지 않는다면 성공을 이룰 가능성은 지극히 낮다. 설령 한두 번 어느 정도 성공한다 한들 성공을 유지하기는 너무나 어렵다.

장담하는데 당신과 당신 가족, 회사가 성공을 책임이자 윤리적 의무로 생각한다면 그 순간부터 모든 것이 즉시 변하기 시작할 것이다. 윤리가 개인적인 문제인 건 맞다. 하지만 윤리가 거짓말하거나 도둑질하지 않는 일에만 국한되지 않는다는 사실에 대부분 동의할 것이다. 윤리의 정의는 확장될 수 있다. 우리 각자가 부여받은 신성한 잠재력을 최대한 발휘해야 한다는 개념 역시 윤리에 포함될 수 있다. 심지어 나는 엄청난 성공을 이루겠다고 주장하지 못하는 것은 비윤리적인 태도라고 말하고 싶다. 잠재력을 날마다 최대한 발휘하기로 선택하는 일이 윤리적이라면 그러지 않는 것은 윤리를 위반하는 짓 아닌가.

성공을 자신의 의무이자 사명이며 책임이라고 끊임없이 주장해야 한다. 나는 어떠한 상황에서든 성공이 당신의 의무이자 사명이며 책임이 되는 확실한 방법을 보여줄 것이다. 꿈의 크기가 어떻든, 중간에 어떤 장애물을 만나든, 시기가 어떠하든, 사업이나 업계의 종류가 무엇이든 성공은 당신의 의무이자 사명이며 책임이다!

성공은 윤리적 관점에서 접근해야 한다. '성공은 당신의 의무
이자 사명이며 책임이다!'

01 성공을 당신의 _____이자 _____이며 _____으로 생각해야 한다.

02 성공이 어떻게 당신의 의무이자 사명이며 책임인지 당신의 말로 적어보라.

03 성공에 관해 어떤 말로 스스로를 속이는지 2가지 예를 들어보라.

04 성공에 대해 알고 있어야 하는 중요한 2가지는 무엇인가?

THE
10X
RULE

성공은
한계가
없다

성공은 제로섬 게임이 아니다

성공을 바라보는 관점은 성공에 접근하는 방법만큼이나 중요하다. 제조되어 품목별로 정리되는 제품은 규격과 양이 정해져 있다. 하지만 이와 달리 이루어낼 수 있는 성공의 크기에는 '한계'가 없다. 당신은 성공을 원하는 만큼 이룰 수 있다. 나 역시 그렇게 할 수 있다. 당신이 성공한다고 해서 나의 성공 가능성이 사라지거나 줄어들지 않는다.

안타깝게도 사람들은 무슨 이유에선지 성공을 희소한 것으로 생각한다. 다른 누군가가 성공을 거두면 자신이 성공을 이룰 능력이 억제된다고 생각하는 경향이 있다. 성공은 단 한 명의 승자를 만드는 복권이나 빙고, 경마, 카드 게임이 아니다. 이러한 것들과 성공은 전혀 다르다. 영화 〈월스트리트Wall Street〉에서 고든

케코는 "누군가가 승리하면 누군가는 패한다"라고 말했다. 하지만 성공은 제로섬 게임zero sum game이 아니다. 성공이라는 게임에는 많은 승자가 있을 수 있다. 성공은 보유량이 한정된 제품이나 자원이 아니다.

성공은 아이디어, 창의력, 재주, 재능, 지력, 독창성, 끈기, 결단력 등에서 한계가 없는 사람들이 창조해내는 것이다. 그렇기에 성공은 절대로 희소하거나 부족한 법이 없다. 내가 성공을 '얻는acquired' 것이 아니라 '창조하는created' 것이라고 한 점에 유의하라. 채굴해 제품화하는 다이아몬드, 금, 은, 구리는 매장량이 이미 정해져 있다. 하지만 이와 달리 성공은 사람들이 '만드는make' 것이다. 훌륭한 아이디어, 새로운 기술, 혁신적인 제품, 오래된 문제를 해결하는 창의적인 해법 등 이 모두는 다 써버려서 없어지는 일이 결코 없다. 전 세계에서 한계를 모르는 수백만 명의 사람들이 동시에 또는 다른 시기에 다양한 수준의 성공을 창조해낼 수 있다. 성공은 자원이나 물자, 공간에 좌우되지 않는다.

정치와 언론은 주변에 있는 것들이 '충분하지 않다'는 신호를 줌으로써 성공에 한계가 있다는 개념을 영속화하려 한다. 그들은 "그것을 당신이 가지면 나는 가질 수 없다"라는 메시지를 보낸다. 많은 정치인은 이런 잘못된 믿음을 널리 퍼뜨려야 한다고 생각한다. 그래야 자신의 지지층을 결집해 특정 정치인이나 정당을 지지하거나 반대하게 만들 수 있다고 믿는다.

그들의 발언은 늘 이런 식이다. "내가 다른 사람보다 당신을 더 잘 돌본다." "내가 당신의 삶을 더 안락하게 만들어줄 것이다." "내가 세금을 줄여주겠다." "나는 아이들을 위한 더 좋은 교육을 약속한다." "내가 당신의 성공 가능성을 더 높여주겠다." 이러한 주장의 이면에는 다른 사람이 아니라 '나'만이 그런 일을 할 수 있다는 의미가 담겨 있다. 이런 정치인들은 우선 지지층이 중요하게 생각하는 사안이나 계획을 강조한 다음 그 일을 시민 스스로는 해결할 수 없다는 인식을 만들어낸다. 그들은 이처럼 '희소성'이 존재함을 강조한다. 그리고 시민의 요구와 필요를 충족시킬 수 있는 유일한 방법은 자신을 지지하는 것이라고 시민이 믿도록 갖은 수단을 동원한다. 자신을 지지하지 않으면 시민이 자기 몫을 챙길 기회가 '점점' 사라지게 된다는 메시지를 전달한다.

남들과 정치나 종교에 관한 대화를 나누기 어려운 이유 중 하나는 그러한 대화를 나누다보면 한쪽이 뭔가를 잃는다는 느낌이 들고 그러면 필연적으로 논쟁으로 이어지기 때문이다. 예를 들어 당신이 지지하는 정당이 승리하면 내가 지지하는 정당은 패배한다. 한쪽이 지지를 받으면 다른 쪽은 고통을 겪어야 한다. 특정한 태도와 관점 역시 마찬가지다. 사람들이 '의견 차이를 인정하는' 일은 몹시 어렵다. 상충하는 믿음은 계속 공존할 수 없다고 생각하기 때문이다. 한계와 부족함이라는 개념에 근거한 이러한 생각은 다른 사람과의 긴장감만 키울 뿐이다. 한 사람이 맞으면 왜 다른 사람은 틀려야 하는가? 어째서 한계를 그어야 하는가?

한 사람이 성공하면
다른 사람은 실패한다는 잘못된 믿음

경쟁의 개념에는 한 사람이 이기면 다른 사람은 패배한다는 의미가 들어 있다. 한 명의 승자만 가리는 것이 목적인 보드게임에서는 맞는 말일 수 있다. 하지만 사업이나 인생의 성공에서 이는 사실이 아니다. 훌륭한 선수들은 그런 제약 같은 것은 고려하지 않는다. 대신에 그들은 한계 없이 생각하며, 그래서 남들이 불가능하다고 여기는 수준까지 도약한다.

금융계의 전설 워런 버핏의 성공은 '다른 사람'의 투자 전략 때문에 제약받지 않았다. 또한 버핏의 투자 실력이 '나'의 금융 능력에 제한을 가하거나 한계를 짓지도 않았다. 구글의 창립자들은 페이스북의 탄생을 막지 못했고, 20년간 시장을 지배하던 마이크로소프트는 스티브 잡스의 애플이 아이팟, 아이폰, 아이패드로 명성을 쌓는 일을 막지 못했다. 마찬가지로 지난 몇 년간 새로운 제품과 아이디어, 창조적인 서비스를 성공적으로 내놓은 이 후발 주자들 역시 다른 사람(당신일 수 있다)이 훨씬 더 놀라운 규모로 성공을 거두는 것을 막지 못한다.

성공에 한계를 긋는 잘못된 믿음이 널리 퍼져 있다는 사실을 확인하기 위해 멀리 볼 필요조차 없다. 시기하고, 반대하고, 불공평하다고 말하거나 '크게 성공한' 사람이 부당한 보상을 받았다고 주장하는 사례를 보면 잘 알 수 있다. 언론은 일자리, 돈, 기회, 심지어 시간이 부족하다는 보도를 끊임없이 쏟아낸다. "시간이 부족해요"라는 말을 우리는 얼마나 많이 듣는가? "좋은 일자리가 없어요" "뽑는 데가 없어요"라는 불평은 또 어떤가? 하지만 20퍼센트의 사람이 실직 상태라고 해도 80퍼센트는 일자리를 갖고 있다. 이것이 현실이다.

'한계 긋기 마인드셋'을 나는 바로 이웃에서 목격했다. 우연히 우리 옆집에는 유명한 할리우드 배우가 살고 있다. 그는 대단히 뛰어난 톱스타 배우다. 그의 집과 우리 집 사이 도로에는 움푹 팬 구멍들이 나 있었는데 시에서 나서서 수리해줄 것 같지는 않았다. 도로 끝에 사는 또 다른 이웃은 '그 영화배우'가 영화 한 편으로 2000만 달러를 버니 그가 도로를 수리해야 한다고 뻔뻔스럽게 주장했다. 나는 성공을 바라보는 그 사람의 마인드셋에 충격을 받았다. 단지 이웃 중에서 가장 성공했다는 이유로 도로 수선 비용을 부담해야 한다니. 오히려 내 생각은 나머지 이웃들이 그를 대신해 도로를 고쳐야 한다는 쪽이었다. 그가 우리 동네의 가치를 높여주지 않았는가!

어느 방송인이 엄청난 출연료를 받는 계약을 하면 사람들은 흔히 이렇게 묻는다. "어떻게 한 사람이 그렇게 많은 돈을 받아?" 하지만 사람이 돈을 창출하고 그 돈을 기계가 찍어내는 것이다. 심지어 돈에도 한계가 없다. 돈에는 가치 하락만 있을 뿐이다. 어떤 기업이나 조직이 한 개인에게 4억 달러를 지급하는가? 그러면 당신 역시 '무엇이든' 가능하다는 용기를 얻어야 한다.

뭔가가 부족하다는 마인드셋은 전부는 아니지만 대부분 단순히 꾸며낸 개념임을 나는 알게 됐다. 기업이나 조직은 당신이 필요하거나 원하는 것을 얻는 데 한계가 있다고 설득한다. 다이아몬드, 기름, 물, 깨끗한 공기, 시원한 날씨, 따뜻한 날씨, 에너지 등을 누리는 데 한계가 있다고 설득하면 긴박감을 조성할 수 있고 그러면 사람들이 자기네 명분을 따르게 할 수 있기 때문이다.

우리 모두 동시에 원하는 만큼 성공할 수 있다

성공이 어떤 식으로든 제약될 수 있다는 생각을 버려라. 그런 생각을 품고 있으면 성공을 이루어낼 능력을 스스로 해치게 된다. 어떤 거래처와 계약을 하기 위해 당신과 내가 동시에 입찰했는데 내가 사업권을 따냈다고 해보자. 이는 당신이 성공할 수 없음을 의미하지 않는다. 그 거래처가 당신이 입찰한 유일한 곳은 아니기 때문이다. 한 가지 또는 한 사람에게만 매달려 성공하려고 들면 성공 가능성이 제한된다. 한 계약을 놓고 경쟁을 벌이더라도 '크게 생각하는 사람'이나 '한계를 모르는 사람'은 수천 명의 고객을 얻고 성공의 '진정한' 정의를 보여준다!

한계를 정하는 그릇된 믿음에서 벗어나려면 사고를 전환해, 다른 사람의 성공이 사실상 나의 성공 기회를 창출해준다고 이해해야 한다. '어떤 사람 또는 어떤 조직의 성공은 모두에게 성공 가능성을 입증해주므로 궁극적으로 누구에게나 긍정적인 역할을 한다.' 사람들이 위대한 승리나 성공을 목격하면서 고무되는 이유가 바로 여기에 있다. 누군가가 행동력을 발휘해 성공을 이룬 모습을 보면 나도 할 수 있다는 생각이 든다. 그러한 성공을 보면 우리 모두는 힘을 얻고 뭔가를 이루는 게 '불가능'하다는 생각을 없앨 수 있다. 성공이 신기술이든 의학적 혁신이든 더 높은 점수든 더 단축된 시간이든 사업체 인수가 신기록이든, 당신이 그런 성과에 관여했든 하지 않았든 상관없이, 누군가가 이룬 성취는 성공에는 한계가 없고 누구나 성공을 이룰 수 있다는 확신을 준다.

성공이 일부 사람에게만 국한된 것이라거나 성공의 크기에 한계가 있다는 생각은 버려라. 당신과 나는 원하는 것을 원하는 만큼 얻을 수 있다. 그것도 동시에 그렇게 할 수 있다. 다른 사람의 이득이 자신의 손실이라고 생각하기 시작하는 순간 경쟁과 한계를 생각하며 자신을 제약하게 된다.

지금 이 순간부터 당신은 누구의 성공이든, 어떤 성공이든 당신에게 더 큰 성공 가능성을 가져다준다고 사고하는 훈련을 해야 한다. 그런 다음 성공이 당신의 윤리적 의무라는 생각에 다시 집중하라. 이렇게 할 때 동기가 부여되어 당신의 가장 창의적인 면이 발휘될 것이고, 마침내 당신은 엄청난 수준으로 당신만의 특별한 성공을 이룰 해법과 전략을 찾아낼 수 있을 것이다.

01 당신이 목격한 성공의 한계 긋기 사례를 적어보라.

02 한계가 있다는 잘못된 믿음은 실제로 어떻게 생기는가?

03 성공에는 한계가 없는 반면, 정말로 우리에게 부족한 것은 무엇인가?

THE
10X
RULE

CHAPTER 06

모든 일을
책임지고
통제하라

피해자 행세는 그만두라

나는 이 장의 제목을 '병신처럼 굴지 마라Don't Be a Little Bitch'로 정하려다가 혹시 기분 상할 사람이 있을까봐 한발 물러서기로 했다. 《일등이 아니면 꼴찌다If You're Not First, You're Last》라는 책을 출간한 뒤 나는 '병신처럼 굴지 마라'라는 제목으로 계속 글을 쓰려고 했다. 이 말이 몹시 마음에 들어 어딘가에 꼭 써먹어야겠다고 생각했다. 나는 '병신처럼 굴지 마라'가 이 장의 완벽한 주제라고 생각했다. 징징대고 투덜대며 자신을 피해자로 여기는 사람은 성공을 끌어당기지도 창조하지도 못한다는 생각을 다루는 것이 이 장의 목적이기 때문이다.

이런 사람이라고 해서 능력이 없다는 게 아니다. 다만 성공하려면 엄청난 행동력을 발휘해야 하는데, 남 탓만 하며 책임지지 않는다면 대단한 행동을 하기가 불가능하기 때문이다. 핑계만 대며 시간을 허비할 때 적극적으로 행동할 수 없는 것과 똑같다.

앞서 무수히 이야기했듯이 성공은 당신에게 '우연히' 찾아오지 않는다는 것을 분명히 알아두어야 한다. 성공은 당신과 당신이 한 행동들 '때문에' 생긴다. 책임지기를 거부하는 사람은 대개 충분한 행동력을 발휘하지 못한다. 그러니 당연히 성공이라는 게임에서 좋은 성과를 낼 리 없다. 성공한 사람들은 자신이 이룬 성공에 대해, 심지어 실패에 대해서조차 매우 높은 수준의 책임감을 나타낸다. 성공한 사람들은 비난하며 책임을 전가하는 게임을 싫어한다. 그들은 좋은 일이든 나쁜 일이든 우연히 일어나기보다 자신이 일어나게 만드는 쪽이 더 낫다는 것을 안다.

자신이 피해자라는 생각에 시달리는 사람은(추정하자면 인류의 절반이 여기에 속할 것이다) 이 장을 싫어할 것이다. 어쩌면 그들은 실수로 이 책을 골랐을 수 있다. 어떤 일이 일어났거나 일어나지 않은 것을 탓하려고 비난이라는 도구를 휘두르는 사람은 결코 인생에서 진정한 성공을 쌓아나가지 못한다. 오히려 그들은 이 행성에서 노예로서 지위만 더욱 확고히 할 것이다. 자신의 성공이나 실패에 대한 통제권을 다른 사람에게 넘겨주는 사람은 자신의 삶 또한 통제하지 못한다. 스스로 통제력을 발휘해 게임과 게임 방법을 이해하지 못한다면, 그리고 게임의 결과를 받아들이지 못한다면 제대로 즐길 수 있는 게임이 인생에는 없다. 피해자 행세를 하는 사람은 결코 안정감을 얻을 수 없다. 책임감을 다른 편에 전가하려고만 할 뿐 자신이 무엇을 해야 하는지 스스로 '판단하려고' 선택하지 않기 때문이다. 그래서 그들은 앞으로의 결과에 절대 책임지지 않고 "나는 불쌍한 피해자야. 안 좋은 일이 나한테만 너무 자주 일어나. 내가 할 수 있는 게 없어"라는 말만 한다.

인생에서 원하는 지점에 도달하려면 자신에게 일어나는 일이 좋든 나쁘든 '전부' '자기 자신'에게서 비롯된다는 관점을 가져야 한다. 나는 내게 발생한 모든 일에 통제력을 발휘한다. 심지어 내가 통제할 수 없는 것처럼 보이는 일까지 그렇게 한다. 내게 통제력이 있든 없든 나는 책임감을 갖고 상황을 통제하겠다고 결심한다. 그렇게 해서 앞으로의 상황을 개선하기 위해 내가 할 수 있는 일을 한다. 예를 들어 동네에 전기가 나갔다고 해보자. 그러면 나는 정전이 됐다고 행정 당국을 비난하기보다 내가 할 수 있는 일은 없는지 찾아본다. 그렇게 해서 그 일이 다음에 또 발생할 때 받을 부정적인 영향을 최소화한다.

하지만 이러한 통제력을 '강박적인' 욕구에 따른 통제와 혼동해서는 안 된다. 여기서 말하는 통제력은 높은 수준의 책임감을 지니겠다는 건강한 의식이며 효과적인 해법을 도출하는 방법이다. 정전 사태에 내가 개입한 일은 전혀 없다. 너무 많은 사람이 동시에 전기를 사용했거나, 폭염이나 지진 때문이거나, 누군가 변압기에 부딪혔기 때문일 수도 있다. 나는 전기세를 밀리지 않고 냈는데 지금은 전기를 사용할 수 없다. 난방을 하지 못하고, 물을 끓일 수 없고, 냉장고나 컴퓨터도 사용할 수 없다. 하지만 누군가를 탓한다고 해서 이 상황이 달라지지는 않는다. 또 성공은 나의 의무이자 사명이며 책임이기 때문에 지금은 이 사태를 행정 당국에 떠넘기기가 좀 어렵다. 전기가 없어 조명과 열, 멀쩡한 음식을 얻지 못하는 상황은 성공과 거리가 멀다.

이런 상황에 대해 높은 수준의 책임감을 지닐 때만 비로소 유용한 해결책을 내놓을 수 있다. 아마 당신은 무슨 일을 해야 하는지 이미 생각했을지 모른다. 이 상황은 단지 전기가 나갔기 때문에 벌어진 일이 아니다. 내가 예비 발전기를 미리 갖춰놓지 않았기 때문에 생긴 일이다. 이 상황은 불행도 아니고 나쁜 사건도 아니다. 책임을 다른 사람에게 떠넘겼기에 생긴 결과다. 병신처럼 굴지 말고 예비 발전기를 구해라. 아 참, 예비 발전기를 사려면 돈이 든다! 하지만 3일 동안 전기 없이 지내며 가족을 제대로 돌보지 못하는 것에 비하면 그 정도 돈은 아무것도 아니다. 이처럼 일단 통제력을 행사하고 책임감을 키우겠다고 결심하면, 당신의 삶을 더 나아지게 하는 성공적인 해법을 발견하기 시작할 것이다!

당신이 모든 일의 원인이다

일어난 모든 일의 원인을 자신에게서 찾아라. 심지어 자신의 통제력 밖에 있다고 생각했던 일까지 자신이 일으켰다고 가정하라. 그렇게 통제력을 발휘하고 책임감을 키워라. 사건들이 그냥 우연히 발생했다고 생각하지 마라. 모든 일은 당신이 한 일 또는 하지 않은 일 때문에 일어난다. 승리했을 때 자기 공로를 기꺼이 인정하려면 실패했을 때 책임도 기꺼이 져야 한다! 책임지는 수준을 높이면 해법을 찾는 능력이 더욱 강해지고 더 큰 성공을 이룰 것이다. 어떤 사람이나 다른 무엇을 비난하면 피해자나 노예로 지내는 기간만 더 늘어날 뿐이다. 통제력을 발휘하면 나쁜 사건을 막기 위해 무엇을 할 수 있는지 통찰할 수 있게 된다. 그러면 우연히 발생하는 것처럼 보이는 불행한 사건을 줄이고 삶의 질을 향상할 수 있다.

누군가가 뒤에서 내 차를 들이받았다고 해보자. 명백히 뒤차 운전자의 잘못이다. 그 사람에게 화가 나겠지만 나는 피해자의 입장만은 정말 취하고 싶지 않다. "이런 일이 내게 일어나다니. 아, 난 정말 불쌍해. 나는 피해자야"라고 말하는 건 정말 끔찍하지 않은가! 당신은 상대방의 명함을 받거나, TV 방송으로 그 사고를 사람들에게 알려 지지와 관심을 얻으려고 하겠는가? 절대 그렇게 해서는 안 된다! 성공으로 가득한 삶을 만들겠다고 결심했다면 그다음부터는 피해자 행세는 그만두라. 대신에 추돌 사고 같은 일이 다시는 일어나지 않도록 불편한 사건이 발생할 가능성을 줄이는 법을 숙지하라.

10배의 법칙에는 엄청난 행동량을 오래도록 지속적으로 발휘하는 것이 포함된다. 좋은 일이 더 자주 일어나게 하려면 피해자처럼 행동할 여유가 없다. 피해자에게 좋은 일은 일어나지 않는다. 나쁜 일이 더 많이 일어난다. 그리고 나쁜 일을 부르는 짓만한다. 피해자 행세를 하는 사람의 일생에는 수많은 나쁜 사고와 불행이 반복되는 것처럼 보인다. 그리고 그들은 그러한 일에 자신은 아무런 관련이 없다고 계속 이야기한다. 피해자의 인생에는 4가지 공통점이 있다.

1. 나쁜 일이 생긴다.

2. 나쁜 일이 자주 일어난다.

3. 그런 일에 늘 관련되어 있다.

4. 비난할 사람이나 상황이 항상 존재한다.

성공한 사람은 이와 정반대 태도를 취한다. 당신 역시 그래야 한다. 당신 인생에서 발생하는 모든 일은 외부 힘 때문에 생기는 게 아니다. 어떤 일이 생기든 전부 당신 책임이다. 책임지는 태도를 지닌다면 어떤 상황에 부닥치더라도 앞으로 나아가는 방법을 찾기 시작할 수 있다. 또한 미래에 나쁜 일이 '발생하지' 않도록 상황을 통제할 방법을 알아낼 수 있다. 안 좋은 일이 발생하면 자신에게 이렇게 질문해야 한다. "이런 일이 다시 일어날 가능성을 줄이려면 뭘 해야 할까? 아니 다시는 일어나지 않게 하려면 어떻게 해야 할까?" 추돌 사고를 당한 내 이야기로 돌아가, 정신 산만한 운전자가 모는 차에 들이받히는 사고를 피할 수 있는 많은 방법이 있다고 생각을 바꿔보자. 노련한 기사가 모는 차를 타거나, 더 일찍 또는 더 늦게 출발하거나, 거래를 일주일 전에 미리 성사시키거나, 다른 길로 가거나, 너무 중요한 일이라 당신이 고객에게 가지 않고 고객이 당신을 찾아오게 할 수도 있다.

논의를 이어가기 전에 당신 생각을 조금 바꿀 수 있는 이야기를 해보겠다. 자신이 가장 많이 주의를 기울이는 대상 또는 사람을 자기 삶으로 끌어당긴다는 개념에 많은 사람은 동의한다. 또한 자신의 이해력이나 정신력을 일부만 활용한다는 데도 동의할 것이다. 그렇다면 혹시 예전부터 비난할 대상을 계속 찾기 위해 뭔가 사고를 일으키려고 자신도 모르게 미리 결정해두었을 가능성은 없을까? 그럴 가능성이 조금이라도 있다면 조사해볼 가치가 있다! 어떤 사고에 연루되려면 완벽한 순간에 정확히 그 장소에 있어야 한다. 수천 명의 다른 사람은 당하지 않은 추돌 사고를 나는 당했다. 나는 사고를 당할 바로 그 시간에 출발했고 수백 개의 다른 도로를 놔두고 사고가 난 그 도로로 가다가 바로 그 사고 순간에 사고 지점에 있게 됐다. 그렇게 주의 산만한 운전자 바로 앞에 있다가 추돌 사고를 당했다. 성공한 사람에게 나쁜 일이 생기면, 장담하는데 그들은 자신이 책임져야 하는 수준보다 더 많은 것을 고려하고 더 많은 행동을 한다.

아마 내가 더 일찍 출발했다면 사고를 피할 수 있었을 것이다. 속도를 줄였더라면 사고에 연루되지 않았을 것이다. 다른 도로로 갔다면 사고가 일어나지 않았을 것이다. 너무 엉뚱한 소리처럼 들리는가? 그저 우연한 사고일 뿐이고 운이 나빴기 때문인가? 그렇다면 당신은 불운하고 불행한 운명을 타고난 피해자로 살 수밖에 없을 것이다. 가혹한 세파에 시달리고 상황이 나아지지 않을 때 당신은 온갖 일들이 그저 운이나 우연 때문에 일어난다고 생각해서는 안 된다. 일어나는 어떤 일이든 당신과 '관련이 있다'고 생각해야 한다. 아무 관련이 없다면 당신은 그런 일에 연루되지 않았을 것이다.

기억하라. 어떤 일이든 당신에게 벌어질 수 있지만 그 일은 바로 당신 때문에 생긴다. 경찰에 사고 접수를 할 때 자신은 책임이 없다고 주장하고 싶겠지만 보험사는 잘잘못을 떠나 피해자 과실을 인정할 것이다.

반드시 명심해야 할 한 가지가 있다. 자신의 '정당성'을 입증하려고 피해자를 자처할 때마다 정말로 피해자가 된다. 이는 결코 좋은 일이 아니다. 피해자 행세를 하는 한 해결책을 찾아내거나 성공을 이루기란 불가능하다. 그런 사람에게는 문제들만 가득할 뿐이다.

성공은 우연한 여정이 아니라
당신이 책임지고 통제한 결과다

'수동적으로' 행동하는 사람이 아니라 '스스로 앞장서서' 행동하는 사람이 되어 모든 상황에 접근하면 당신 삶을 훨씬 더 잘 통제할 수 있게 된다. 성공을 쟁취하거나 못 하는 일은 당신 생각과 행동의 직접적인 결과다. 긍정적인 일이든 부정적인 일이든 바로 '당신'이 모든 일의 근원이자 원동력이며, 출발점이자 원인이다. 물론 성공의 개념을 지나치게 단순화하려는 의도는 아니다. 하지만 당신이 모든 일에 대해 책임감을 지니겠다고 결심하기 전에는 성공에 필요한 행동을 하지 않을 가능성이 높다. 모든 일이 잘되기를 바란다면 당연히 모든 일에 책임지는 자세를 취해야 한다. 그러지 않으면 유익이 아닌 핑계를 만들어내느라 10배 더 많은 에너지를 허비하게 될 것이다.

성공이 우연히 생기거나 일부 사람에게만 생긴다는 생각은 잘못된 믿음이다. 내가 제안하는 방법이 분명 효과가 있다는 사실을 나는 알고 있다. 내가 바로 이 방법을 사용해 성공을 쌓아왔기 때문이다. 나는 이른바 '좋은' 인맥을 활용할 수 있는 특권층 집안 출신이 아니다. 내게는 회사를 설립할 돈이 없었고, 다른 사람보다 특별히 더 뛰어난 '재능'도 없었다. 그런데 나는 부, 신체, 영성, 정서 면에서 성공을 쌓을 수 있었다. 내가 이루어낸 성공의 크기는 다른 사람들이 내게 기대하는 수준을 훨씬 넘어선 수준이었다. 이런 성공이 어떻게 가능했을까? 바로 엄청난 행동력과 통제력을 발휘하고, 모든 결과에 책임을 졌기 때문이다. 독감, 배탈, 자동차 사고, 도난 사건, 컴퓨터 고장, 심지어 정전까지 나는 모든 일에 통제력과 책임감을 발휘했다.

'어떤 일이든 우연히 일어나지 않고 나 때문에 일어난다'고 진심으로 믿기 시작한 후에야 비로소 나는 행동량을 10배 더 높은 수준으로 늘릴 수 있었다. "내가 어디로 가든 그곳에는 내가 있다." 이 간단한 말을 통해 내가 문제의 원인이자 해결책임을 이해할 수 있었다. 이러한 관점을 지니면 자신이 피해자가 아니라 인생에서 일어나는 모든 일의 원인이라고 생각하게 된다. 나는 내 실패를 정당화하려고 다른 사람이나 다른 대상을 비난하지 않았다. 물론 내게 일어나는 일에 대한 결정권을 항상 내가 가질 수는 없는 노릇이다. 하지만 그 일에 어떻게 반응할지에 대한 선택권은 '언제나' 내게 있음을 나는 믿기 시작했다.

수많은 사람이나 책이 성공은 '여정'이라고 말하지만 그렇지 않다. 성공은 당신이 통제하고 책임진 결과로 생겨나는 어떤 상태다. 당신은 성공한 사람이 될 수도 있고 그러지 못하는 사람이 될 수도 있다. 그리고 징징대고 투덜대며 피해자를 자처하는 사람은 결코 성공을 이룰 수 없다.

틀림없이 당신에게는 아직 활용하지 못한 재능이 있을 것이다. 잠재력이 당신 안에 갇혀 있다. 당신은 탁월함을 향한 열망을 키웠으며 성공에는 한계가 없다는 사실을 잘 알게 됐다. 책임감의 크기를 키우고 당신에게 일어나는 모든 일에 통제력을 발휘하라. 어떤 일이든 우연히 일어나는 법은 없으며 모든 일이 당신 때문에 일어난다는 신념을 갖고 살아라! 그리고 기억하라. '병신처럼 굴지 마라.'

01 당신은 인생에서 어떤 일에 통제력을 발휘하고 싶은가?

02 성공은 '우연'이 아니라 _____ 때문에 일어난다.

03 우연히 찾아오지 않고 당신이 이루어낸 성공 사례 3가지를 적어보라.

04 피해자의 인생에서 일관되게 나타나는 4가지 요소는 무엇인가?

THE
10X
RULE

행동의
4가지
수준

성공에는 얼마만 한 행동이 필요할까

"성공을 이루려면 정확하게 '얼마나' 행동해야 하나요?" 내가 오랫동안 받은 질문이다. 모든 사람이 남들은 모르는 손쉬운 방법, 지름길을 찾는다는 사실은 별로 놀랍지 않다. 그리고 마찬가지로 너무나 당연하게 지름길은 없다. 행동을 많이 하면 할수록 행운을 얻을 가능성은 더 커진다. 숙달되고 일관되고 지칠 줄 모르는 행동만이 다른 어떤 방법보다 성공에 결정적 요소다. 적절한 행동량을 정확하게 계산해 발휘하는 것이 사업 구상을 하고, 아이디어를 내고, 사업 계획을 세우는 것보다 훨씬 중요하다.

많은 사람이 실패하는 이유는 적절한 행동량을 발휘하지 못하기 때문이다. 행동을 더 간단명료하게 이해하기 위해 사람들이 선택하는 행동량을 4가지 항목 또는 4가지 수준으로 분류해보겠다. 사람들은 다음 4가지 수준 중 하나를 선택한다.

1. 아무것도 하지 않는다.

2. 뒷걸음친다.

3. 보통 수준으로 행동한다.

4. 엄청난 수준으로 행동한다.

이 4가지 수준을 하나씩 다루기 전에 생각해볼 중요한 점이 있다. 사람들은 누구나 살아가면서 어느 순간에, 특히 삶의 다양한 영역에서 4가지 수준의 행동을 모두 한 번씩은 해본다는 것이다. 예를 들면 어떤 사람은 커리어를 쌓는 일에는 엄청난 행동량을 발휘하지만 시민의 의무와 책임을 다하는 면에서는 완전히 뒷걸음칠 수 있다. 또 어떤 사람은 소셜 미디어와 관련해서는 아무것도 하지 않거나 뒷걸음칠지 모른다. 그런가 하면 건강한 식습관과 운동에는 보통 수준의 행동을 하면서 나쁜 습관에는 지나치게 엄청난 행동량을 보이는 사람이 있다. 분명히 당신은 최대로 관심을 기울이고 가장 많은 행동을 하는 영역에서 탁월해지고 일등이 될 것이다.

불행히도 이 행성에서 살아가는 사람 대부분은 1번에서 3번 수준으로 행동하며 시간을 낭비한다. 즉 아무것도 안 하거나, 뒷걸음치거나, 보통 수준으로 행동하는 선에서 인생을 보내고 만다. 아무것도 안 하기나 뒷걸음치기는 실패의 출발선이다. 보통 수준으로 행동하는 사람은 기껏해야 평범한 존재로 남게 된다. 엄청난 행동량을 보이는 사람만이 가장 큰 성공을 이룬다. 이제 행동의 4가지 수준을 하나씩 살펴보면서 각각 어떤 의미가 있는지, 삶의 다양한 상황과 영역에서 어느 한 가지 수준을 선택하는 이유는 무엇인지 알아보자.

첫 번째 수준: 아무것도 하지 않기

'아무것도 하지 않는다'는 뭔가를 배우고, 성취하고, 지배하기 위해 자신을 발전시키는 데 필요한 어떤 행동도 하지 않는다는 말과 똑같다. 커리어나 인간관계를 비롯해 자신이 원하는 무엇에서든 아무것도 하지 않는 사람은 아마 꿈을 포기한 상태일 것이다. 그리고 자신에게 어떤 안 좋은 일이 닥치든 기꺼이 받아들일 것이다.

어떻게 들릴지 모르지만, 아무것도 안 한다고 에너지, 수고, 품이 전혀 들지 않는 것은 아니다! '당신이 어떤 수준으로 행동하든 그렇게 하는 데는 노력이 필요하다.' 아무것도 하지 않는 태도의 신호에는 지루함, 무기력, 안일함, 목적 결여 등이 포함된다. 이 부류에 속하는 사람들은 자신의 상황을 정당화하려고 시간과 에너지를 쓴다. 그리고 그렇게 하는 데는 다른 수준의 행동을 하는 것만큼 노력이 든다.

'아무것도 하지 않는' 부류의 사람들은 아침에 알람 시계가 울려도 꿈쩍하지 않는다. 그들이 아무것도 안 하는 것처럼 보이지만 사실은 일어나지 '않으려고' 많은 에너지를 쏟고 있다. 일자리를 잃는 데도 노력이 필요하다. 생산성을 떨어뜨려야 하기 때문이다. 승진에서 탈락해 앞으로 몇 년을 더 기다려야 하는 일, 집에 가서 승진 못 한 이유를 배우자에게 설명하는 일 모두 노력이 필요하다. 이 행성에서 인정받지 못하는 저임금 노동자로 살아가려면 엄청난 노력이 필요하고 자신의 상황을 이해시키려면 그보다 훨씬 더 많은 에너지가 필요하다. 아무런 행동을 하지 않는 사람은 늘 자신의 상황을 변명해야 한다. 그리고 그러려면 엄청난 창의력과 노력이 필요하다.

아무것도 하지 않아 판매 실적을 올릴 때보다 올리지 못할 때가 더 많은 세일즈맨은 변명할 구실을 찾아야 하고, 할당량을 채우지 못한 이유를 상사와 배우자에게 해명해야 한다. 흥미로운 사실은 이처럼 어느 영역에서는 아무것도 안 하는 사람이 정말로 좋아하는 일이 생기면 그 일을 하면서 많은 시간을 보낸다는 것이다. 그래서 어떤 일에는 엄청난 행동력을 발휘한다. 온라인 포커, 게임, 자전거 타기, 영화 감상, 독서 등이 그런 일일 수 있다. 분명한 점은 무엇이 됐든 특정 영역에는 그들이 자신의 에너지와 관심을 모두 쏟아붓는다는 사실이다.

아무것도 안 하는 사람들은 친구와 가족에게 자신은 행복하며 만족스러운 삶을 살고 있다고, 다 잘되고 있다고 말한다. 하지만 그런 말은 모두를 어리둥절하고 난감하게 만들 뿐이다. 누가 보든 그들은 자신의 잠재력을 충분히 발휘하지 않고 있기 때문이다.

두 번째 수준: 뒷걸음치기

'뒷걸음치는 사람'은 퇴행하는 사람이다. 행동의 결과로 부정적인 경험이 생길 거라고 상상하면서 그런 경험을 피하려고 뒷걸음친다. 이런 사람들의 전형적인 특징은 '성공에 대한 두려움'이다. 그들은 결실을 얻지 못하는 결과를 경험했다(또는 스스로 결실이 없다고 여긴다). 그래서 그런 결과를 또 낳을 수 있는 행동을 더는 하지 않겠다고 결심한다.

'아무것도 하지 않는 사람'들과 마찬가지로 뒷걸음치는 사람들은 자신의 행동을 정당화하며 현재 수준을 유지하는 게 최선이라고 믿는다. 그들은 더 이상 거절이나 실패를 겪지 않으려고 그렇게 한다고 주장한다. 하지만 그들에게 영향을 미치는 것은 '실제로' 거절이나 실패가 아니다. 거절과 실패에 대해 스스로 부여

한 의미가 그들을 뒷걸음치게 만든다.

아무것도 하지 않기와 비슷하게 뒷걸음칠 때도 힘겨운 노력이 필요하다. 건강한 아이를 관찰해보라. 퇴행이 아니라 진보와 정복이 인간의 정상적인 행동임을 알게 될 것이다. 대개 퇴행은 뒷걸음치라는 말을 반복해서 들은 결과 하게 되는 행동이다. 많은 사람이 어린 시절 이렇게 훈련받았다. "그거 만지지 마" "조심해" "걔랑 말하지 마" "저리 가" 등. 그렇게 우리는 퇴행 행동을 키워나가기 시작한다. 우리는 어떤 일에 큰 호기심을 느끼더라도 그 일을 외면하는 경향이 있다. 그렇게 하면 유익하고, 이른바 안전을 유지할 수 있을지 모른다. 하지만 '억제'의 세월을 되돌리기는 매우 어렵다. 그래서 많은 사람이 나중에 새로운 일을 시도하기 힘들어하는지 모른다. 한편 직장 동료나 친구, 가족은 당신을 '너무 야심 찬' 사람이나 너무 한 가지 영역에만 몰입하는 사람이라고 여기며 이제 좀 그만하라고 할 수 있다.

뒷걸음치는 사람들은 다양한 이유로 목표와는 반대 방향으로 움직이며 대개 결과가 좋지 않다. 당신 주변에도 이런 사람이 있을 것이다. 어쩌면 당신 자신이 특정 영역에서 뒷걸음치고 있을지 모른다. 더는 발전이나 개선이 없고 '이제는 할 수 있는 게 없다'는 생각이 드는 영역이 있다면 바로 그것이 뒷걸음치는 영역일 것이다.

"주식이 폭락했어. 다시는 투자하지 않을 거야." "대부분의 결혼이 실패로 끝나. 난 독신으로 지낼 거야." "연기는 너무 힘들어. 남은 인생은 웨이터로 살 거야." "고용 시장이 얼어붙었어. 아무 기업도 채용을 안 해. 난 실업 급여나 받을 거야." "내가 투표한다고 선거 결과가 달라지겠어? 그러니 투표 안 할 거야." 이 모든 생각이 퇴행이다! 이 모든 상황에 한 가지 공통점이 있음을 눈치 챘는가? 뒷걸음치는 상황에서도 최소한 어떤 행동이 필요하다는 것이다. 하다못해 결정을 내리는 일이라도 해야 한다. 이처럼 뒷걸음치려면 뭔가를 해야 한다.

뒷걸음치는 사람은 퇴행의 '이유'를 정당화하려고 많은 시간을 쓴다. 그들은 생존에 꼭 필요한 행동만 하고 있다고 강하게 확신한다. 그래서 왜 뒷걸음치느냐를 놓고 그들과 논쟁을 벌이기는 불가능하다. 하지만 그들은 자신의 퇴행 결정을 정당화하는 데는 많은 에너지를 써야 할 것이다. 아마 성공한 사람이 성공을 이루는 데 쓰는 정도의 에너지를 쓰게 될지 모른다. 그들에게 당신이 해줄 수 있는 최선의 행동은 이 책을 주고 그들이 뒷걸음치고 있다는 사실을 스스로 확인하도록 하는 것이다.

행동의 4가지 수준을 이해하고 각 수준에 모두 에너지가 필요함을 깨달으면 더 바람직한 선택을 할 수 있을 것이다. 어차피 노력할 거라면 성공 쪽으로 나아가기 위해 노력해야 하지 않겠는가?

세 번째 수준: 보통 수준으로 행동하기

오늘날 우리 사회에는 아마 보통 수준으로 행동하는 사람이 가장 많을 것이다. 이 부류의 사람들은 겉으로는 필요한 만큼 행동을 하며 '정상적인' 삶을 사는 것처럼 보인다. 이런 수준의 행동이 중산층을 만든다. 그런데 이 행동이 실제로는 가장 위험하다. 괜찮은 행동 수준이라고 용납되기 때문이다.

이 부류에 속하는 사람들은 평범한 삶, 결혼, 커리어를 영위하는 데 평균적으로 충분해 보이는 행동을 하며 살아간다. 하지만 진정한 성공을 이룰 정도로 많은 행동은 절대 하지 않는다. 안타깝게 대다수 직장인이 보통 수준의 행동을 한다. 많은 관리자, 경영진, 기업이 눈에 도드라지기보다 주변과 뒤섞여 고만고만하게 행동한다. 이 부류에 속하는 사람 중 일부는 때때로 탁월한 결과를 창출하려고 시도해보지만 이런 보통 수준의 행동으로는 이례적인 성과를 올리지 못한다. 이 사람들의 목표는 평균이다. 결혼 생활, 건강, 커리어, 부에서 보통 수준을 추구한다. 주변 상황이 다 보통 수준이면 평균에 머무르는 것도 괜찮다. 현 상황이 꾸준하게 유지되고 앞날이 예측 가능하다면야 보통 수준에 머물러도 자신이나 주변 사람들에게 크게 문제가 되지 않는다.

하지만 시장 상황이 나빠져서 경제 지표가 평균 아래로 떨어지면 이야기는 달라진다. 이처럼 상황이 변하는 순간 그들은 자신이 위험에 처했다는 사실을 깨닫는다. '보통' 수준의 행동만 하는 사람에게는 언제든 심각한 변화가 들이닥칠 수 있다. 미래가 어떻게 될지는 아무도 모른다. 인생, 커리어, 결혼, 사업이 난관에 부딪히는 경우는 보기 드문 일이 아니다. 보통 수준의 행동만 한다면 앞으로 닥칠 난관에 더욱 취약해질 수밖에 없다. 대체로 '용납되는' 수준으로 행동하고, 평균 수준으로 일하며 돈을 모으고, 적당한 스트레스를 받는 사람은 어느 순간 삶이 심하게 흔들릴 수 있다. 그 결과 심각한 스트레스와 불확실성이 덮쳐 막심한 피해를 입을 수 있다.

보통은 정의상 '탁월함에 못 미치는 수준'이다. 그런데 사실 어떤 면에서는 뒷걸음치기 또는 아무것도 하지 않기의 다른 표현일 따름이다. 또한 보통이라는 말에는 자신의 진정한 잠재력을 알면서 역량을 다 발휘하지 않는 사람의 정신적 병폐라는 뜻도 들어 있다. 더 많은 행동을 할 수 있는 데 보통 수준에 머무르는 사람은 아무것도 하지 않거나 뒷걸음치는 수준에서 약간만 다른 행동을 하는 셈이다. 자신에게 솔직해져보자. 당신은 현재 발휘하고 있는 수준보다 더 많은 에너지와 창의력을 지니고 있지 않은가?

별 볼 일 없는 평범한 학생, 결혼 생활, 아이들, 몸매, 제품, 사업, 부……. 어느 누가 '보통'을 원하겠는가? 어떤 제품이나 서비스를 구매하고 싶은데 광고에서 '보통'이라고 선전한다고 해보자.

"아주 평범한 이 제품은 평균적인 가격에 구입할 수 있으며 그저 그런 만족감을 제공할 것입니다"라고 광고하는 제품을 누가 사겠는가? 사람들이 지극히 평범한 제품을 일부러 찾아서 사는 일은 없다. "당신이 아주 평범한 요리사가 되도록 보장하는 보통 수준의 요리 수업을 진행합니다." 당신이 요리사가 되겠다면 이런 수업을 듣겠는가? 나는 그런 수업을 듣지 않고도 그 정도 요리쯤은 지금도 할 수 있다. "이번 주말에 개봉하는 이 영화는 평범한 감독이 평범한 배우들을 출연시켜 제작했다며 평론가가 극찬합니다. 2시간 동안 평범한 액션이 펼쳐집니다." 맙소사, 이런 영화를 보려고 줄 서는 사람도 있는가?

보통 수준으로 행동하는 것이 가장 위험하다. 사회에서 대부분 용인하기 때문이다. 사회 다수의 영역에서 이 정도 행동량을 승인하기 때문에 오히려 보통보다 더 많은 행동량을 보이는 사람이 성공을 이루는 데 필요한 도움을 받지 못할 위험이 있다. 나는 여러 기업으로부터 저성과자에 대한 대책을 알려달라는 전화를 무수히 받는다. 그런데 기업들은 보통 수준으로만 계속 행동하는 평범한 성과자와 고성과자는 간과하는데 이들 역시 위험하다.

아마 이 책은 아무것도 안 하는 사람이나 뒷걸음치는 사람보다는 '보통' 수준으로 행동하는 사람에게 자극을 줄 것 같다. '아무것도 안 하는' 사람은 아예 처음부터 이 책을 거들떠보지 않을 테고, 뒷걸음치는 사람은 책을 사러 서점에 들어가지 않을 테니까. 보통 또는 평범한 행동 수준인 사람은 이 책을 '살' 것이다. 자신을 속박하고 있는 마법에서 풀려나기를 바라면서 말이다. 평범한 존재에서 놀라운 삶을 사는 존재로 탈바꿈하려면 행동을 세 번째 수준에서 네 번째 수준으로 끌어올려야만 한다.

네 번째 수준: 엄청난 수준으로 행동하기

믿기지 않겠지만 엄청난 행동량을 발휘하는 것이야말로 우리 모두에게 가장 자연스러운 상태다. 아이들을 관찰해보라. 아이들은 끊임없이 움직인다. 어디가 아프지 않은 한 계속 뭔가를 한다. 나 역시 10살 때까지만 해도 그랬다. 나는 잘 때만 빼고 계속 엄청나게 활동했다. 대부분의 아이처럼 나는 어른들이 눈살을 찌푸리며 가만히 좀 있으라고 해도 아랑곳하지 않고 계속 모든 에너지를 쏟아내며 움직였다. 당신도 그랬는가? 그리고 당신도 자녀들에게 가만히 좀 있으라고 하는가?

어른들이 가만히 있어야 한다고 말하기 전에는 나는 오로지 엄청나게 행동하는 것 말고는 관심이 없었다. 우리가 사는 이 우주 또한 엄청난 양의 행동이 가장 기본 요소임을 뒷받침한다. 바닷속으로 들어가보라. 끊임없이 왕성하게 활동하고 있는 생명체들을 볼 수 있을 것이다. 우리가 밟고 서 있는 지표면 아래에서도 엄청난 활동이 끊임없이 발생한다. 개미집이나 벌집 안을 들여다보면 미래의 생존을 확보하기 위해 엄청난 행동력을 발휘하는 생명체의 군집을 볼 수 있다. 이런 환경에서는 뒷걸음치기나 아무것도 안 하기는 물론이고, 보통 수준으로 행동하기 비슷한 징후조차 찾아볼 수 없다.

무척 부지런하고 자기 관리가 철저했던 아버지는 말 그대로 엄청난 행동력을 발휘하셨다. 슬프게도 아버지는 내가 10살 때 돌아가셨고, 나는 큰 충격을 받았다. 돌이켜보면 아버지의 죽음을 계기로 나는 행동을 취해야 했던 다양한 영역에서 빠르게 뒷걸음치기 시작했다. 그러고는 주의를 기울이지 말아야 했던 영역인 온갖 해로운 활동과 알코올, 심지어 마약에까지 손을 대 '많은' 에너지를 쏟았다. 이런 생활은 고등학교를 거쳐 대학 생활까지 계속됐다. 그러는 동안 나는 상실의 아픔을 몇 번 더 겪었다. 나는 내게 도움이 되는 영역에서 계속 퇴행했고, 더욱 파괴적인 영역에 몰두했다. 내가 게으르거나 의욕이 없었던 것은 아니다. 그저 나는 올바른 방향을 찾지 못했다. 그리고 어떻게 인생에 뛰어들어야 하는지 잘못 알고 있었다.

당시 나는 대부분의 시간을 목적 없이 하기 싫은 일을 억지로 하며 지루하게 보냈다. 그러면서 에너지는 많이 들어가는데 건설적인 결과는 낳지 못하는 영역에 몰두했다. 대부분의 사람이 살면서 한 번쯤 이런 상태를 경험하리라 생각한다. 나는 비교적 인생 초반에 이 경험을 했다.

앞서 이야기했듯이 나는 25세에 큰 전환점을 맞았다. 나는 방향을 새로 설정하지 않으면 심각한 대가를 치르게 되리란 사실을 깨달았다. 그래서 다른 데 쏟던 에너지를 성공을 이루는 데 쏟기로 결심했다. 성공하지 '못하는 것' 역시 충분히 힘든 일이었기에 어차피 힘들 바에야 성공하는 쪽으로 초점을 맞추기로 했다. 아버지는 15년 전에 돌아가셨지만 여전히 내게 훌륭한 롤 모델이었다. 부지런함의 중요성을 익히 아셨던 아버지는 가족을 부양하기 위해 필요한 일은 무엇이든 기꺼이 하셨다. 그리고 성공을 당신의 의무이자 사명처럼 생각하고 성공을 이루려고 노력하셨다. 그 결과 아버지가 경제적 보상과 개인적 성취감을 누리셨다고 나는 확신한다. 그런데 아버지는 또한 성공을 이루는 일이 당신의 가족, 교회, 명예, 심지어 하나님 앞에 책임을 다하는 일이라고 생각하셨다. 단지 아버지에게 주어진 시간이 다 끝나고 말았을 뿐이다!

실패의 길과 잘못된 생각에서 벗어난 후 나는 모든 에너지를 커리어 발전에 쏟았다. 25세 이후 내가 잘한 일 한 가지는 내 앞에 놓인 일이 무엇이든 엄청난 행동량으로 접근했다는 것이다. 처음으로 한 세일즈 일이든 최초로 창업한 회사 일이든 나는 엄청난 행동력을 발휘했다. 아무것도 안 하거나 뒷걸음치는 일은 결코 없었다. 보통 수준의 행동으로 만족하는 법도 없었다. 나는 목표를 향해 계속해서 끈기 있게 엄청난 수준의 행동력을 발휘하며 힘차게 달려들었다.

그런데 엄청난 행동은 흔히 새로운 문제를 일으키곤 한다. 당신에게 아직 문제가 생기지 않았다면 이 수준의 행동을 제대로 하지 않았다는 뜻이다.

29세에 세미나 사업을 시작했을 때 나는 이름을 알리기 위해 10배의 법칙을 활용했다. 아침 7시에 일과를 시작해 밤 9시가 넘어서야 호텔로 돌아갔다. 나는 하루 종일 판촉 전화를 걸어 여러 회사의 영업 부서와 경영팀에 프레젠테이션을 제안했다. 하루에 방문한 회사만 무려 40개나 됐다. 한번은 텍사스주 엘패소에 갔다. 처음 가보는 도시였고 아는 사람이 전무했다. 당연히 나를 아는 사람도 없었다. 그곳에서 2주 동안 머물면서 나는 모든 회사를 조사했다. 그들 모두를 고객으로 만드는 데는 성공하지 못했지만 엄청난 행동력을 발휘함으로써 그러지 않았다면 얻지 못했을 많은 거래처를 확보했다.

한 부동산 중개인이 내가 사업체를 키운 방법을 옆에서 보고 배우겠다며 나를 따라다닌 적이 있었다. 그렇게 3일을 따라다닌 후 그가 말했다. "이제 더는 못 하겠습니다. 내가 한 일은 당신과 함께 '차를 타고 다닌 것'뿐이에요. 완전히 지쳤어요." 나는 내 인생이 내가 하는 행동에 달려 있다고 생각하며 하루하루를 보냈다. 방문한 지역의 사업주를 모두 만나기 위해 할 수 있는 일을 다 했다는 생각이 들지 않으면 그 지역을 떠나지 않았다. 이런 판촉 '방문'을 통해 엄청난 행동의 중요성을 다른 어떤 행위를 했을 때보다 뼈저리게 배울 수 있었다. 그리고 다른 사업에 뛰어들었을 때 이 경험이야말로 아주 귀중한 교훈이었음이 여실히 입증되었다.

엄청난 행동을 할 때는 얼마나 많은 시간을 일해야 하는지는 생각하지 말고 하라. 이 네 번째 수준의 행동을 하기 시작하면 마인드셋이 바뀌고 그래서 결과 또한 달라진다. 엄청난 행동을 할 때 당신은 '평범한' 날을 보내던 때보다 더 일찍 기회를 잡을 것이다. 그리고 예전과는 다른 방식으로 기회를 얻을 것이다. 그러면 평범한 하루는 이제 과거의 일이 된다. 나는 엄청난 행동량 발휘에 계속 전념했고 마침내 엄청난 행동은 특별한 무엇이 아니라 습관이 됐다.

흥미롭게도 많은 사람이 내게 이런 말을 했다. "왜 그렇게 지금도 밤늦게까지 일합니까?" "뭐하러 토요일까지 전화를 하세요?" "당신은 단념하지 않는군요." "우리 회사 직원들도 당신처럼 일하면 좋겠어요." 심지어 이렇게 말하는 사람조차 있었다. "뭘 그렇게 '계속' 하고 있나요?" 그렇다. 나는 계속 뭔가를 하고 있었다. 성공을 나의 의무이자 사명이며 책임으로 여기고 있었다. 엄청난 행동은 내 비장의 무기였다. 당신이 엄청난 행동을 한다는 신호가 전해지면 사람들은 당신에 대해 이야기할 것이고, 대단하다고 찬사를 보낼 것이다.

하지만 엄청난 행동을 하면서 사람들의 칭찬이나 일하는 시간, 벌어들이는 돈에 대해서는 너무 많이 생각하지 마라. 그보다는 자신의 삶과 미래가 엄청난 행동량을 발휘하는 능력에 달렸다고 생각하며 하루하루를 살아야 한다. 처음 창업했을 때 나는 그 사업을 '성공시켜야' 했다. 그리고 그러는 데는 한 가지 방법밖에 없었다! 사람들에게 나와 회사를 알리려면 나는 많은 '행동'을 해야 했다. 그것 말고는 달리 방법이 없었다.

내게 문제는 다른 회사와 벌이는 경쟁이 아니라 '이름 없음'(무명)이었다. 내가 누구인지 아는 사람이 아무도 없었다. 내가 사업체를 새로 세울 때마다 부딪히는 가장 큰 문제가 바로 '이름 없음'이었다. 아마 사업가 대부분이 똑같은 문제에 직면할 것이다. 사람들은 당신이 누구인지, 당신의 신제품이 무엇인지 모른다. 이러한 무명 문제를 해결하는 유일한 방법은 엄청난 양의 행동을 하는 것이다. 나는 광고를 할 자금이 없었다. 그래서 통화, 회신 전화, 우편물, 이메일, 판촉 전화, 방문, 추가 전화 등에 나의 모든 에너지를 쏟았다. 이 정도까지 행동하라니 벌써 지치는가? 실제로 지치는 일이다. 하지만 당신이 앞으로 어떤 교육이나 훈련을 받든 이 방법보다 더 확실하고 안정된 결과를 안겨줄 방법은 없을 것이다.

미쳤다는 소리를 들을 때까지 행동하라

엄청난 행동력을 발휘하며 전념하는 태도 때문에 나는 일중독자, 편집광, 탐욕스러운 사람, 결코 만족을 모르는 사람, 불도저, 심지어 미치광이 소리까지 들었다. 하지만 이런 꼬리표는 모두 엄청난 행동을 하지 못하는 사람들이 붙인 것이다. 나의 지나친 행동량이 나쁘다고 생각하는 사람 중에서 나보다 성공한 사람은 본 적이 없다. 성공한 사람은 큰 성공을 거두려면 무엇이 필요한지 잘 안다. 그들은 어떻게 하면 자신이 원하는 지점에 도달할 수 있는지 잘 알기에 엄청난 행동을 바람직하지 못하다고 여기는 법이 절대 없다.

엄청난 수준으로 행동하기는 또한 다소 비합리적인 선택을 한 뒤 훨씬 더 많은 행동력을 발휘한다는 뜻이다. 이런 수준의 행동은 어쩌면 사회적 합의를 넘어서는 미친 짓으로 보일 수 있다. 또 엄청난 행동은 언제나 새로운 문제를 일으킨다. 하지만 잊지 마라. 새로운 문제를 일으키지 않으면 당신은 엄청난 수준으로 행동하고 있는 것이 아니다.

엄청난 수준으로 행동하려면 안 좋은 꼬리표가 달리는 일이나 남들의 비난을 예상해야 한다. 당신이 큰 성공을 거두는 순간 당신만큼 행동량을 발휘하지 못하는 사람들은 즉시 당신을 비난할 것이다. 당신의 행동 수준이 그들에게 위협이 될 수 있기 때문이다. 그래서 그들은 자기네 방법이 옳다는 걸 보여주려고 어떻게든 지나친 수준의 행동이 '틀렸다'고 주장한다.

그들은 엄청난 행동력을 발휘하며 큰 성공을 거두는 사람을 가만히 놔두지 못한다. 그래서 엄청난 행동을 멈추게 하려고 할 수 있는 일은 다 한다. 올바른 마인드셋을 갖춘 사람들은 당신의 엄청난 행동을 본받아 따라 한다. 반면에 보통 수준의 사람들은 당신에게 시간만 낭비하고 있으며, 당신의 행동이 업계에서 통하지 않을 것이고, 고객은 돌아설 것이며, 당신과 함께 일하려는 사람은 아무도 없을 것이라고 말한다. 심지어 경영진도 때로는 직원이 상당한 노력을 쏟는 일을 방해한다.

다음 2가지 상황에 직면하면 당신은 엄청난 행동력을 발휘하는 영역으로 진입했다는 뜻이다. 첫째, 스스로 새로운 문제를 일으킨다. 둘째, 다른 사람들에게 비난과 경고를 받기 시작한다. 이런 상황에 직면하더라도 흔들리지 마라. 우리는 보통 수준을 받아들이라고 배웠다. 그리고 최면에 걸린 듯 대다수 사람이 그 수준에 머문다. 당신을 최면에서 깨워줄 유일한 수단이 바로 엄청난 수준의 행동이다.

엄청난 수준으로 행동하려면 다가오는 기회는 전부 잡아야 한다. 예를 들어보자. 내 아내는 배우다. 그리고 나는 항상 아내에게 모든 오디션에 참여하라고 말한다. 준비가 안 되어 있고 배역이 자신에게 맞지 않더라도 말이다. 스크린에 모습이 전혀 안

보이는 것보다 연기를 엉망으로 하더라도 사람들 눈에 보이는 쪽이 더 낫지 않은가! "내가 다 망쳐버리면?" 하고 아내는 말한다. 그러면 나는 이렇게 대답한다. "할리우드에 연기 못하는 배우는 넘쳐 나. 그래도 다들 어떻게든 연기를 하고 있잖아." 모든 기회를 잡으려고 노력하면 원하는 배역을 얻지 못할 수 있지만 다른 역할을 완벽하게 소화하는 모습을 보여줄 수 있을 것이다. 배우의 목표는 어떤 식으로든 관객 눈에 띄고 사람들 뇌리에 남는 것이어야 한다.

당신의 유일한 문제는 재능이 아니라 이름 없음이다. 당신의 시도가 성공하게 하려면 지속적으로 끈질기게 노력해야 한다. 엄청난 수준으로 행동한다 한들 당신이 피해를 보는 경우는 절대 없다. 오히려 언제나 당신에게 도움이 된다. 질보다 양이 더 중요하다는 이야기다. 사람들의 관심을 끌면 돈과 권력은 저절로 따라오기 마련이다. 가장 많은 행동을 하는 사람이 가장 많은 관심을 끈다. 그리고 그들은 곧 최상의 결과를 얻는다.

누군가가 당신 집으로 찾아와 당신 꿈을 실현시켜주는 일은 없다. 누군가가 당신 회사로 찾아와 신제품을 세상에 널리 알려주는 일 또한 없다. 많고 많은 사람 중에서 돋보이려면, 또 당신의 제품과 서비스와 회사를 소비자에게 알리려면 엄청난 수준으로 행동해야 한다.

나는 가장 최근 저서인 《일등이 아니면 꼴찌다》에서 지배의 중요성을 언급했다. 내가 말하는 지배는 물리적 지배가 아닌 대중을 사로잡는 정신적 지배다. 당신이 시장을 지배하는 일에 성공하면 사람들은 당신의 제품과 서비스, 회사를 보고 바로 '당신'을 떠올린다. 엄청난 수준으로 행동하는 훈련에 매진하라. 그러면 당신은 무명에서 거뜬히 벗어나, 시장에서 당신의 가치를 드높이고, 당신이 원하는 영역 어디에서든 성공을 이룰 것이다.

Exercise

01 당신이 인생에서 엄청난 수준으로 행동해 성공한 때는 언제인가?

02 당신이 엄청난 행동력을 발휘하면 즉시 이룰 수 있는 일은 무엇인가?

03 엄청난 행동량을 발휘하는 사람을 보고 그러지 않는 사람들은 무슨 말을 하는가?

04 당신이 엄청난 수준으로 행동하기 시작하면 어떤 일들이 생길 수 있는가?

THE
10X
RULE

보통은
실패
공식이다

보통으로는 꿈도 성공도 없다

주위를 한번 둘러보라. 보통에 머무르는 일로 가득한 세상을 보게 될 것이다. 앞서 언급했듯이 보통 수준이 사회에서 '용인되고' 그 수준을 기반으로 중산층이 형성된다. 그렇다 하더라도 현실에서는 보통으로 괜찮다는 생각이 더는 유효하지 않다는 증거가 갈수록 많아지고 있다.

일자리는 해외로 이전되고 실업률은 걷잡을 수 없이 치솟는다. 이제는 그럭저럭 버티기조차 힘든 중산층이 생겨나고, 수명이 늘어나 퇴직금으로는 생계를 유지할 수 없다. 기업과 업계는 제품, 경영, 직원, 행동, 전략과 관련해 보통 수준에서 벗어나지 못해 휘청거린다.

이렇듯 '보통에 중독된 태도'가 꿈의 실현 가능성을 말살한다. 다음 통계를 살펴보자. 보통 수준의 근로자가 1년에 읽는 책은 평균 1권 미만이고, 일하는 시간은 주당 평균 37.5시간이다. 미국에서 가장 연봉이 높은 CEO는 보통 수준의 근로자보다 319배 더 많은 연봉을 받으며 1년에 60권 이상 책을 읽는다. 이렇게 부에서 성공한 많은 CEO는 막대한 연봉을 받는다는 이유로 비난받는다. 하지만 사람들은 그들이 현재 자리에 도달하기 위해 얼마나 치열한 생각과 행동을 했는지 잘 모른다. 가끔은 그들이 너무 쉽게 일하는 것처럼 보일지 모른다. 그러나 좋은 학교를 졸업하고 좋은 인맥을 쌓고 먹이사슬 위로 올라가기 위해 그들은 엄청난 사고력과 행동력을 발휘해야 했다. 이 사실을 사람들은 쉽게 잊는다. 원한다면 그들을 욕해도 좋다. 그렇지만 아무리 욕해봤자 그들이 누리는 보상이 그들 스스로 노력해서 이룬 성공의 대가라는 사실은 달라지지 않는다.

2008년에 불어닥친 극심한 경제 위기를 겪은 후 스타벅스 창립자 하워드 슐츠Howard Schultz는 미국의 다른 CEO들처럼 비용을 줄이고 실적이 부진한 매장을 정리하기 시작했다. 그런 다음에는 다른 CEO들이 '하지 않는' 행동을 했다. 그는 전국을 돌며 스타벅스 고객을 만나기 시작했다. 보통 수준의 근로자가 퇴근하고 한참 지난 시간에 억만장자인 슐츠는 고객을 더 만족시키는 방법을 찾기 위해 밤늦게까지 매장을 돌아다니며 커피 마시는 고객을 만났다. 이 행동이 언론에는 크게 보도되지 않았지만 매우 놀라운 행보였다. 자기네 제품을 구매하는 고객의 의견을 들으려고 밤 9시에 전국 매장을 돌아다닌 것이다. 이는 '보통 이상의 훌륭한' 마인드셋과 행동을 보여주는 뛰어난 사례다. 그의 행동은 분명히 시장과 고객이 기대하는 수준 이상이었다. CEO가 흔히 하는 행동이 아니었으니까. 그 결과 스타벅스는 견고하고 눈부신 성장을 이어나갔고 이는 주가에 고스란히 반영되었다.

스타벅스가 내놓는 제품은 '생필품'이 아니다. 그래서 특히 불황기에 문제가 될 수 있다. 하지만 스타벅스는 꾸준하게 매출을 유지하면서 브랜드 가치를 높이고 투자자에게 수익을 안겨준다. 이는 제품의 질도 분명 중요하지만, 기업을 탁월하게 만드는 진정한 힘은 기업에서 일하는 개개인에게 있다는 사실을 증명한다. 슐츠는 상황에 접근하는 방법을 정확하게 알고 있었다. 불황이나 일시적인 경기 위축이 닥쳐도 그는 조직을 '확장'한다. 여기서 말하는 확장은 더 많은 매장 신설만을 뜻하지 않는다. 그는 자신의 에너지, 자원, 창의력을 활용해 엄청난 수준으로 행동하고, 매장을 방문해 수많은 고객을 만나고, 브랜드 가치와 수익을 높이는 식으로 확장한다.

보통 수준을 받아들이는 기업은 머지않아 쇠퇴하고 말 것이다. 기본적인 양의 노력만 투입해서는 일을 완수해낼 수 없다. 보통 수준으로 행동하는 사람 대부분은 일의 무게, 속도, 시간, 저항, 타이밍, 예상치 못한 변수 등 다양한 힘에 대처하지 못한다.

이런 사람들은 저항, 경쟁, 손실, 무관심, 부정적인 시장 상황, 난관에 부닥치면 실패하고 만다.

보통이 초래하는 위험

또 한 가지 당신이 고려했으면 하는 사항이 있다. 개인과 집단이 우르르 달려들어 당신의 노력을 방해하려고 들 것이란 점이다. 내가 피해망상이나 공포에 사로잡혀 사는 사람은 아니다. 하지만 나를 이용해먹으려는 사람들을 겪으며 나는 매우 값비싼 교훈을 배웠다.

한번은 어느 조직이 나를 파트너로 삼고 싶다며 접근해왔다. 하지만 그들의 의도는 그게 아니었다. 처음부터 그들은 내가 이룬 성공을 가로채려는 목적으로 내게 접근했다. 내 성공 공식에서 이런 상황은 계획에 없었다. 그래서 수년간의 노력을 말 그대로 도둑맞고 말았다. 그러니 내 말을 새겨듣기 바란다. 당신 역시 계획에서 놓치는 점이 있을 수 있다. 그리고 사람들은 스스로 해낼 수 없는 것을 당신에게서 빼앗아가려고 든다.

왜 그런 일이 일어났는지 곰곰이 돌이켜봤다. 그러자 내가 10배의 법칙을 더는 활용하지 않았기 때문에 그들의 유혹에 넘어갔다는 사실을 깨달았다. 그동안의 성공에 안주하기 시작하고

'큰 노력 없이도' 일을 진행할 수 있다고 생각한 순간, 내가 스스로 그들의 표적이 되었음을 똑똑히 알게 됐다. 모든 상황을 예측하고 계획하기란 거의 불가능하다. 살아가면서 당신은 여러 특별한 상황을 겪게 될 텐데 그중에는 당신의 길을 가로막고 방해하는 상황이 있을 것이다. 여기에 대비하는 최상의 방법은 생각과 행동의 수준을 10배 더 높이는 것이다.

아무도, 어떤 사건도, 어떤 실수도 당신을 무너뜨릴 수 없도록 크게 성공하라! 무엇이든 보통 수준으로 하면 당신은 실패하고 만다. 설령 실패는 피한다 한들 분명히 위험에 처하게 된다! 반면에 당신이 원하는 것보다 더 큰 성공을 거둔다면 만반의 대비를 할 수 있다. 스스로 성공을 이루지 못한 사람들이 당신의 성공을 빼앗아가려고 할 때도 너끈히 대처할 수 있다.

나는 수년간 남들이 놀랄 만큼 성공을 거두었다. 하지만 그 이후로는 더는 엄청난 수준의 행동을 투입하지 않았다. 그러자 아니나 다를까 사람들은 내가 이룬 것을 빼앗으려고 했고 결국 내 성공을 훔쳐 달아났다. 그 사건은 비싼 대가를 치른 굴욕적인 실패였다. 하지만 그 일을 계기로 나는 어떤 활동이든 업무든 보통 수준으로 해서는 절대 안전하지 않다는 사실을 확실히 깨달았다. 만약 당신이 보통 수준에 머문다면 장담하는데 당신은 어김없이 이룬 것을 잃게 되고 꿈꿔온 일들은 몽땅 물거품이 될 것이다. 이는 건강, 결혼, 부, 영성 등 모든 영역에 적용된다. 보통을 추구하면 당신은 그저 그런 별 볼 일 없는 존재가 된다.

보통 수준의 생각과 행동이 어떤 결과를 가져다주는지 생각해보자. 평범한 문제가 순식간에 심각한 문제로 바뀐다. 당신이 저축해 놓은 돈을 다 쓰고도 20년을 더 산다면 어떻겠는가? 10배의 법칙에 따라 생각하고 행동하지 않은 사람들은 결국 가족의 짐이 되고 만다. 만성 질환이나 경제 위기를 예측하지 못한 상황이라면 어떻게 하겠는가? 극심한 경제 위기나 장기 실업의 기간이 길어질 때 보통 수준으로 재정 계획을 세웠던 사람들에게 무슨 일이 벌어지겠는가? 보통은 실패를 부르는 계획이다!

뭔가를 보통 수준으로 하면 삶의 '어느' 영역에서도 성공하지 못한다. 당신이 어떤 일에 단지 평범한 주의만 기울이면 그 일에서 더는 성과를 못 내고 결국에는 중단하게 될 것이다. 미래를 성공적으로 개척해나가는 기업, 산업, 예술가, 개발자, 개인은 보통으로는 충분하지 않다는 생각으로 모든 활동에 접근한다. 당신 역시 보통이란 개념을 뛰어넘는 수준으로 생각하고 전념해야 한다. 그렇게 하면 틀림없이 삶의 다른 영역에도 즉각 긍정적인 영향을 미칠 수 있다. 당신의 친구와 가족이 달라지기 시작하고, 성과가 좋아지고, 운이 점점 더 좋아질 것이다. 당신의 삶은 지루하지 않을 것이며, 당신이 하는 행동 덕분에 인간관계가 발전하기 시작할 것이다.

대부분의 신생 기업이 실패하는 이유도 보통 수준 때문이다.

두세 사람이 모여 좋은 아이디어를 내고 사업 계획을 세운 후 회사를 출범시킨다. 그러고는 모든 일이 자신들에게 유리하게 흘러갈 것으로 예측한다. 심지어 그들은 계획마저 보수적으로 세운다. "10명에게 제품 프레젠테이션을 합시다. 그러면 적어도 3명에게는 팔 수 있을 겁니다. 이게 안정적이고 현실적인 계획입니다." 같이 있던 다른 사람은 이렇게 말할지 모른다. "더 안전하게 그 절반으로 합시다. 그래도 되겠죠?" 그들은 더 안일한 태도로 계획을 세워도 성공할 거라고 판단한다. 하지만 그들은 처음 계획대로 10번의 프레젠테이션을 하기 위해 얼마나 많은 사람에게 전화를 걸어야 하는지 정확하게 계산하지 못한다. 세상을 깜짝 놀라게 할 제품을 만들었다 해도 10번의 프레젠테이션을 하려면 전화를 100번은 해야 할 것이다.

프로젝트의 다음 단계를 철저하고 완벽하게 계획했다고 해서 이 세상이 당신을 지지하는 건 아니다. 사람들은 각자 자신의 일정, 제품, 프로젝트에 전념하느라 당신에게 신경 쓸 여유가 없다. 적절한 사람을 만날 기회를 얻는 일조차 엄청난 노력과 끈기가 필요하다. 안타깝게도 사람들은 대부분 성공에 필요한 엄청난 수준의 행동이 아니라 보통 수준의 마인드셋을 바탕으로 사업 계획을 세운다.

사람들은 새로운 아이디어를 내놓으면서 흥분하고 열광한다. 그리고 곧 아이디어는 열광적인 분위기에 묻혀버리고 만다. 경쟁,

경기, 시장 상황, 제조, 대출, 자금 조달 등에 부정적인 문제가 생기거나 소비자가 다른 제품을 선호하는 일이 생겨도 사람들은 평범하거나 보통 문제로 여긴다. 그러면 낙관적인 전망이 터무니없는 예측이었음이 증명될 때 가장 안전하게 세웠던 목표마저 달성하지 못하고 만다.

핵심 역할을 하는 파트너가 병에 걸리거나 경제가 심각한 위기를 맞을 수 있다. 또는 세계적인 사건이 발생해 사람들의 관심이 몇 개월 동안 그쪽으로 쏠릴 수 있다. 그러면 함께 새로운 사업에 뛰어든 사람들 사이에 분쟁이 생기며 열정이 사라지기 시작한다. 그리고 처음 생각했던 것과 달리 상황이 더 어려워지면서 실패할 가능성이 갈수록 뚜렷해진다. 함께 꿈을 이루자며 회사를 창업했지만 계획보다 더 많은 돈을 써버렸고 수익은 나지 않는다. 그러면 여전히 꿈을 놓지 않고 있는 사람은 파트너들과 헤어져야 하는지 고민하기 시작한다. 파트너들이 정신, 정서, 신체 면에서 시장 저항을 헤쳐 나가는 데 필요한 엄청난 수준의 행동을 발휘할 대비가 아직 안 된 것처럼 보이기 때문이다.

이런 상황이 지속되면 자금 문제를 해결하기 위해 친구에게 돈을 빌리려고 한다. 그러다가 더 큰 저항에 부딪힌다. 무엇이든 끝까지 해내려면 10배 더 많은 행동을 끈질기게 해야 하는데 이 요소는 사업 계획에서 빠져 있었다. 그들은 그런 '비합리적인' 수준의 행동을 하기는 너무 어렵다고 생각한다. 그래서 회사의 운명이 자신들의 더 많은 행동이 아니라 자금 조달에 전적으로 달려 있다고 믿기 시작한다. 회사가 발전하려면 생각과 행동을 10배 더 많이 해야 한다는 사실을 전혀 모르기 때문이다.

보통은 당신 머릿속에서 지워버려라

사람들은 보통 수준만 돼도 모든 게 안정적일 것으로 생각한다. 당연히 틀린 생각이다. 많은 사람이 너무나 낙관적인 태도로 모든 일이 다 잘될 거라고 과대평가하면서 성공하기 위해 쏟아야 하는 에너지와 노력은 과소평가한다. 사업에서 성공한 사람은 누구나 이 말에 동의할 것이다. 당신은 일의 속도, 시장 저항, 경쟁, 시장 상황이 보통 수준에 머물도록 통제할 수도, 어떻게 변할지 예측할 수도 없다. 그러니 절대 보통 수준의 사고에 머무르지 마라. 엄청난 사고력을 발휘하라. 또 당신이 발휘해야 할 행동력이 450킬로그램짜리 배낭을 짊어지고 시속 60킬로미터 강풍 속에서 경사 20도의 오르막길을 날마다 오르는 수준이라고 생각하라. 끈기 있게 이런 수준의 사고력과 행동력을 발휘하라. 그러면 당신은 성공할 것이다!

많은 회사가 왜 실패할까? 회사를 유지하고 활동 자금을 조달할 만큼 충분히 높은 가격에 자기네 제품과 서비스, 아이디어를 팔 수가 없기 때문이다. 이런 회사가 수익을 많이 올릴 수 없는 이유는 간단하다. 직원, 공급업체, 거래처 등 회사와 관련된 모든 사람이 보통 수준으로만 사고하고 행동하기 때문이다.

보통 수준의 행동은 보통 이상의 결과를 낳는 법이 없다. 대개 훨씬 못한 결과만 낳는다. 보통 수준의 생각과 행동은 반드시 당신에게 불행과 불확실성, 실패를 가져다준다. 보통 수준에 머무르는 것은 모조리 제거하라. 조언이나 친구도 보통 수준이면 버려라. 너무 심한 말처럼 들리는가? 성공이 당신의 의무이자 사명이며 책임이라는 사실을 잊지 마라. 또한 성공에는 한계가 없다. 그러므로 당신이 어떤 제약에 부딪힌다면 생각과 행동을 보통 수준으로 한 결과일 뿐이다. 보통이라는 개념을 당신 머릿속에서 완전히 지워라. 평범한 사람이 어떤 행동을 하는지 잘 연구해 당신과 당신의 팀은 보통 수준을 선택지로 고려하는 일이 없도록 하라. 곁에 뛰어난 사상가와 행동가만 두라. 보통 수준에 머무르는 것은 불치병에 걸린 것이나 다름없다.

보통은 당신에게 탁월한 삶을 안겨주지 않는다는 사실을 기억하라. 보통이란 일반적인 것, 평범한 것, 흔한 것을 가리킴을 깨달아라. 보통이 이러한 의미가 담긴 개념이라면 당신 정신에서 완전히 지워버려야 마땅하지 않겠는가?

01 당신이 아는 사람 중 보통 수준으로 생각하고 행동하는 사람의 이름을 적어보라.

02 보통 수준의 행동 때문에 기대에 미치지 못하는 결과를 얻었던 일 3가지를 적어보라.

03 당신이 아는 사람 중 탁월한 성과를 내는 사람의 이름을 적고 그들이 평범한 사람과 어떻게 다른지 설명해보라.

04 보통의 정의를 조사해 적어보라.

THE
10X
RULE

CHAPTER 09

목표를
10배 더 크게
세워라

날마다 목표를 적어라

　목표를 끝까지 유지하지 못하고 결국 성과를 내지 못하는 사람이 많다. 왜일까? 처음부터 목표를 크게 세우지 못한 탓이라고 생각한다. 목표를 설정한 다음 아예 시작조차 못 하거나 중간에 포기해버리는 사람을 수없이 본다. 나는 목표 설정을 다루는 책을 많이 읽었고 이를 주제로 한 세미나에도 많이 참석했다. 하나같이 목표를 '너무 높게' 세우지 말라고 경고한다. 하지만 목표를 낮게 세우면 성과 역시 적게 얻는다. 이것이 현실이다. 원대한 생각을 하지 못한다는 말에는 충분한 '행동'을 많이, 자주, 끈기 있게 하지 못한다는 의미가 들어 있다!

　이른바 현실적인 목표에 열광할 사람이 있을까? 그리고 어느 누가 기껏해야 그저 그런 보상을 얻는 일에 열정을 유지할 수 있겠는가? 그래서 목표를 크게 세우지 않으면 저항에 부딪힐 때 포기해버린다. 열정을 유지하려면 다른 데 주의를 돌릴 틈이 없을 정도로 목표를 매우 원대하게 세워야 한다. 평범하고 현실적인 목표를 세우면 허탈감에 빠지기 십상이다. 그러면 목표를 이루는 데 필요한 행동을 할 수가 없다.

사실 많은 사람이 목표에 너무 관심이 없다. 1년에 겨우 한 번 정도 목표를 적어보는 식이다. 하지만 내가 아는 한 1년에 한두 번 하는 일 중 가치 있는 일은 전혀 없다. 당신이 날마다 하는 행동에 따라 당신 삶이 좌우된다. 그래서 나는 항상 2가지 일을 반드시 한다.

1. 목표를 날마다 적는다.

2. 도달할 수 없는 목표를 선택한다.

이는 내 잠재력을 최대한 끌어내어 날마다 행동에 박차를 가하게 해준다. 어떤 사람들은 불가능한 목표를 세우면 실망하게 되어 흥미를 잃을 수 있다고 말한다. 사실은 정반대다. 목표를 낮게 세워 거기에 매일매일 크게 신경을 쓸 필요가 없다면 곧 흥미가 사라진다!

좋은 방법 하나를 소개한다. 목표를 이미 달성한 것처럼 적어보라. 나는 아침에 일어나자마자, 그리고 밤에 잠들기 직전에 목표를 적으려고 침대 옆에 늘 노트를 놓아둔다. 사무실에도 목표 노트를 하나 마련해두어 새로운 목표나 더 커진 목표를 적는다. 다음 예는 내가 현재 이루려고 노력하는 목표와 기록하는 방법 이다. 아직 달성하지 못한 목표를 이미 달성한 것처럼 적었다는 점에 주목하라.

- 나는 12퍼센트가 넘는 높은 수익률의 현금 흐름을 창출하는 아파트를 5000채 이상 갖고 있다.
- 나의 신체 건강 상태는 완벽하다.
- 내 순자산은 1억 달러가 넘는다.
- 내 한 달 수입은 100만 달러가 넘는다.
- 나는 12권이 넘는 베스트셀러를 썼다.
- 내 결혼 생활은 행복하게 잘 유지되고 있고 다른 사람들에게 좋은 본이 된다.
- 아내를 향한 나의 사랑은 날마다 커진다.
- 내게는 훌륭하고 건강한 두 자녀가 있다.
- 다른 사람에게 받을 돈은 있어도 갚아야 할 빚은 없다.
- 나는 바닷가에 대출이 없는 아름다운 집을 갖고 있다.
- 내가 소유한 콜로라도의 목장은 산과 말들이 어우러져 너무나 뛰어난 경관, 내가 생각하는 이상적인 풍경을 갖추고 있다.
- 나는 멀리서도 통제할 수 있는 여러 회사와 훌륭한 직원, 협력 업체를

거느리고 있다.

- 내 아이들은 지구에서 가장 영향력 있는 사람들과 친구다.
- 나는 사회와 정치에 긍정적인 변화를 일으키고 있다.
- 나는 사람들이 원하고 그들의 삶을 개선하는 독특한 프로그램을 계속 개발하고 있다.
- 나는 내 커리어에 끝없는 에너지와 흥미를 가지고 있다.
- 내가 출연하는 TV 쇼는 인기가 좋아 시즌 5까지 이어지고 있다.
- 나는 교회에 가장 많은 기부를 하는 사람 중 하나다.

이 예들이 내 목표 중 일부라는 사실을 잊지 마라. 목표를 적는 법을 보여주려고 일부만 나열한 것이다. 위 목록은 달성한 것이 아니라 아직 달성하지 못한 것이라는 점에도 유의하라.

평범한 목표를 세우면 10배의 법칙에 따른 엄청난 수준의 행동을 쏟아부을 수 없으며 그럴 의지도 안 생긴다. 간절히 바라는 원대한 목적을 자신의 원동력으로 삼지 않고 평범한 마인드셋으로 목표에 접근한다면 난관과 저항에 부닥치는 순간, 또는 최적의 조건이 아닐 때 포기하고 만다. 저항을 이겨내려면 원하는 지점에 도달해야 할 커다란 동인이 있어야 한다. 목표가 크고 '비현실적'일수록, 그리고 목표를 자신의 사명이자 의무로 생각할수록 당신의 행동은 더욱더 많은 활력과 동력을 얻을 것이다.

'현실적인 목표'는 절대 세우지 마라

내가 1억 달러를 모으고 싶다고 해보자. 그런 큰돈을 모으려는 사람이 어디 있느냐고? 아니다! 말 그대로 이것은 목표다. 목표가 크고 매력적일수록 목표를 이루기 위한 동기가 더욱 커지며 어떤 저항이든 뚫고 나가게 된다. 목표를 달성하는 일에 훨씬 더 많은 에너지를 쏟고 싶다면 목표를 더 중요한 일들과 결부시켜야 한다. 만약에 어떤 사람이 돈을 벌고 싶지만 그 돈으로 무엇을 할지 건설적인 목표가 없다면 돈을 벌어봤자 다 낭비하고 말 것이다. 따라서 목표를 세울 때는 반드시 목표를 왜 이루어야 하는지 명확하게 생각하고 더 큰 목표와 결부시켜야 한다.

크고 넓은 생각으로 목표를 세워라. 많은 사람은 돈을 목적으로 목표를 세우지만 많은 돈을 벌고 나면 쌓아놓은 자산을 탕진해버린다. 단순히 부자가 되기를 목표로 삼았다가 그 목표를 이루고 나면 벌어둔 많은 돈을 의미 없이 써버리다가 생을 마감하는 사람이 얼마나 많은가. 그러므로 다른 목표들과 결부시켜 목표를 세우는 것이 실제로 도움이 된다. 예를 들어 1억 달러를 모으는 것이 한 가지 목표라고 해보자. 그리고 그 돈으로 교회에 기부하고 인류의 환경을 개선하는 프로그램을 지원하는 것이 또 다른 목표라고 해보자. 이런 식으로 여러 목표를 결합하면 당신의 행동과 모든 목표를 촉진하는 자극과 동력을 얻는다.

예전에 맥도날드에서 일했던 적이 있다. 나는 그 일이 정말 싫었다. 맥도날드가 싫어서가 아니라 그 일이 내 목표와 목적에 맞지 않기 때문이다. 함께 근무한 한 남자는 자기 일을 무척 사랑했다. 그에게 그 일은 자신의 목표와 목적에 일치했다. 나는 당장 쓸 돈이 필요했기에 시급 7달러를 받으며 일했고, 그는 사업을 배우고 프랜차이즈 지점 100곳을 열고 싶었기에 시급 7달러를 받으며 일했다. 나는 그가 왜 그렇게 '열정적인지' 이해하지 못했고, 그는 내게 왜 열정이 없는지 이해하지 못했다. 결국 나는 해고됐고, 그는 프랜차이즈 사업을 시작했다. 목표는 해야 할 행동을 촉진하기 위해 존재한다. 따라서 최대한 목표를 크게, 자주 세워라. 그리고 그 목표를 더 큰 목적들과 결부시켜라.

당신이 세운 목표가 당신의 잠재력을 충분히 발휘하게 하는지 스스로 질문해보라. 대부분의 사람은 그렇지 않다고 인정한다. 현실적으로 달성 가능한 작은 목표를 세우라는 말을 어렸을 때부터 너무 많이 들으며 세뇌당했기 때문이다. 당신이 부모라면 분명히 자녀에게 그런 말을 한 적이 있을 것이다. 아마 당신 역시 부모님 또는 직장 상사나 동료에게 그런 말을 들었을 것이다. 명심하라. 절대 현실적인 목표를 세우지 마라. 그런 목표를 세우지 않아도 현실적인 삶은 살 수 있다.

나는 '현실적인'이라는 말을 몹시 싫어한다. 이 말은 다른 사람이 이룬 것, 다른 사람이나 가능하다고 믿은 것에 근거하기 때문이다. 이 말을 하는 사람들은 행동 수준 가운데 앞쪽 3가지 수준으로만 행동한다. 현실적인 생각은 다른 사람들이 가능하다고 생각하는 것에 근거한다. 하지만 그들이 당신은 아니지 않은가. 그리고 그들은 당신의 잠재력과 목적을 알지 못한다.

당신이 다른 사람의 생각을 근거로 목표를 세우고 싶다면 반드시 위대한 사람의 생각을 근거로 그렇게 하라. 그들은 당신에게 이런 말부터 해줄 것이다. "내가 이룬 것을 근거로 목표를 세우지 마십시오. 당신은 그보다 훨씬 더 큰 일을 이룰 수 있습니다." 당신이 세상에서 탁월한 업적을 이룬 사람들처럼 생각하고 그들처럼 성공하겠다는 목표를 세운다면 어떻게 될까? 예를 들어 스티브 잡스의 목표는 "우주에 흔적을 남기겠다ding the universe"는, 이 세상을 영원히 바꿔놓을 제품을 만들겠다는 것이었다. 그가 애플과 픽사를 통해 이룬 일을 보라. 다른 사람들과 비슷한 목표를 세우려면 최소한 엄청난 성공을 거둔 위대한 사람과 비슷한 목표를 세워라.

당신의 가능성을 과소평가하지 마라

많은 사람이 지금처럼 살아가는 것은 다른 보통 사람들이 해온 일을 하고 있기 때문이다. 대부분 정말 가고 싶어서가 아니라

가라고 해서 대학에 가고, 특정 종교를 믿는 집안에서 자라서 그 종교를 믿는다. 또한 자기 가족이 쓰는 언어만 사용하면서 다른 언어를 배우려고 시간을 투자하지 않는다. 우리 중 많은 사람이 부모님, 선생님, 친구가 내린 결정이나 그들이 설정한 한계에 영향받는다. 당신과 가장 가까운 동료 5명의 목표를 알려주면 나는 당신 목표가 무엇인지 맞힐 수 있다. 당신과 당신의 목표는 주변 사람과 환경에 조종당한다.

나는 누구에게든 어떤 것을 목표로 삼으라는 말을 절대 하지 않는다. 대신에 그동안 받아온 교육이 사고에 제약을 가하고 있다는 사실을 염두에 두고 목표를 세우라고 조언한다. 자신의 가능성을 과소평가하지 않으려면 이 점을 분명히 인식해야 한다. 아울러 다음을 고려하라.

1. 다른 사람이 아니라 '자기 자신'을 위해 목표를 세워라.
2. 무엇이든 가능하다.
3. 당신에게는 당신 생각보다 훨씬 큰 잠재력이 있다.
4. 성공은 당신의 의무이자 사명이며 책임이다.
5. 성공에는 한계가 없다.
6. 목표가 크든 작든 다 노력이 필요하다.

이 사항들을 잘 생각해본 다음 자리에 앉아 목표를 적어보

라. 그런 다음 목표를 이룰 때까지 날마다 다시 적어보라.

자신의 가능성을 과소평가하면 목표를 크게 세우기란 불가능하다. 목표를 작게 세우면 아예 처음부터 엄청난 수준으로 행동할 대비를 갖추지 못한다. '10배의 법칙'이 누구에게나 적용되지는 '않는다'는 사실을 나는 잘 알고 있다. 그저 그런 평범한 삶을 받아들이는 사람, 또는 게으르게 살면서 남들이 먹다 남긴 음식에나 만족하는 사람에게는 10배의 법칙이 적용되지 않는다. 또한 운만 좋으면, 기도만 하면 성공할 수 있다고 생각하는 사람에게도 적용되지 않는다. 10배의 법칙은 특별한 삶을 일구는 데 집착하고 그 과정을 스스로 책임지고 싶어 하는 사람을 위한 것이다. 10배의 법칙은 당신의 사업 공식에서 운이나 우연의 개념을 제거한다. 그리고 엄청난 성공을 이루고 유지하려면 어떠한 마인드셋을 가져야 하는지 정확하게 보여준다.

부에서 목표를 세우는 일과 관련해 생각해보자. 2009년 미국 대통령은 1년에 25만 달러를 벌면 부유층이라고 말했다. 당신이 현재 이 정도 돈을 번다면 세금으로 최소한 10만 달러를 내고 15만 달러가 남을 것이다. 그러면 자동차 2대 유지비와 대출금, 재산세, 식비, 의류비, 자녀 학비 등에 쓰고 남는 돈은 2만 달러 정도가 된다. 이 돈을 앞으로 계속 저축한다면 돌발 상황이 생기지 않는다고 가정할 때 20년 후에는 40만 달러가 모인다. 이제 양가 부모님의 상황을 고려해보자. 그분들은 노후 계획을 제대로 세우지 않았다. 그분들은 저축한 돈을 다 쓴 다음에도 15년쯤 더 살 것이고 당신 부부는 그분들을 봉양해야 할 것이다. 이런 상황이 닥치면 곧 당신은 부에서 목표를 너무 낮게 세웠다는 사실을 깨닫게 된다. 하지만 너무 늦었다. 그리고 지금까지 자산을 모으는 데 들인 노력보다 더 많은 노력을 현재 자산을 유지하는 데 기울여야 할 것이다. 하나 더 기억해야 할 점은 부모님 봉양에 더해 당신 부부의 노후까지 준비해야 한다는 것이다.

물가 상승, 실직, 막중한 병원비, 돌발 사태, 경제 위기 등이 생기지 않는다고 가정했을 때 이렇다. 그러나 지난 몇 년간 벌어진 일들을 조금만 생각해보면 이런 전제가 얼마나 터무니없는지 알 것이다. 절대다수의 사람이 인생의 목적을 위한 목표는 말할 것 없고, 라이프스타일 유지에 필요한 부의 목표를 너무 낮게 세웠다는 사실을 깨달을 것이다. 생각을 '크게' 하지 못하는 사람은 어떤 식으로든 벌을 받았고 앞으로도 틀림없이 그럴 것이다.

모든 것 과소평가하기. 우리가 사는 이 행성을 뒤덮고 있는 기본 신념이다. 미국 최고의 경영대학원들에서는 기업 실패의 주요 원인 중 하나로 자금 부족을 꼽는다. 기업들은 신제품이 인기를 끌려면 얼마나 많은 자금을 투입해 홍보해야 하는지 잘못 계산하기 때문에 자금 부족에 내몰린다. 이는 보통이라는 개념을 기준으로 삼는 탓에 과소평가하기를 중단하지 못하는 한 가지 사례다.

내 인생에서 가장 큰 후회는 열심히 일하지 않은 것이 아니다. 나는 정말 열심히 일했다. 내가 후회하는 것은 목표를 10배 더 크게 설정하지 않은 것이다. 처음부터 나는 내가 달성할 수 있다고 생각한 목표보다 10배 더 큰 목표를 설정해야 했는데 그러지 못했다. 왜 그랬을까? 내 목표가 자라온 환경에 크게 영향 받았고 내 생각이 그 안에 갇혀 있었기 때문이다. 그렇다고 해서 누구를 탓할 생각은 없다. 그냥 사실이 그렇다는 말이다. 나는 커리어 전반부인 30년 동안은 10배 더 많이 노력하는 데 집중했다. 이제 앞으로 남은 커리어 후반부 25년은 목표를 10배 더 크게 세우는 데 전념할 것이다. 그러니 당신 역시 이렇게 해보라.

1. 목표를 10배 더 크게 세워라.

2. 이 목표를 다른 목표들과 결부시켜라.

3. 이 목표들을 매일 아침에 일어났을 때와 밤에 잠들기 전에 적어라.

01 당신이 자라온 환경이 목표 설정에 어떻게 영향을 미쳤는지 적어보라.

02 당신에게 목표를 달성할 능력이 있음을 안다면 어떤 목표들을 세우겠는가?

03 기본 목표와 결합해 당신의 행동을 더욱 촉진해줄 다른 목표 또는 목적은 무엇인가?

04 이 장 첫머리에 내가 제시한 목표 목록에서 2가지 공통점을 찾아보라.

THE
10X
RULE

CHAPTER 10

경쟁은
좀팽이나
하는 짓이다

경쟁을 목표로 삼지 마라

인류가 끊임없이 재생산해온 기막힌 거짓말 하나가 있다. 바로 경쟁은 좋은 것이라는 생각이다. 경쟁은 정확히 누구에게 좋을까? 소비자에게 더 나은 선택권을 부여하고, 서로 더 잘하도록 하는 데 도움이 될 수 있다. 하지만 비즈니스 세계에서 사업가는 경쟁하는 대신 시장을 '지배'하기를 원한다. 과거에는 "경쟁은 건강한 것이다"라는 말이 맞았다면 지금은 "경쟁이 건강한 것이라면 지배는 면역력 자체다!"라는 말이 더 적절하다.

내 관찰에 따르면 경쟁은 창의적인 사고력을 제한한다. 다른 사람들의 행동을 끊임없이 쳐다보게 만들기 때문이다. 내 첫 번째 사업이 크게 성공한 이유는 세일즈 프로그램을 개발해 남들과 경쟁하지 않는 독창적인 판매 방식을 도입한 덕분이었다. 분명히 그것은 세일즈에 대한 새로운 사고법이자 접근법이었다. 지난 200년 동안 사람들은 서로 베끼기 말고는 새로운 방식을 시도하지 않았다. 그래서 나는 경쟁은 무시하고 '정보 기반 판매'라는 새로운 세일즈 프로세스를 개발했다.

당시는 인터넷이 발달하기 전이라 소비자가 정보를 쉽게 이용할 수 없던 때였다. 하지만 나는 앞으로 세일즈 분야에서는 옛날 방식을 버리고 정보를 활용하는 법을 배워야 한다고 예측했다. 전통적인 사고를 고수하던 사람들은 시대를 앞서간 내 생각에 반대했다. 그러나 인터넷이 임계점에 도달해 폭발적으로 활용되기 시작하자 정보 기반 판매는 대세가 되었고 내 경쟁자들은 낡은 시스템과 프로세스에 발이 묶였다. 사람들은 완전히 새로운 내 프로그램에 열광했고, 나는 정상에 우뚝 섰다. 진보적으로 생각하는 사람은 모방하지 않는다. 그들은 경쟁하지 않고 창조한다. 또한 남들이 뭘 하는지 신경 쓰지 않는다.

'경쟁'을 목표로 삼지 마라. 대신 자신의 영역을 지배하기 위해서라면 무엇이든 하라. 그래야 다른 사람의 뒤만 쫓다가 시간을 낭비하는 일을 피할 수 있다. 다른 회사가 선두를 달리도록 그냥 놔두지 마라. 업계 선두는 '당신' 회사의 몫이어야 한다. 남보다 앞서야 한다. 남들이 '당신' 뒤를 쫓고 당신처럼 되려고 노력하게 하라. 그 반대가 되어서는 안 된다.

업계 트렌드에서 다른 사람들의 모범 사례를 도외시하라는 말이 아니다. 그 개념을 다른 차원으로 끌어올리는 일을 당신의 임무로 삼아야 한다는 뜻이다. 예를 들어 애플은 컴퓨터와 스마트폰을 만들지만 델Dell, IBM, 림Rimm 같은 다른 기업들이 하는 대로 모방하지 않는다. 애플은 경쟁하지 않는다. 대신에 시장을 지배하고, 선두를 달리고, 다른 회사가 자기네 성공을 모방하려고 애쓰게 만든다. 남들과 경쟁하는 수준으로 목표로 세우지 마라. 남들을 완전히 압도하는 수준, 자신의 영역을 완전히 지배하는 수준을 목표로 설정하라.

남들이 하지 않는 일을 하라

어떻게 시장을 지배할 수 있는지 궁금한가? 우선 지배하겠다고 결심하라. 그런 다음 다른 사람들이 하지 않는 일을 하라. 이것이 시장을 지배하는 최상의 방법이다. 그렇다. 남들이 하지 '않는' 일을 하라. 그러면 즉각 자신의 영역을 개척하고 불공정한 경쟁 우위를 누리게 된다. 분명히 말하는데, 나는 '불공정한' 우위를 누릴 수만 있다면 누리고 싶다. 나는 언제나 윤리적이지만 게임은 절대 공정하게 하지 않는다. 나는 불공정한 우위를 누릴 수 있는 방법을 찾는다. 불공정한 우위를 누리는 확실한 방법 한 가지가 바로 다른 사람들이 하지 않는 일을 하는 것이다. 남들이 자기네 규모나 역량, 다른 프로젝트 때문에 할 수 없는 일, 그런 일을 찾아서 하라.

경제가 불확실한 시기에 경쟁 업체들은 특정 부문에서 투자를 축소할지 모른다. 이때가 당신이 그 부문으로 확장해야 할 순간이다. 내가 컨설팅하던 한 임플란트 회사가 그 분야의 선두 업체에서 모든 출장 경비를 없애고 전화와 인터넷으로만 고객 예약을 받기로 결정했다고 알려왔다. 그 업체가 뒷걸음치는 동안 우리는 경쟁 우위를 확보하기 위해 고객을 직접 만나 시장을 지배하기로 했다. 그렇다. 경쟁이 아니라 지배다!

남들이 따르는 합의된 규범에 따라 움직이지 마라. 어떤 집단이나 업계의 규칙, 규범, 전통은 새로운 아이디어, 더 높은 수준의 위대함, 그리고 지배를 방해하는 함정이다. 그저 경주의 한 참여자로 머무르려 하지 마라. 리스트 맨 꼭대기에 서려고 하라. 더 나아가 사람들이 방법을 찾을 때 유일한 해법으로 떠올리는 존재가 되고자 하라. 당신은 당신 영역에서 무소불위의 힘을 행사하겠다는 태도를 지녀야 한다. 그래서 고객과 시장, 심지어 경쟁자까지 당신 영역에서 자연스럽게 '당신을 먼저' 생각하게 만들어야 한다. IBM이 그렇게 했기 때문에 사람들은 모든 PC를 IBM이라고 불렀다. 또한 제록스가 복사기 분야에서 그렇게 하는 데 성공했기 때문에 사람들은 복사한다고 하지 않고 제록스한다고 말했다. 이것이 말 그대로 영역을 지배하는 것이다. 시장을 지배하게 되면 당신이 등록한 상표가 제대로 보호받을 거라는 생각은 하지 않는 게 좋다. 당신의 상표가 누구나 사용하는 대명사가 되기 때문이다.

내가 운영하는 컨설팅 회사의 목표는 수익과 고객을 놓고 경쟁사와 경쟁을 시키는 것이 아니다. 우리의 목표는 이 행성에 사는 모든 사람에게 세일즈 트레이닝을 시켜 그들이 억만장자인 나처럼 되도록 하는 것이다. 이룰 수 있을까? 그러지 못할 수도 있겠지만, 이것이 우리의 목표다. 이 목표를 근거로 우리는 모든 의사결정을 한다. 나는 경쟁을 통해 최고가 될 생각은 하지 않는다. 내 목표는 모든 사람의 생각에 막대한 영향력을 행사해 내 이름이 세일즈 트레이닝과 동의어가 되게 만드는 것이다. 구글에서 '세일즈 동기부여sales motivation'를 검색해보라. 그러면 내 동영상이 나온다. 바로 이것이 어떤 영역, 목표, 또는 온갖 시도에 접근하는 방법, 그리하여 완전히 자기 것으로 만드는 방법이다.

경쟁하려는 사람들에게 배울 것은 배우되 그들을 좋아서는 안 된다. 월마트의 설립자 샘 월턴Sam Walton은 다른 마트의 좋은 점을 보고 배우려고 매주 다른 마트에 가서 쇼핑했다고 한다. 동시에 그는 경쟁이 아닌 시장 지배를 목표로 삼았다. 다른 사람이 가장 잘하는 일을 따라 하겠다면 꾸준하게 열심히 해서 그 일의 챔피언이 되고 그 일을 당신 것으로 만들어야 한다. 그들의 특기가 '당신의' 장점이 될 때까지 계속 연마하라. 당신의 영역에서 전문가이자 리더가 되어 영역을 확실하게 지배할 정도가 될 때까지, 그래서 다른 사람이 자신의 특기를 더는 내세우지 못할 때까지 그렇게 하라.

어떤 영역에서 당신이 가장 먼저 시작하는 사람이 될 필요는 없다. 하지만 그 영역에 들어갔다면 사람들이 그 영역 하면 당신을 가장 먼저 떠올리게 해야 한다. 내 말을 이해했기를 바란다. 집요하고 끈질긴 행동으로 당신이 시장에 전달해야 하는 메시지는 이것이다. "아무도 나를 따라올 수 없다. 나는 사라지지 않는다. 나는 경쟁하지 않는다. 내가 곧 '이 영역'이다."

돈으로 할 수 없는 것들

당신은 당신 영역에서 일부 리더들보다 돈이 많지 않을 수 있다. 하지만 그렇다고 해서 불리한 건 아니다. 그들이 당신보다 더 많은 투자를 하고 더 많은 광고비를 쓸 수 있을지는 모르지만 당신은 그들보다 더 열심히 일할 수 있다. 소셜 미디어, 고객 방문, 우편물, 이메일, 관계망 등 여러 수단을 활용해 그들이 하지 않는 일에 더 많은 노력을 쏟을 수 있다. 당신이 가진 자원을 활용해 작전을 펼쳐라. 에너지, 노력, 창의력, 만날 수 있는 고객 수에는 한계가 없다. 우편이나 이메일로 제품 제안서, 정보, 영상, 링크, 소비자 후기를 보내고 전화하거나 직접 만나서 당신의 제품을 홍보하라. 이 모든 방법을 조합해 다양한 작전을 짜서 많은 돈을 들여 만든, 때로는 돈 낭비로 끝나는 광고에 맞서라.

잊지 말아야 할 점이 있다. 경쟁자의 '자금' 동원 광고에 대응하려고 이런 행동을 할 때, 소비자의 관심을 끌기 위해 해야 하는 행동의 양을 '절대' 과소평가하지 마라. 사람들은 페이스북이나 트위터에 하루 2번 게시물을 올리고 효과가 있다고 생각한다. 당신이 그런 생각을 하고 있다면 엄청난 수준의 행동을 이해하지 못한 것이다. 게시물 몇 개로 자기 제품을 알릴 수 있다고 생각하는 사람은 인터넷의 규모를 너무 얕잡아보는 것이다. 비즈니스 성장의 다른 모든 측면과 마찬가지로, 당신은 거듭거듭 계속 반복해서 노출시켜야 하며, 그래서 당신 제품이 잠깐 나왔다 사라지지 않고 꾸준히 판매될 것이라는 확신을 심어주어야 한다.

소셜 미디어는 자금 상황에 상관없이 누구나 이용할 수 있고 무한한 창의력을 발휘할 수 있다는 장점이 있다. 또 끈기 있게 꾸준히 활용하는 사람에게만 보상을 안겨준다. 나는 소셜 미디어를 처음 시작했을 때 하루에 2번 포스팅했다. 당시에는 내가 '작은 생각'에 머물러 있다는 사실을 몰랐다. 또 우리는 한 달에 1번 홍보 이메일을 보냈는데 수신 거부 요청이 잇따랐다. 동료들은 이메일 발송을 그만두어야 한다고 주장했다. 정신이 번쩍 들면서 깨달음을 얻은 순간이 바로 그때였다. 나는 뒤로 물러서는 대신 오히려 게시물을 평소보다 10배 더 많이 올리라고 지시했다. 이어서 직원들에게 이메일을 한 달에 1번이 아니라 일주일에 2번(한 달에 8번) 보내도록 지시했고, 나는 트위터에 댓글을 개인적으로 하루에 48번(30분마다 1번) 달았다. 모두 내가 작성했으며 정해진 시간에 올라가도록 설정했다. 이러한 방대한 노출 전략으로 불만과 '수신 거부' 요청이 늘어났으리라 생각할지 모르지만 그런 일은 일어나지 않았다. 오히려 나는 내 행동량에 감탄하는 이메일과 게시물을 읽게 됐고, 세일즈 기술을 공짜로 알려주고 동기를 자극하는 정보를 기꺼이 제공해준다고 칭찬받았다.

그리고 이런 질문이 쇄도했다. "이 모든 일을 어떻게 다 할 수 있나요?" "직원은 얼마나 되나요?" "시간이 어디서 납니까?" "휴식 시간은 있어요?" 사람들이 이런 댓글을 달 때마다 그것을 보면서 비슷한 생각을 하는 사람이 1000명은 있었을 것이다. 그 많은 사람이 댓글을 쓰면서, 또 댓글을 보면서 나를 생각하지 않았겠는가? 그렇다. 나는 수많은 사람의 생각에 영향을 미치기 시작했다. 이렇게 하는 데는 비싼 비용이 들지 않는다. 내 에너지와 노력, 창의력만 사용하면 된다. 내가 이런 활동을 하고 있을 때, 많은 사람이 내 경쟁자로 여기던 한 남자는 소셜 미디어를 세일즈에 활용하는 방안을 어떻게 생각하느냐는 질문을 받고 이렇게 대답했다. "아직 검토 중입니다." 그가 검토하고 있는 동안 나는 죽도록 포스팅을 했다. 하루는 트위터에 "나는 트위터를 내 애인으로 만들 것이다"라는 게시물을 올렸다.

이것이 바로 돈을 들이지 않고도 독특한 생각과 행동으로 시장을 지배하는 뛰어난 사례다. 지배하려면 이렇게 생각해야 한다. '엄청난 행동량으로 시장에 침투하지 않는다면, 또는 그럴 생각이 없다면 시장을 지배할 수 없다.'

'유일무이한 실행'으로 지배하라

당신의 가장 큰 문제는 '이름 없음'이다. 사람들이 당신을 모르고 당신에 대해 생각하지도 않는다는 것이 진짜 문제다. 또 하나의 문제는 일단 시장에 진입했다면 시장의 저항을 헤쳐 나가야 한다는 점이다. 당신이 해야 할 일 2가지는 이렇다.

1. 주목받기
2. 저항 헤쳐 나가기

내 경우 소수의 불만을 처리하기 위해 뒤로 물러서는 결정을 했다면 시장을 확장하지 못했을 것이다. 내가 포스팅을 많이 하면 할수록 우리 제품을 좋아하는 사람이 갈수록 많아졌다. 우리가 힘을 낼수록 우리를 돕는 사람이 더 많아졌다. 우리가 새로운 프로그램에 박차를 가할 때 경쟁사들은 나를 조롱하는 포스팅을 올리기도 했다. 하지만 그러한 게시물까지 나와 내 사업에 관심을 불러일으켰다. 당신이 올바른 행동량을 발휘하면 다음 2가지 일이 일어난다.

1. 새로운 문제가 생긴다.

2. 경쟁자가 당신을 홍보하기 시작한다.

어찌 됐든 내가 시장에 반향을 일으켜서 나를 모르는 사람들조차 내 사업과 제품, 내가 하는 일에 관해 이야기하고 그래서 우리 회사 브랜드 가치가 올라가는 상황, 나는 이런 상황이 아주 좋다.

당신과 경쟁하는 사람들의 능력과 행동, 마인드셋을 알아내라. 그들이 하지 않는 일을 하고, 그들이 가지 않는 길을 가라. 그들이 이해할 수 없는 10배의 법칙으로 행동하라. 남들이 이룬 모범 사례와 경쟁하지 마라. 세상 사람들이 도저히 불가능하다고 생각하는 지점까지 행동력을 발휘하라. 그리고 그 지점에서 오로지 당신과 당신 회사만이 할 능력과 의지가 있는 일을 하라. 이것이 바로 내가 '유일무이한 실행'이라고 부르는 것이다.

전에 한 회사에 컨설팅을 해주면서 나는 이 회사가 '유일무이한 실행'을 할 수 있는 영역을 찾아냈다. 대체로 그 업계에서는 잠재 고객의 관심이 구매로 이어지도록 하는 프로세스를 잘 실행하지 못했다. 나는 이 회사의 경쟁사들이 하지 '않는' 일을 조사했고, 고객이 매장을 떠나면 다시 전화하는 회사가 전혀 없음을 발견했다. 그래서 나는 이 회사에 잠재 고객이 주차장을 빠져나가면서 다시 전화를 받는 프로그램을 즉시 시행하라고 컨설팅을 해주었다. 이 회사 매니저들은 고객이 매장 구내를 떠나는 즉시 전화를 걸어 다시 돌아와달라고 요청했다. 전화를 받지 않아 음성 서비스로 넘어가면 "즉시 돌아와주십시오. 고객님께서 꼭 보셔야 할 물건이 있습니다"라는 메시지를 남겼다. 아니면 문자 메시지를 보내 '지금 당장' 보여줄 물건이 있다고 했다. 연락이 잘 닿지 않으면 다른 매니저가 당일에 다시 이 프로그램을 반복 시행했다. 그날 연결이 안 되면 다음 날 아침 다시 전화했다. 결과는 상상을 초월했다. 회사를 나선 잠재 고객 중 약 50퍼센트가 즉시 되돌아왔고 그중 약 80퍼센트가 바로 물건을 구매했다. 곧장 돌아오지 않은 사람 중 20퍼센트는 나중에 전화 연결이 되어 돌아왔다. 그 결과 이 회사는 매출 신기록을 세웠다. 이것이 '유일무이한 실행'의 사례다.

당신이 무엇을 하느냐는 중요하지 않다. 당신이 그 누구도 하지 못하거나 따라 하지 못할 수준으로 즉각적이고, 일관되고, 끈기 있게 행동해 자신의 영역을 지배하겠다는 목표, 이것이 중요하다. 행동하라. 당신과 당신의 회사가 업계의 다른 존재와 완전히 차별화되는 수준으로 행동하라. 당신이 업계에서 유일한 존재로 돋보이도록 에너지와 노력, 창의력을 한 톨도 남기지 말고 모두 쏟아부어라. 시장과 고객, 심지어 경쟁자들까지 당신을 일등으로 생각하게 만들어라. 그렇게 시장을 지배하는 법을 배워라.

당신이 마인드셋을 전환하고 시장 접근법을 개선하기 전에는 시장 상황이 나아지지 않을 것이다. 시장이 침체기에 있더라도 당신이 시장을 지배하고 있으면 고통이 덜하다. 사실 시장의 침체기는 기회를 만든다. 일반적으로 회사들은 난관에 부닥치면 어떻게 해야 할지 몰라 흔들리고 쇠퇴하기 때문이다. 그들에게 미안한 감정은 갖지 마라. 그들을 지배하라. 그들은 운이 나빠서가 아니라 보통 수준의 생각과 행동에서 벗어나지 못해서 결국 실패한 것이다. 시장은 냉혹하다. 행동량을 제대로 발휘하지 않는 사람은 누구나 처벌한다.

이제 당신의 영역, 시장, 경쟁자를 지배하고, 잠재 고객의 머릿속을 지배하겠다는 목표로 모든 생각과 행동을 할 시간이다. 경쟁하려는 생각은 버려라. 사람들이 뭐라고 말하든 경쟁은 건강한 것이 아니다. 경쟁은 좀팽이나 하는 짓이다.

01 지배하는 것과 경쟁하는 것의 차이는 무엇인가?

02 경쟁이 건강한 것이라면 지배는 _____다.

03 모범 사례와 유일무이한 실행의 차이는 무엇인가?

04 당신이 경쟁자와 차별화하는 방법 몇 가지는 무엇인가?

THE
10X
RULE

CHAPTER 11

중산층에서
벗어나라

중산층의 소득은 충분할까

이 장을 기분 나쁘게 생각하지 말기 바란다. 많은 사람이 중산층이 되려고 얼마나 노력하는지 잘 알고 있다. 하지만 나는 이것이 잘못된 목표라고 말하려 한다. 그러니 열린 마음으로 이 장을 읽어주기 바란다. 언젠가는 이 주제로 책을 쓸 생각이다. 하지만 여기서는 '중산층 마인드셋'에서 벗어나기에 관해서만 살펴볼 것이다.

중산층은 사실 자신들의 생각과 행동 때문에 가장 큰 상처를 받는 집단이다. 나는 얼마든지 근거를 댈 수 있다. 그들은 자신들을 불안과 고통에 가장 취약한 상태로 내몰고 있다. 중산층은 많은 사람이 속하고 싶어 하는 집단이지만 가장 쉽게 덫에 빠지고, 주변 상황에 좌우되고, 위태로운 집단이다. 중산층이 정말로 생각처럼 좋은 위치일까? 중산층이 무슨 의미인지 또 어떻게 중산층이 되는지 알고 있는가? 당신이 가야 할 방향과 속하기 위해 고군분투할 집단을 정하기 전에 중산층의 통계를 검토해보는 것이 좋을 것이다.

위키피디아Wikipedia와 2008년 인구 조사에 따르면 중산층의 소득은 1년에 3만 5000달러에서 5만 달러 사이이다. 다른 연구에서는 1년에 2만 2000달러에서 6만 5000달러라고도 한다. 이런 소득 수준으로는 뉴욕이나 LA 같은 도시에서 경제적 안정을 누리기는커녕 먹고살기조차 대단히 어렵다는 건 비밀이 아니다. 대부분의 사람은 이런 형편을 바람직한 삶으로 여기지 않는다.

중산층은 다시 상위 중산층과 하위 중산층으로 나뉜다. 상위 중산층은 상당한 자산을 보유하고 1년에 100만 달러 이상 가계 소득을 올린다. 하지만 100만 달러가 얼마나 대단한지 입증할 수 있는 건 아무것도 없다. 그냥 남들에게 말하기 좋은 정도 아닐까? 많은 사람이 100만 달러를 큰돈으로 생각한다. 자신이 가지기 전까지는 그렇다. 하지만 상위 중산층으로 올라선 다음에는 100만 달러를 그렇게 큰돈으로 생각하지 않는다. 새로운 소득 계층으로 진입하고 나면 판단과 생각이 달라지기 마련이다.

상위 중산층은 직장에서 매우 높은 자리를 차지하며, 같은 연령대의 다른 사람들보다 경제적으로 더 안정되어 있다고 여겨진다. 경제 위기 같은 사태가 닥치지 않는다면 그럴 수 있다. 하지만 이 집단이라고 해서 불황이 비켜 가지 않음을 우리는 어렵지 않게 목격한다. 당연히 호황기에 경제가 성장할 때는 이들의 소득은 상당히 증가한다. 상위 중산층은 하위 중산층보다 더 높은 소득을 올린다. 하위 중산층은 기본 교육을 받고 연간 소득이 3만 달러에서 6만 달러인 사람들로 미국 전체 인구의 상당 부분을 차지한다. 여기에 속한 사람들은 상위 중산층으로 편입하려고 열심히 일한다. 하지만 경제 위기가 본격화되면 상위 중산층이든 하위 중산층이든 모두 무너지고 만다.

최근 어느 달 26일에 한 의뢰인이 이런 문자를 보냈다. "그랜트, 가게를 유지하려면 이번 달에 순매출 1만 달러를 올려야 합니다. 어떻게 해야 그럴 수 있을까요?" 나는 일요일에 미식축구 경기를 보다가 그의 메시지를 받았다. 그래서 "지금 미식축구 경기 보고 있습니까?"라는 문자를 보냈다. 그는 "그렇습니다"라는 답변을 보내왔다. 나는 다시 문자를 보냈다. "지금 스포츠 중계나 보면서 일요일을 보내고 있다는 겁니까? 나가서 홍보물을 돌려야죠. 당신이 얼마가 필요하든 그보다 더 많은 돈을 버세요. 1분 1초가 아깝습니다. 어서 나가서 1만 달러가 아니라 10만 달러를 버세요." 그러자 그는 "일요일은 쉬는 날이잖아요"라고 답했다. 맙소사. 나는 이렇게 쏘아붙였다. "일요일은 나머지 6일을 열심히 일한 사람의 몫입니다. 신은 자금이 부족하고 휴일을 누릴 자격이 없는 사람의 이야기는 들어주지 않습니다. TV를 끄고 소파에서 일어나십시오, 당장 나가서 필요한 돈을 버세요! 중산층에서 벗어나지 못해 노예로 사는 삶을 그만두십시오. 안정된 부와 경제적 자유를 얻기 위한 소득을 창출하세요. 당신 자신과 가족, 당신 가게를 위해서 말입니다!" 그가 내 말을 이해했으리라 생각한다.

그 의뢰인은 자신이 당장 필요한 돈만 구하려고 행동했다. 그래서 일을 '그럭저럭' 해나갔기 때문에 위험에 처했다. 유감스럽게도 이러한 중산층 마인드셋은 경제적 안정을 달성하지 못한다. 은행은 그에게 더는 대출을 해주지 않았다. 이제 그는 신용에 기대 여유 자금을 확보할 수 없었다. 의지할 수 있는 건 오로지 자신의 행동뿐이었다. 이는 중산층에 속한 많은 사람이 겪는 문제다. 그들은 큰 목표를 향해 나아가기보다 '당장 필요한' 것만 추구한다.

오늘날 안락한 중산층의 삶 하면 사람들은 대부분 의식주를 편안하게 해결하고, 집과 자동차를 소유하고, 휴가를 즐기고, 회사에서 고위직으로 근무하고, 은행에 적당한 예금이 있는 상황을 떠올린다. 하지만 역사의 변천에 따라 '중산층'이라는 용어의 의미는 계속 달라졌다. 지금도 장소에 따라 의미가 서로 다르다. 과거에는 소작농과 귀족 사이 계층을 중산층이라 했고, 한때는 귀족에 필적할 만한 자본을 가진 사람들을 중산층이라고 규정했다. 오늘날 중산층의 의미는 그와 크게 달라졌다. 예를 들어 인도에서 중산층은 자기 집을 소유한 사람들을 말한다. 한편 미국에서는 육체노동자도 중산층이 될 수 있는 반면, 유럽에서 육체노동자는 노동자 계층에 머문다.

중산층 마인드셋의 문제점

하지만 나는 소득 수준 말고 마인드셋으로 '중산층'의 중요한 특성을 말하고 싶다. 연간 100만 달러의 소득을 벌어들여도 중산층의 생각과 행동에서 벗어나지 못할 수 있다. 이러한 마인드셋이 실패의 나락으로 떨어뜨리는 함정을 만든다. 중산층이라는 목표는 당신이 진정으로 원하는 것을 제공하지 못한다. '중간'이라는 말은 평범함이나 보통과 같은 말이며 우리는 보통이 전혀 매력적이지 않음을 이미 살펴봤다.

요즘 사람들에게 중산층은 어떤 의미일까? 2009년 2월 권위 있는 주간지 《이코노미스트》는 신흥 국가의 빠른 성장 덕분에 세계 인구 절반 이상이 중산층에 속한다고 보도했다. 그 기사에서는 중산층의 특징으로 합리적인 수준의 지출 가능 소득, 그리고 근근이 살아가는 빈곤층과 다른 여유 있는 생활 수준을 언급했다. 기본 의식주를 해결한 후 소득 중 대략 3분의 1이 지출 가능 소득으로 남는 시점부터 중산층이 된다고 정의했다.

하지만 오늘날 중산층에 속하는 사람 가운데 소득 중 3분의

1을 여유 자금으로 남겨둘 수 있는 사람은 거의 없다. 이 집단은 현재 이른바 '중산층 압박middle-class squeeze' 현상으로 고통을 겪고 있다. 임금 상승이 물가 상승을 따라잡지 못하는 상황이기 때문이다. 하지만 고소득자는 이런 상황에 별 영향을 받지 않는데 이것 역시 중산층에게는 압박이다.

더구나 중산층에게는 자산으로 추정되는 것이 실제 돈이기보다는 서류상에 적힌 부동산 평가액이며 거기에는 부채까지 포함되어 있다. 주택 시장이 붕괴한 이후에는 상황이 더욱 나빠져 대출 의존도가 높은 중산층은 라이프스타일 유지에 어려움을 겪는다. 또한 상위 계층으로 이동하려는 열망이 무너지고 하위 계층으로 떨어질 위협을 받고 있다. 이것이 내가 앞서 언급한 변수, 저항, 예기치 못한 상황이다.

이 집단은 직업을 잃으면 바로 소득이 줄어든다. 우리는 역사상 처음으로 여성보다 남성이 더 많이 실직하는 상황을 목격하고 있다. 기업이 저임금 노동자의 고용을 유지하기 위해 고임금 노동자인 남성을 해고하는 것이다. 또한 임금은 감소하는 데 전기료, 교육비, 집값, 보험료 등 필수재의 가격은 계속 상승한다. 이러한 압박은 인구에서 가장 넓은 분포를 차지하는 계층에게 영향을 주기 마련이다. 부유층은 소득이나 부채와 상관없이 여유 있게 살아가며 빈곤층은 국가의 지원을 받는다. 하지만 중산층은 이도 저도 아니다.

많은 사람에게 중산층이 된다는 것은 충분한 연봉을 받는 안정된 직장이 있고, 꾸준히 의료 서비스를 받고, 좋은 동네에 안락한 집을 가지고 있고, 자녀에게 좋은 교육을 시키고(좋은 교육의 의미는 사람마다 다르겠지만), 휴가를 즐길 여유가 있고(매우 중요하다), 퇴직금이 점점 불어나 품위 있는 노후 생활이 보장되는 것을 의미한다.

오랫동안 당연하게 여겨졌던 이 모든 것이 주택 시장과 신용이 붕괴하면서 지금은 뒤죽박죽이 됐다. 기존 중산층은 극심한 압박을 받고 있으며, 기껏해야 과거 성과의 유지나 회복만 바랄 수 있을 뿐이다. 중산층의 평균 소득은 꾸준히 감소하고 있다. 이들의 일자리는 위태로워지고 있으며 투자는커녕 저축조차 쉽지 않다. 과거에는 휴양지에서 휴가를 보냈다면 앞으로는 근처 공원으로 휴가를 가야 할 것이다.

중산층이라는 헛된 꿈에서 깨어나라

이러한 이야기의 요점은 무엇일까? 중산층이 안전하거나 바람직하게 느껴지는지 중산층에 속하는 사람들에게 물어보라. '가난하지 않은 데 감사한다고 주장할 수도 있겠지만 중산층보다는 노동자 계층에 속하는 것 같다고 답할 가능성이 더 크다. 현재 달러 가치가 과거보다 떨어졌다는 점에 유의하라. 그리고 미래에는 더 떨어질 것이다. 어떤 사람이 1년에 6만 달러를 벌어 세금으로 1만 5000달러를 낸다고 해보자. 운이 좋다면 1년에 4만 5000달러(실제 가치로는 겨우 3만 2000달러)를 남겨 집, 학교, 보험, 음식, 자동차, 연료, 병원, 휴가, 저축 등에 쓸 수 있다. 이런 상황이 바람직하다고 생각하는가?

중산층이라는 꿈은 수많은 미국인에게 노력해서 쟁취해야 할 좋은 목표로 홍보되고 받아들여졌다. 하지만 현실적으로 이 꿈은 '좋은' 것처럼 보일 뿐이다. 아니, 차라리 커다란 치즈 덩어리가 놓인 쥐덫으로 묘사하는 편이 더 나을 것이다.

나는 중산층이 사회경제적 인구층 중에서 가장 많은 억압과 제약을 받는 집단이라고 생각한다. 이 세상은 중산층에 속하기를 바라는 사람에게 '적당한' 수준의 보상이면 충분하다는 식으로 생각하고 행동하도록 강요한다. '적당한 안락함'이나 '적당한 만족감'으로 충분하다는 생각은 교육 시스템과 언론, 정치인이 팔아먹는 개념이다. 그들은 더 큰 풍요를 누리기 위해 노력하지 말고 그냥 현실에 안주하며 살아가라고 모든 사람을 설득하려 한다.

이런 주장은 우리에게서 성취감을 앗아가는 헛된 약속이다. 조금만 깨어 있으면 진실을 알 수 있다. 현재 상위 5퍼센트의 부자들이 80조 달러의 자산을 소유하고 있으며, 이 수치는 인류

역사 전체를 통틀어 창출된 돈보다 더 큰 규모다.

당신은 자신에게 다음 단계로 도약할 에너지와 창의력이 있음을 아는가? 그렇다면 당장 행동하지 않고 뭐 하는가?

01 이 장을 읽기 전에는 중산층에 대해 어떻게 생각했는가?

02 중산층의 소득 수준은 어떠한가?

03 이제 당신에게 중산층은 무엇을 의미하는가?

THE
10X
RULE

CHAPTER 12

집착은
질병이 아니라
재능이다

집착은 불과 같다

집착이라는 단어의 사전적 정의는 '사고나 감정이 강박적인 생각, 이미지 또는 욕망에 지배당함'이다. 세상 사람들은 이런 마인드셋을 질병처럼 여긴다. 하지만 나는 집착이야말로 성공에 어떻게 접근해야 하는지를 설명하는 완벽한 단어라고 생각한다.

자신의 영역, 목표, 꿈, 야망을 지배하려면 먼저 자신의 모든 관심, 생각, 고려를 지배해야 한다. 이때 집착은 나쁜 것이 아니다. 집착은 당신이 가고자 하는 길로 가는 데 꼭 필요한 특성이다. 당신은 세상 모두가 당신이 타협하거나 물러서지 않으리라는 사실을 알 정도로 성공에 미친 듯이 달려들고 싶어 한다. 그렇지만 당신이 성공을 향한 길에 완전히 집착하기 전까지는 아무도 당신의 행동을 진지하게 생각하지 않을 것이다. 사람들은 당신이 물러서지 않으리라는 사실, 즉 당신이 성공을 이루기 위해 완전히 몰입하고, 성공을 강하게 확신하고, 끈질기게 성공을 추구하리라는 사실을 알기 전까지는 당신이 원하는 관심과 도움을 주지 않을 것이다.

이런 맥락에서 집착은 불과 비슷하다. 모닥불이 활활 타오르면 사람들이 불빛과 온기를 따라 주변으로 모여들 듯이 당신이 성공에 집착할수록 사람들은 당신의 태도에 감탄하며 당신에게 접근한다. 또 집착도 불처럼 열기와 빛을 유지하도록 땔감을 계속 공급해야 한다. 그러니 당신의 불이 계속 타오르게 만드는 방법에 집착하라. 그러지 않으면 불은 재로 변할 것이다.

10배의 현실을 창조해내려면 끝까지 성공을 이루고 말겠다는 집착으로 모든 행동을 해야 한다. 날마다 10배 더 많은 행동을 하려는 강력한 동기를 유지해야 한다. 물론 보통 수준으로 꾸준하게 행동하는 사람들도 있다. 그러나 그 정도 행동으로는 아무것도 성취하지 못함을 우리는 안다. 대부분의 사람이 아무 행동도 하지 않거나 지레 포기한다. 어떤 사람은 실패나 부정적인 경험을 피하겠다고 뒷걸음친다. 인류의 절대다수가 그럭저럭 순응하며 살아가기 위해 보통 수준에서 생각하고 행동한다. 여기에 속하는 개개인은 기어코 성공을 이루겠다고 집착하며 행동하는 법이 없다. '대부분의 사람은 일처럼 느끼는 정도로만 노력한다. 하지만 큰 성공을 거둔 사람은 끝까지 일을 완수해 보상을 받고

야 말겠다는 집착으로 모든 행동을 한다.'

당신이 아이디어, 목표, 목적에 집착하면 그것을 성공시키겠다는 생각에 중독된다. 장기적이고 긍정적인 10배 인생 창조를 자신의 사명으로 삼는 사람은 누구나 매일, 매 순간, 모든 결정, 모든 행동에 이러한 수준의 집착으로 접근해야 한다. 당신의 아이디어가 당신 자신의 생각을 확실하게 사로잡지 못한다면 어떻게 다른 사람의 생각을 사로잡을 수 있겠는가? 날마다 순간마다 당신의 생각을 빠져들게 만드는 '무엇'이 있어야 한다. 그러자면 어떻게 해야 할까? 뭔가에 집착해야만 한다. 꿈, 목표, 사명을 당신의 생각과 행동을 지배하는 관심사로 만들어야 한다!

타고난 집착 본능을 억압하지 마라

사람들은 어떤 대상이나 사람에게 집착하면 위험하고 해로운 결과를 낳을 수 있다고 생각한다. 그래서 '집착'이라는 말에는 부정적인 뜻이 내포되어 있다. 하지만 어느 정도 집착하지 않고 위대함을 달성한 사람이 한 명이라도 있다면 내게 데려와보라. 아마 없을 것이다. 놀라운 성과를 달성한 개인이나 집단은 그 일을 이루려는 생각에 완전히 집착했다. 예술가든, 음악가든, 발명가든, 사업가든, 변화 주도자든, 자선 사업가든 그들이 달성한 위대함은 집착의 결과였다.

한번은 누가 내게 이런 질문을 했다. "당신은 늘 지금처럼 그렇게 성공과 일에 집착했습니까?" 나는 "전혀 그렇지 않습니다"라고 대답했다. 일단 10세까지는 집착했다. 그런 다음 25세까지는 집착하지 않았다. 그 뒤로는 좀 더 집착하거나 좀 덜 집착하거나 하는 식으로 살았다. 나는 꿈과 목표에 집착하지 않았던 시절을 몹시 후회한다. 꿈과 목표를 이루려는 열정에 사로잡힌 다음부터 내 삶은 훨씬 더 나아졌다. 심지어 일이 잘못되었을 때조차 행복했다.

최근 TV에서 이스라엘 대통령 시몬 페레스Shimon Peres의 인터뷰를 본 적이 있다. 페레스 대통령은 87세의 나이에 지난 18개월 동안 900번의 인터뷰를 했다. 자신의 임무에 집착하는 모습 때문에 페레스는 고령임에도 젊고 활기차 보인다. 그의 임무에 동의하지 않는 사람들조차 임무에 헌신하는 그의 모습에는 감탄하지 않을 수 없다. "일이 휴가보다 낫다. 매일 아침 눈을 떠야 할 목적을 갖는 것이 중요하다"라는 그의 주장이 그 증거다. 진정한 성공을 이룬 수많은 사람은 이 정서에 동의한다. 그들은 자신의 일을 일이 아니라 좋아하는 무엇으로 느낀다. 바로 이것이 최상의 집착이다.

아이들은 타고난 집착을 보여주는 놀라운 본보기다. 아이들은 어떤 일이 자신의 관심을 끌면 즉각 집착한다. 재미있어만 보이면 어떤 일이든 배우고, 따라 하고, 그 일에서 뭔가를 찾아내고, 그 일을 놀이로 만들고, 모든 에너지를 쏟는다. 발달 지체가 없는 한 모든 아이는 자신이 좋아하는 것에 완전히 사로잡혀 집착한다. 고무젖꼭지든, 장난감이든, 음식이든, 아빠의 관심이든, 갑자기 눈길이 간 것이든 자기 마음에 드는 것은 무엇이든 놓지 않으려고 한다.

이런 점에서 집착이 인간의 자연스러운 본능임을 이해할 수 있다. 부모나 양육자, 교사, 마침내 사회 전체가 그러한 집착을 '억압'하기 전에는 '문제'가 되지 않는다. 사회는 아이들에게 목표에 집착하는 태도가 자연스럽거나 아주 좋다는 인식을 가르치지 않는다. 오히려 그것이 잘못된 태도라는 인상을 심어주는 경우가 흔하다! 이때부터 많은 아이가 자신들이 뭔가를 발견하면서 느끼는 강렬한 호기심, 뭔가에 몰입하는 타고난 집념이 다소 문제가 있거나 부자연스러운 태도라고 생각하기 시작한다. 그리고 이미 오래전에 집착하는 일을 포기한 사람들로부터 행동을 바꾸라는 압력을 받는다. 그래서 강한 집념을 드러내고 엄청난 행동량을 발휘하다가 '보통' 수준의 생각과 행동으로 뒷걸음치게 된다.

내가 남 이야기하듯 말한다고 생각할지 모르니 최근 태어난 첫아이에 대한 내 생각을 정확히 밝혀두겠다. 분명히 말하는데, 내가 힘든 일을 겪는 시기에 아이의 강박 성향이 불거지더라도 나는 아이를 '절대' 억압하고 싶지 않다. 나는 내 딸이 꿈에 집착하고, 그 꿈을 이루는 일을 절대 포기하지 않고, 계속 꿈을 꾸고, 더 나은 성과를 이루면서 인생을 살아가기를 간절히 바란다!

나는 어떤 생각에 집착했을 때 일어나는 감정을 정말 좋아한다. 그리고 다른 사람의 광적인 모습을 보면 찬사를 보낸다. 진심으로 확신하는 것을 추구하는 사람이나 집단에 누가 감동하지 않겠는가? 매일 꿈을 이루기 위해 눈을 뜨고, 하루 종일 꿈을 생각하고, 잠들어서도 밤새 그 꿈을 이루는 꿈을 꾸는 사람에게 우리는 사로잡힌다. 열정적인 어떤 사람의 생각과 눈, 행동에서 계획과 확신, 집념을 보는 순간, 다른 사람들은 재빨리 길을 비켜준다. '당신이 이루고자 하는 일에 집착하라. 그러지 않으면 왜 자신이 원하는 인생을 일구지 못했는지 핑계 대기에 집착하며 평생을 허비하게 될 것이다.'

이런 탐욕스러운 집착과 맹렬한 추진력을 지닌 사람에게 균형 상실, 일중독, 강박장애 등 온갖 장황한 꼬리표가 달리는 것은 불행한 일이다. 세상이 어떤 사람의 확고한 열정, 불굴의 집착, 목표를 이루고 말겠다는 불같은 갈망을 결점이나 질병이 아니라 재능으로 본다면 어떨까? 우리 모두 더 많은 일을 성취하지 않겠는가? 어째서 탁월함을 향한 열정, 성공에 대한 집착을 부정적인 것으로 만들어야만 하는가?

집착이 위대함을 낳는다

흥미롭게도 꿈에 집착한 사람이 마침내 성공하면 미친 사람이라는 꼬리표는 떨어지고 대신 천재, 규칙에서 예외인 인물, 탁월한 사람이라는 명칭이 새로 붙는다. 세상이 우리에게 날마다 목표에 집착하라고 격려하고, 기대하고, 심지어 그렇게 하라고 강요하면 어떨까? 열정과 집념이 없는 사람에게는 벌을 주고 목표를 끝까지 이루는 사람에게는 상을 준다면? 그러면 우리 사회는 온갖 발명, 해결책, 신제품, 높아진 효율성으로 넘쳐날 것이다. 세상이 집착을 비난하는 대신 '부추긴다면' 어떤 일이 벌어질까? 인생을 걸고 모든 일에 강박적으로 끈질기게 집착하는 것만이 당신이 위대해지는 유일한 길이라면 어떨까? 그렇다, 집착이 위대함을 낳는다!

한 무리의 사람들이 그 일에 집착하지 않았다면 인류가 우주에 갈 수 있었을까? 리더들이 집착하지 않는다면 어떤 국가가 위대해질 수 있을까? 뛰어난 리더 중에 사람들의 꿈을 물타기하고 '되거나 말거나' 식의 태도를 기르라고 부추기는 사람이 있을까? 당연히 없다! 당신의 팀원이 멍하고 무기력하고 로봇처럼 시키는 일만 하기를 바라는가, 아니면 긍정적인 결과와 승리에 집착하기를 바라는가?

아무것도 중단하지 마라. 위대함을 희석하지 마라. 속도를 줄이지 말고 야망과 추진력, 열정에 제약을 가하지 마라. 당신 자신에게, 그리고 주변 사람 모두에게 집착을 요구하라. 집착을 잘못된 태도로 생각하지 마라. 오히려 집착이 목표가 되어야 한다. 목표를 10배 더 크게 세우고 행동을 10배 더 많이 하는 데 꼭 필요한 것이 집착이다.

명심하라. 목표를 낮게 세우면 저항과 경쟁, 급변하는 상황을 헤쳐 나가는 데 필요한 에너지나 행동력을 발휘할 수 없다. 위대함에 집착하는 사람이 없다면 이 세상에서 위대함은 결코 일어날 수 없다. 모든 위험과 난관, '피할 수 없는' 절체절명의 순간을 뚫고 나가며 위대함에 계속 집착하지 않는다면 눈부신 성취를 이룰 수 없다.

집착하는 능력은 질병이 아니라 재능이다!

01 집착해 위대한 성과를 이룬 사람 3명의 이름을 적어보라.

02 당신이 다시 집착해야 할 좋은 일은 무엇인가?

03 왜 집착하지 않는 것보다 하는 것이 더 나은가?

04 어떤 목표가 당신을 집착하게 만드는가?

THE
10X
RULE

CHAPTER 13

올인하고

토끼의 속도와 거북이의 끈기를 동시에 가져라

집착에 대한 당신의 생각이 바뀌었기를 바란다. 이제부터는 행동에 '올인'하고 모든 기회에 완전히 전념하려면 무엇을 해야 하는지 살펴보자.

많은 사람은 '올인'이라는 말을 포커 용어로 알고 있다. 올인은 포커 플레이어가 돈을 모두 잃을 위험을 감수하고 자신이 가진 칩을 한판에 전부 거는 것을 말한다. 그래서 돈을 다 잃거나 아니면 판돈을 모두 딴다. 물론 여기서는 돈이나 칩 이야기를 하려는 게 아니다. 그보다 훨씬 더 중요한 베팅, 바로 노력, 창의력, 에너지, 아이디어, 끈기 이야기를 하려는 것이다.

엄청난 수준의 행동은 포커판의 칩과 다르다. 당신의 인생에서 행동이라는 칩은 고갈되는 법이 없다. 또한 어떤 일에 전념한다고 해서 에너지와 노력을 다 써버리는 법도 없다. 당신이 가진 가장 값비싼 칩은 당신의 마인드셋, 행동, 창의력이다. 당신은 원하는 만큼 에너지를 '올인'할 수 있다. 실패하더라도 다시 올인할 에너지는 결코 사라지지 않기 때문이다!

사회에서는 대부분 올인하는 마인드셋을 경계한다. 우리는 한 번에 모든 걸 걸지 말고 안전하게 하라고 배운다. 큰 이득을 얻으려 하지 말고 손실을 최소화해 스스로를 보호하고 보존하라는 조언을 듣는다. 그렇지만 이런 마인드셋은 당신의 에너지, 창의력, 노력이 물질처럼 재생 불가능하고 양이 한정되어 있다는 잘못된 믿음에 근거한다. 물론 인생에는 '한계가 있는 것들이 분명 존재한다.' 하지만 당신이 스스로를 한계 짓지 않는 한 '당신은 한계가 없다.'

행동에 대한 마인드셋을 완전히 바꿔야 한다. 당신이 얼마나 여러 번 행동할 수 있는지 횟수에 한계가 없다는 사실을 이해하는 것이 중요하다. 당신은 원하는 만큼 실패하거나 성공할 수 있다. 거듭해서 그렇게 할 수 있다. 처음부터 펜스를 넘기겠다는 생각으로 배트를 휘둘러 공을 맞히지 않는다면 홈런을 칠 수 없다. 이와 마찬가지로 올인하는 훈련을 하지 않는다면 큰 성공을 거두지 못한다.

다들 토끼와 거북이 이야기를 들어봤을 것이다. 물론 이 우화의 교훈은 거북이는 서두르지 않고 느리지만 꾸준하게 갔기 때문에 성공했고, 토끼는 급하게 뛰어가다 금방 지쳤기 때문에 승리의 기회를 놓쳤다는 것이다. 이 우화는 거북이가 되라는, 즉 목표를 향해 천천히 그리고 꾸준하게 가라는 메시지를 전한다. 그런데 만일 토끼의 속도와 거북이의 끈기를 가진 또 다른 주자가 있었다면 상황은 어떻게 달라졌을까? 이 주자는 토끼와 거북이를 압도해 경쟁 자체가 안 됐을 것이다. 그러면 이 우화의 제목은 '압도하라'가 되지 않았을까. 토끼와 거북이의 특성을 '동시에' 갖추고 목표에 접근하라. 처음부터 거침없이 목표를 향해 질주하고 '경주 내내' 그 속도와 끈기를 유지하라.

기억하라. 다시 일어나 경주할 수 있는 횟수에는 한계가 없다. 당신이 포기하지만 않으면 실패란 없다! 당신의 에너지나 창의력을 모두 '써버리는' 일은 불가능하다. 아이디어가 고갈되는 일도 결코 없다. 새로운 꿈을 꾸고, 더 많은 에너지를 발휘하고, 창의적으로 생각하고, 상황을 다르게 보고, 거듭해서 전화 걸고, 다른 전략을 사용하고, 끈기 있게 행동하는 능력은 절대 사라지지 않는다. 이 패가 안 되면 다른 패를 던지면 되고, 오늘 안 되면 내일 하면 되고, 이번 기회를 놓치면 다음 기회를 잡으면 된다. 당신이 에너지와 창의력, 끈기를 맡겨놓은 은행이 그것들을 계속 새로 채워주는데 올인하지 '못할' 이유가 어디 있는가?

올인하지 못하겠다면 사업을 접어라

사업가, 특히 세일즈맨은 올인하지 못할 때 매우 심각한 어려움을 겪는다. 내가 첫 책《생존을 위해 팔아라Sell to Survive》에서 다룬 주제 중 하나가 이것이다. 많은 세일즈 전문가가 거래를 성사시키려고 자신이 정말로 한 노력보다 훨씬 크게 자기 공로를 부풀린다. 그리고 실제보다 훨씬 더 많이 그렇게 행동한다고 착각한다. 하지만 현실은 정반대다. 그들 대부분은 고객에게 판매 제안을 5배로 하기는커녕 한 번도 제대로 하지 않는다.

최근 한 세계적인 기업이 '미스터리 쇼핑mystery shopping' 캠페인을 수행해달라고 의뢰를 한 적이 있다. 판매 과정 어디에서 문제가 생기는지 파악하기 위한 프로젝트였다.(미스터리 쇼핑은 일반 고객으로 가장한 조사자가 현장을 방문해 세일즈와 서비스의 질, 고객 응대를 비롯한 직무 수행 수준, 규정 준수 여부 등의 정보를 수집해 비즈니스 개선 방안을 마련하기 위한 마케팅 조사 방법이다-옮긴이) 우리는 어느 지점에 문제가 가장 많은지 정보를 모았다. 그리고 500개가 넘는 지점을 방문해 직원들이 어느 정도의 시간을 할애해 고객에게 제품을 설명하는지 조사했다. 놀랍게도 우리가 방문한 지점의 63퍼센트가 고객에게 제품 구매 제안을 아예 하지 않았다. 우리가 고객을 가장해 물건에 관심을 보였는데도 말이다! 이 회사는 제품 교육 프로그램에 수백만 달러를 쓰고 있었지만 진짜 문제는 그것이 아니었다. 프랜차이즈 가맹점들과 그들의 영업팀은 제품을 몰라서 팔지 못하는 게 아니었다. 실패와 거절이 두려워서 올인은 고사하고 포커판에 들어가려고 시도조차 하지 않았다.

고객이 방문하거나 고객을 방문해 제품을 설명할 기회를 얻었을 때 적극적으로 제품 홍보와 제안을 하지 않는다면 사업은 '아예' 접는 게 좋다. 사회는 우리에게 고객이나 기회를 만날 때 올인하지 말고 안전하게 접근하라고 가르치는 데 성공했다. 이런 가르침은 비즈니스 세계에서 견고하게 뿌리내리고 있다. 세일즈맨의 성공률을 반영하는 이른바 세일즈 마감 비율sales closing ratio(판매 제안 건수 대비 거래 성사 건수–옮긴이) 같은 것이 그 사례다. 나는 어떨 것 같은가? 나는 만나는 모든 고객에게 항상 적극적으로 접근한다. 그래서 마감 비율은 가장 낮지만 실적은 가장 좋다! 올인하라. 얼마나 자주 판돈을 날리든 나는 신경 쓰지 않는다. 그저 칩을 재충전하고 다시 판에 뛰어들 뿐이다!

한번 생각해보자. 물건을 팔기 위해 당신이 올인한다고 해서 무슨 최악의 상황이 벌어지겠는가. 물론 고객을 놓칠 수도 있다. 하지만 뭐 어떤가? 당신에게는 여전히 무한한 자원이 있고 다음 고객에게 또 올인할 수 있다. 얻을 것만 있고 잃을 것은 전혀 없다는 말이다. 다시 올인할 때 접근법만 달리하면 된다.

무리한 약속을 하고 그 이상을 주라

이제 무리한 약속이라는 주제를 생각해보자. 오늘날 비즈니스 세계에서는 고객에게 무리한 약속을 하는 사람을 보면 '눈살을 찌푸리며' 이런 행동의 본질을 이해하지 못한다. "더 적게 약속하고 더 많이 주라"라는 말을 우리는 얼마나 많이 듣는가? 이처럼 역설적이고 터무니없는 말이 또 있을까.

브로드웨이 공연을 대중에게 광고한다고 해보자. '보통' 가창력을 지닌 그저 그런 출연진을 공개한 다음 가만히 있다가 개봉일에 광고한 것 이상의 공연을 보여주어야 하는가? 당연히 아니다. 아마 과장 광고를 하면 위험 부담이 있어서 더 적게 약속하라고 하는 건지 모른다. 아니, '있는 그대로' 광고하는 것조차 어쩌면 부담스러울 수 있다. 약속한 대로 좋은 공연을 보여주지 못하면 관객의 불만을 사게 될까봐 두려운 것이다.

하지만 무리한 약속을 하고 약속한 것 이상으로 좋은 공연을 펼치면 어떻겠는가? 화려한 출연진을 광고하고 사람들이 공연을 보지 않고는 못 배기게 만든다면? 고객에게 무리한 약속을 하라! 그리고 그 이상의 것을 주라!

나는 무리한 약속을 할수록 고객에게 제공하는 것이 자연스럽게 많아진다는 사실을 알게 되었다. 무리한 약속을 하는 일은 고객과 나 자신에게 내 역량을 새로운 수준으로 끌어올리겠다고 약속하는 것이나 마찬가지다. 시장과 고객, 가족에게 에너지를 더 많이 쏟으면 쏟을수록 내가 하겠다고 말한 일을 반드시 이루겠다는 의지는 더욱 커진다. 이 의지는 당연히 평소의 노력이 아닌 10배의 노력으로 행동하려는 생각으로 귀결된다. 하지만 사람들은 일을 안전하게 진행하느라 또는 약속한 것을 지키지 못할까봐 두려워서 10배가 아닌 '평소보다 10퍼센트 더 많은' 것을 제공하겠다고 약속하고 그것마저 지키지 못한다.

대다수 사업가가 직면하는 공통 문제는 자신의 아이디어나 제품을 설명하기 위한 면담 횟수 늘리기다. 그런데 정작 고객을 만나면 무리한 약속을 하지 않으려고 한다. 상대방은 자신의 프레젠테이션을 보기 위해 귀중한 시간을 기꺼이 냈는데 말이다. 거창하게 주장하고, 무리하게 약속하고, 극단적으로 장담하면 당신은 즉시 다수의 세일즈맨과 차별화된다. 그리고 당신은 '강제적으로' 성과를 10배 더 높게 내놓아야 하는 상황에 놓이게 된다. 면담 횟수를 늘리는 유일한 방법은 더 많은 사람에게 당신의 제품을 이야기하는 것이다. 그러자면 그들이 당신과 만나기 위해 반드시 시간을 내야 하는 더 강력한 이유를 더 많이 만들어야 한다.

무리한 약속 하기라는 개념은 잠재 고객에 대한 후속 조치, 홍보물, 우편, 이메일, 소셜 미디어, 전화, 방문, 이벤트, 면담 등 세일즈의 모든 과정에 적용된다. 당신의 에너지, 능력, 창의력, 끈기를 무리하게 발휘하라. 어떤 활동을 하든, 어떤 사업을 하든 모든 순간에 올인해야 한다는 사실을 잊지 마라.

새로운 문제를 일으켜라

많은 사람이 걱정하듯 당신도 약속한 것을 제공하지 못할까 봐 걱정할지 모른다. 그것은 확실히 문제다. 하지만 앞에서 이야기했듯이 당신에게는 '문제가 생겨야 한다.' 문제가 있다는 것은 당신이 발전하고 있고 올바른 방향으로 가고 있다는 신호다. 그러니 일단 무리하게 약속하는 법을 배워라. 그리고 어떻게 성과를 낼지는 나중에 알아내면 된다.

대부분의 사람은 단순히 행동하기를 귀찮아한다. 행동은 하지 않으면서 자신에게 일어나지도 않을 일을 고민하느라 시간을 낭비한다. 새로운 문제에 맞서지 않고 낡은 문제를 계속 붙잡고 씨름하는 사람은 앞으로 나아가지 못한다. 간단히 말해 당신에게 새로운 문제가 생기지 않으면 당신은 행동력을 충분히 발휘하지 않는 것이다.

당신은 새로운 문제와 난관에 부딪혀야 한다. 이러한 어려움을 통해 당신은 계속 해법을 찾거나 스스로 해법을 만들게 될 것이다. 당신 식당에 대기 인원이 너무 많아 식당 밖까지 줄을 선다면, 또는 점심시간이 지났는데 식당에 손님이 '너무' 많다면 정말 좋지 않겠는가? 성공한 사람과 그렇지 못한 사람의 가장 큰 차이점 하나는 성공한 사람은 문제를 '찾아' 해결하고, 성공하지 못한 사람은 문제를 '피하려고만' 한다는 것이다.

그러므로 명심하라. 무리한 약속을 하고 올인해야 한다. 엄청난 수준의 행동을 한 다음 후속 조치로 또 엄청난 행동력을 발휘하라. 이 과정에서 당신은 새로운 문제를 일으킬 것이고, 문제를 해결해가면서 당신 자신조차 놀랄 수준의 성과를 낼 것이다.

Exercise

01 '올인'에는 어떤 의미가 있는가?

02 대부분의 사람이 올인을 꺼리는 이유는 무엇인가?

03 세일즈맨이 실패하는 이유는 무엇인가?

04 다음 빈칸을 채워라. _____ 약속을 하고 _____ 제공한다면 당신은 _____ 때문에 성장하게 될 것이다.

05 당신은 왜 새로운 문제를 일으키기를 원하는가?

THE 10X RULE

CHAPTER 14

확장하라, 절대 축소하지 마라

불황기가 곧 기회다

이 책을 집필하고 있는 지금 이 시기에도 미국은 심각한 경제 난을 겪고 있다. 실업률과 경제 불확실성이 대공황 이후 최고 수치를 기록하고 있다. 이처럼 주요 경제 지표가 위축되면 세상 사람들은 소비를 줄이고, 절약하고, 주의하고, 경계심을 품을 수밖에 없다. 이러한 마인드셋으로 스스로를 방어하고 자산을 보호할 수는 있다. 하지만 원하는 것은 절대 얻지 못한다.

세상의 절대다수가 활동을 줄이더라도 소수의 사람이나 회사는 여전히 확장해나가며 자본을 늘린다. 이들은 경제 수축기가 특별한 기회라는 사실을 안다. 방어적인 자세로 투자를 줄이는 사람이 놓치는 기회를 낚아챌 수 있기 때문이다.

축소는 뒷걸음치기의 한 형태이기 때문에 10배의 법칙을 위반한다. 10배의 법칙은 상황과 환경이 어떻든 상관없이 계속해서 엄청난 규모로 행동하고, 생산하고, 창조해야 한다고 말한다. 모두가 방어적인 태도를 보이는 상황에서 혼자 확장한다는 것이 대단히 어렵고 통념에 반하는 일임은 인정한다. 하지만 기회를 잡으려면 반드시 그렇게 해야 한다. 대다수 사람은 어떤 상황에서든 엄청난 행동량을 보이지 않는다.

물론 방어하고, 뒷걸음치고, 보호해야 할 시기도 있다. 하지만 그럴지라도 잠시만 방어 자세를 취해야 한다. 아주 짧은 기간에 스스로를 재정비하고 다시 공격 태세를 갖추어야 한다. 지속적인 사업 성장 노력을 절대 축소해서는 안 된다.

우리는 너무 급하게 확장하다가 실패한 회사들 소식을 종종 듣는다. 그러나 대부분의 경우 실패 원인은 그렇게 단순하지 않다. 그런 회사들 대다수는 공격적으로 경영했기 때문에 실패한 것이 아니다. 확장에 제대로 대비하지 못했고 그래서 자기네 영역을 지배하지 못했기 때문에 실패한 것이다.

축소를 부추기는 사회

지속적이고 확고하게 확장하라는 개념은 통념에 반하고, 심지어 사람들이 싫어하기까지 한다. 하지만 확장이야말로 다른 어떤 활동보다 당신을 다른 사람과 차별화시켜준다. 남들이 축소할 때 확장하는 일을 지나치게 단순화해 잘못된 개념으로 치부해서는 안 된다. 물론 이 규율을 현실에서 적용하기는 매우 어렵다. 그렇지만 일단 확장을 당신의 근본 대응 방식으로 삼는 습관을 들이면, 어떤 활동이든 지속적이고 거침없이 달려드는 그 능력 덕분에 앞으로 나아가는 길이 활짝 열린다.

많은 사람이 이에 동의하지 못하는데 대부분 저항에 부닥칠 때만 공격적으로 확장하고 그다음에는 뒷걸음치기 때문이다. 마치 학교에서 자신을 괴롭히는 친구에게 한번 대들어봤다가 줄행랑치는 것이나 다름없다. 이런 행동의 결과는 늘 좋지 않다. 당신이 이런 식으로 행동한다면 시장과 고객, 경쟁자는 당신을 끈기 있게 달려들지 않는 사람으로 생각한다. 그러면 그들은 당신을 협박하고 비난할 것이고 당신은 뒷걸음치고 말 것이다. 결국 당신은 이런 방식이 아무 효과가 없음을 알게 될 것이다. 이유가 뭘까? 시장과 고객, 경쟁자가 당신의 노력에 끝내 무릎을 꿇을 때까지 공격적으로 확장을 해야 했는데 그러지 않았기 때문이다. 장기간에 걸친 반복 공격만이 '언제나' 성공한다.

경제 상황이나 주변 환경과 상관없이 당신은 확장 전략을 실행해야 한다. 내가 이렇게 말하는 이유는 우리가 언제나 축소를 부추기는 사회에 살고 있기 때문이다. 가끔은 확장을 권할 때가 있지만 그런 말이 나오면 이미 타이밍이 늦었다. 최근 주택 시장

붕괴로 피해자가 속출한 것이 이런 경우다. 수축 뉴스를 들으면 당신은 그것을 확장 신호로 받아들여야 한다. 무턱대고 대중을 따라가서는 절대 안 된다. 대중은 거의 언제나 틀린다. 대중을 따라가지 말고 그들을 이끌어라! 그렇게 하는 방법은 확장하고, 밀어붙이고, 행동하는 것이다. 남들이 무슨 말을 하든 어떤 행동을 하든 상관하지 말고 당신은 확장하라.

최근 불황기를 맞아 같은 업계 사업주들이 직원을 줄이고 홍보비를 삭감하는 것을 나는 목격했다. 이 현상이 내게는 회사를 확장하라는 신호였다. 나는 감원이나 홍보비 삭감을 하지 않았다. 오히려 직원을 더 뽑고 홍보비를 증액했다. 물론 내 회사 역시 다른 회사처럼 수익이 줄었다. 하지만 나는 내 월급을 줄이는 방법으로 대안을 마련했다. 그리고 이 자금을 회사 홍보에 사용했다. 그럼으로써 시장을 확장해나가 뒷걸음치는 다른 회사의 점유율까지 빼앗아올 수 있었다. 실제로 나는 지난 18년의 사업 기간보다 불황기인 최근 18개월 동안에 광고와 홍보 등 마케팅에 더 많은 자금을 썼다! 이런 방식이 얼마나 통념에 반하는 일인지 나도 안다. 나 역시 대중과 반대로 가는 일이 겁났고 내 행동에 의구심을 품은 적이 많았다. 그렇지만 앞으로 계속 밀어붙일 수 있다면 어마어마한 기반을 확보하리라는 확신이 있었다.

저축은 미덕이 아니다

내가 자금 투입보다 훨씬 더 중요하게 생각한 것이 있었다. 바로 에너지, 창의력, 끈기, 고객과의 만남이었다. 이런 가장 귀중한 자산을 반복적으로 확장해서 사용하라고 직원들에게 요구하고 나 자신도 실천했다. 그렇게 함으로써 우리는 전화, 이메일, 뉴스레터, 소셜 미디어, 개별 방문, 강연, 화상 회의, 웨비나webinar(웹세미나), 스카이프 콘퍼런스 등 모든 영역에서 즉시 생산력을 끌어올렸다. 그리고 1년 6개월 만에 나는 저서 3권을 출간했고, 4가지 새로운 세일즈 프로그램을 도입했으며, 세일즈 트레이닝 자료를 700개 이상 제작해 인터넷 사이트에 올렸고, 라디오 인터뷰를 600회 했으며, 기사나 블로그 게시물을 150개 이상 작성했고, 수천 통의 전화를 했다. 모두가 뒷걸음치는 동안 우리는 가능한 모든 전선에서 전진하며 확장했다.

이 세상의 너무나 많은 사람이 저축을 유일한 미덕이라고 믿고 실제로 저축한다. 흥미롭게도 저축을 시작하는 사람은 즉시 다른 모든 것도 자연스럽게 아끼기 시작한다. 돈을 아끼는 것과 자신의 자원을 아끼는 것은 완전히 다른 차원의 일이다. 그런데 사람들은 마치 돈을 절약하는 일과 자신의 에너지, 창의력, 노력을 아끼는 일을 구별하지 못하는 것처럼 행동한다. 온 세상 사람이 돈과 노력을 모두 아끼는 동안 소수의 사람은 둘 다 아낌없이 사용하며 확장했다. 누가 정상에 올랐을까?

사람들은 내게 모든 것이 불확실한 상황에서 어떻게, 그리고 왜 확장을 결심했느냐고 묻는다. 그러면 나는 이렇게 대답한다. "쪼그라들며 죽느니 확장하면서 죽는 쪽을 택하겠습니다. 뒷걸음치느니 실패하더라도 전진하겠습니다." 이제 한번 생각해보자. 7장에서 소개한 행동의 4가지 수준에서 당신은 어느 수준을 선택하겠는가? 당신의 선택이 경제 상황에 따라 좌우된다면 당신은 자신의 경제를 결코 스스로 통제할 수 없다.

시장의 지배자가 될 때까지 확장하라

그렇다면 해법은 무엇일까? 소파에서 일어나 집 밖으로 나가 시장으로 가라! 고객을 만나고, 기회를 찾고, 시장에서 당신이 진보하고 있음을 보여주라. 필요하다면 아주 잠시 후퇴할 수는 있다. 하지만 이때 목적은 당신의 역량을 강화해 훨씬 더 큰 규모의 행동으로 확장하려고 대비하는 것이어야 한다.

당신의 에너지, 노력, 창의력, 능력은 인간이 창출하고 기계가 찍어내는 돈보다 훨씬 더 가치 있다. 비즈니스 세계에서는 자금 투입이 조직을 확장하는 가장 일반적인 방법이지만 결코 유일한 방법은 아니다. 꾸준히 끈기 있게 10배 더 많이 행동하는 것보다 가치 있는 방법은 결단코 없다.

10배의 법칙을 기억하라. 자신의 영역을 지배하고 엄청난 행동량으로 사람들의 관심을 사로잡겠다는 목표를 가지고 확장하라. 그래야 새로운 문제를 일으키겠다는 생각으로 고객과 더 많이 만나고, 영향력을 강화하고, 인간관계를 넓히고, 사람들 눈에 더 많이 노출되면서 확장할 수 있을 것이다.

당신의 경쟁자를 비롯해 모두가 당신이 10배의 성과를 내는 시장의 지배자임을 알게 될 때까지 확장하라. 당신의 이름이 업계의 대명사가 될 때까지 계속 확장하라.

01 돈 말고 에너지와 창의력만으로 확장하는 방법은 무엇인가?

02 축소해서 유익했던 적이 있었는가?

03 언제 노력을 확장해보았는가? 그래서 어떤 결과를 얻었는가?

THE
10X
RULE

CHAPTER 15

남김없이
불태워라

기존의 성공에 안주하지 마라

10배의 법칙에 따라 행동하면서 사람들의 관심을 얻기 시작하면 모닥불이든 산불이든 불이 활활 타오를 때까지, 또는 남김없이 불태울 때까지 땔감을 계속 넣어야 한다. 쉬지 마라. 멈추지 마라. 계속 땔감을 넣어라. 내가 많은 성공을 거둔 후 승리에 안주하는 삶을 살다가 어렵게 깨달은 교훈이 바로 이것이다.

많은 사람이 기존의 성공에 안주하는 실수를 흔히 저지른다. 당신은 그러지 '마라!' 불이 너무 뜨겁고 거세게 타올라서 경쟁자나 시장이 불을 끌 수 없도록 계속 나무를 쌓아두고 땔감을 넣어라. 불에 계속 연료를 공급해야 한다는, 더 많은 땔감과 기름을 넣어야 한다는 말은 행동을 더 많이 하라는 뜻이다. 이런 식으로 거듭 행동해 엄청난 행동력을 제2의 천성으로 만들어라.

그래야 승리를 맛볼 수 있기 때문이다. 승리하고 있는 상황에서 엄청난 행동량을 발휘하기는 무척 쉽고 자연스러운 일이다. 그리고 승리는 오직 엄청난 행동량을 통해서만 가능하다.

당신이 행동에 '불을 지피기' 시작하면 당신 앞에 놓인 기회를 즉각 인식하게 되고, 나아가 그 기회에 집착하게 된다. 그러면 새로운 수준의 성과를 맛보기 시작한다. 당신이 일단 행동을 시작하면 플라이휠 효과flywheel effect(경제학자 짐 콜린스가 제시한 비즈니스 방법론. 처음 바퀴를 돌릴 때는 매우 힘들지만 계속 돌리다보면 조금씩 빨라지고 마침내 가속도가 붙어 바퀴가 스스로 잘 돌아가듯이 기업이 꾸준히 추진력을 쌓으면 선순환 고리가 형성되는 현상을 가리킨다-옮긴이)가 나타나 당신의 행동은 다음 행동들을 계속 끌어내기 시작한다. 뉴턴의 관성의 법칙을 생각해보자. 움직이는 물체는 그 상태가 지속되어 계속 움직인다. 관성의 법칙에 따라 계속 행동하라. 당신은 잠을 덜 자고 음식을 덜 먹으면서도 일할 수 있을 것이다. 말 그대로 승리로 분비되는 아드레날린을 먹고 살기 때문이다. 바로 이때가 사람들이 당신에게 찬사를 보내는 순간이다. 그리고 조언도 한다. 당신에게 "그만하면 충분해요"라거나 "휴가 가서 좀 쉬어요"라고 조언하는 사람을 특히 조심하라. 아직은 쉬거나 샴페인을 터뜨릴 때가 아니다. 더 많이 행동해야 할 때다.

인텔의 창립 멤버이자 전설적 CEO였던 앤디 그로브Andy

Grove는 이런 말을 남겼다. "편집광만이 살아남는다." 커리어 내내 편집광 상태에 있으라고 권하지는 않겠다. 하지만 행동하는 일에는 계속 집착해야 한다. 그렇게 해서 성공을 거둔 후에도 멈추지 말고 더 많은 행동을 해서 목표를 초과 달성해야 한다. 그러면 샴페인을 터뜨리고 휴가 갈 시간이 올 것이다. 지금은 불이 너무 뜨겁게 타올라서 아무도, 그 무엇도 당신이 피워 올린 성공의 불을 끌 수 없도록 계속 땔감을 공급해야 한다.

"이 정도면 충분해"는 없다

성공에 수반되는 문제 하나는, 성공이 당신의 관심을 먹고 자란다는 것이다. 성공은 자신에게 가장 많은 관심을 쏟으며 전념하는 사람만 축복한다. 잔디나 정원과 비슷하다. 잔디가 아무리 푸르르고 꽃들이 아무리 아름답게 피어 있어도 그 상태를 유지하려면 계속 가꾸고 돌봐야 한다. 깎고, 다듬고, 가지치기하고, 물 주고, 심는 일을 계속해야 한다. 그러지 않으면 잔디는 시들고 꽃은 죽을 것이다. 성공 역시 마찬가지다. 성공을 이루고 계속 유지하려는 사람에게 '뒷걸음치기'란 있을 수 없다. 성공하면 '좀 쉬어도 되고' 처음에 기울였던 고단한 노력을 그만해도 된다고 믿는 건 순진한 생각이다.

행동의 4가지 수준을 언제나 마음에 새겨라. 아무것도 하지 않기, 뒷걸음치기, 보통 수준으로 행동하기, 엄청난 수준으로 행동하기 중에서 어떤 수준의 행동을 택할 것인지 잘 생각하라. 10배의 법칙은 엄청난 규모의 성공을 이루고 그 성공을 꾸준하게 유지한다는 뜻이다. 성공을 동경하기만 하는 사람과 성공 근처까지만 가는 사람은 땔감 공급을 중단하고 뒷걸음치는 사람들이다. 이런 사람들보다 앞서가게 해주고 '다람쥐 쳇바퀴 돌기'에서 벗어나게 해주는 것이 바로 엄청난 행동량이다. 경쟁과 불확실성에 대한 걱정을 떨쳐내는 최상의 방법은 당신의 불을 더 뜨겁고 거세게 타오르게 해 경쟁자를 비롯한 세상 모든 사람이 온기를 느끼러 '당신의' 불 옆으로 다가오게 만드는 것이다.

누가 경쟁을 하는지 명심하라. 엄청난 수준으로 행동할 의지가 없는 사람, 남의 노력을 따라 하기만 하는 사람이 경쟁한다. 당신이 집중해야 할 것은 경쟁이 아니라 당신의 불이다. 당신의 불에는 땔감을 아무리 넣어도 부족하다. 해야 할 행동, 쌓아야 할 성공은 끝이 없다. 당신이 사람들 입에 오르내리고, 기사화되고, 방송에 보도되고, 권위를 얻고, 영향력을 발휘하는 일에서 노력을 중단해도 될 만큼 충분한 수준이란 있을 수 없다. "이 정도면 충분해"라는 주장은 현상 유지에 만족하는 보통밖에 안 되는 사람들이 자신의 결정을 정당화하려고 하는 말이다.

당신에게는 새로운 활동을 끌어낼 무한한 능력이 있다. 그런

데 이만큼 행동했으면 충분하다는 말을 어떻게 할 수 있겠는가? 이 행성의 거물들을 보라. 그들 중 그 누구에게도 에너지, 노력, 사람, 아이디어, 자원이 '고갈되는' 일은 없다. 그들이 풍요로움을 누리는 것은 자신이 직접 그 풍요로움을 만들었기 때문이다. 그러니 그들을 비난하지 말고 존경하고 본받아라. 그럴 때 당신은 새로운 행동에 전념할수록 더 창의적이 된다는 사실을 알게 된다. 상상력의 한계가 사라지고 무한한 가능성이 쏟아져나오는 듯한 경험을 하게 된다. 정말로 대단한 것은 창의력 자체가 아니다. 창의력을 불러일으키는 엄청난 행동력이다.

진짜 문제는 지나친 노출이 아니라 이름 없음이다

최근에 LA에서 매우 유명한 홍보 회사 직원들을 만났다. 그들은 내가 '지나치게 노출되는' 위험에 처했다고 말했다. 지나치게 노출된다는 이 개념이 나는 너무 이상했다. 지나친 노출이라는 개념(어떤 사람을 너무 많이 보거나 그 사람에 관한 이야기를 너무 많이 듣는다는 발상)은 기본적으로 사람은 새로운 아이디어와 제품을 지속적으로 내놓지 못한다는 선입견에 근거한다. 그래서 지나치게 노출된 사람이나 제품은 어떤 식으로든 가치를 잃는다는 믿음이 이면에 깔려 있다.

하지만 코카콜라를 한번 생각해보자. 이 행성에서 코카콜라를 모르는 사람이 있을까? 세계 어디를 가든 상점, 식당, 비행기, 호텔에서 코카콜라를 볼 수 있다. 코카콜라가 지나치게 노출되었나? 코카콜라 회사는 자사 제품을 숨겨야 했나? 너무 많은 사람이 코카콜라에 대해 듣고 그것을 마시면 코카콜라의 가치가 떨어질까봐? 참 터무니없는 마인드셋인 것 같다. 이를 입증하는 제품과 회사의 사례는 차고 넘친다. 마이크로소프트, 스타벅스, 맥도날드, 웰스파고, 구글, 폭스 TV, 말보로, 월그린, 액손, 애플, 도요타 등. 심지어 일부 운동선수와 유명인사는 아무리 지나치게 노출됐어도 가치가 떨어지지 않았다. 따라서 일반적으로 지나친 노출은 문제가 아니다. 진짜 문제는 '이름 없음'이다. 당신이 나를 모른다면 내 제품이 얼마나 훌륭하고 가격이 저렴하든 잘 팔릴 리 없다. '만약' 이런 상황이 벌어지면 나는 이름 없음보다 지나친 노출 쪽을 택하겠다.

안타까운 사실은 대부분의 사람이 모닥불 피우기 근처조차 가지 않는다는 것이다. 사람들은 잘못된 교육을 받거나, 작은 것에 만족하도록 사회적으로 프로그래밍되었다. 또한 자신의 행동이 어떤 식으로든 '통제 불능 상태'에 빠질까봐 두려워한다. 장담하는데 그럴 일은 절대 없다. 그러니 당신이 안주하는 집뿐 아니라 당신이 가는 길에 있는 모든 것을 태워버릴 만큼 크고 거센 불을 질러라. 끝까지 밀어붙여라. 사람들이 당신의 행동력에 감

탄할 정도로 활활 뜨겁게 타오를 때까지 계속 밀어붙여라. 시장
이나 경쟁자의 저항에 부닥칠까봐 걱정하지 마라. 그들은 당신이
무시할 수 없는 존재임을 깨달으면 당장 당신의 길에서 비켜날
것이다.

01 당신이 항상 지펴서 계속 땔감을 넣고 싶은 불은 무엇인가?

02 불에 땔감을 계속 공급하기 위해 당신이 할 수 있는 일 3가지는 무엇인가?

03 당신이 계속 불을 지피려면 누구에게서 도움을 받을 수 있는가?

THE
10X
RULE

CHAPTER 16

두려움은
좋은 신호다

두려움은 전진 신호다

당신이 새로운 수준으로 새로운 행동을 시작하면 곧 두려움을 느끼게 될 것이다. 만약 두려움을 느끼지 않는다면 사실상 적절한 행동을 충분히 하지 않는다는 뜻이다. 두려움은 피해야 할 나쁜 것이 아니다. 오히려 반대로 당신은 두려움을 추구하고 느껴야 한다. 실제로 두려움은 올바른 방향으로 가기 위해 필요한 행동을 하고 있다는 신호다.

걱정이 없다는 것은 당신이 편한 것만 한다는 신호다. 편한 것만 하면 지금 가진 것보다 조금만 더 얻을 뿐이다. 이상하게 들릴지 모르지만 당신은 두려움을 '추구해야' 한다. 두려움을 다시 느낄 때까지 자신을 다음 단계로 밀어붙여야 한다. 사실 내가 두려워하는 단 한 가지는 두려움이 사라지는 것 자체다.

그런데 두려움이란 무엇일까? 존재하는 것일까? 진짜일까? 두려움을 경험할 때 두려움이라는 감정은 진짜 존재하는 것처럼 '느껴진다.' 하지만 솔직하게 말하면 당신이 두려워하는 일은 웬만해서는 일어나지조차 않는다. 두려움FEAR은 '진짜처럼 보이는 거짓 현상False Events Appearing Real'이라고들 한다. 이 말은 당신이 두려워하는 일 대부분이 절대 발생하지 않는다는 점을 잘 보여준다. 대개의 경우 두려움은 이성적 사고가 아니라 감정이 촉발한다. 그리고 내 판단에 따르면 감정은 지나치게 부풀려 표현된다. 또 사람들은 자신이 왜 행동하지 않는지 핑계를 대려고 자기 감정을 희생양으로 삼는다. 감정에 대한 내 의견에 동의하든 하지 않든 당신은 두려움에 대한 견해를 바꾸어야 한다. 그래서 두려움을 그만두거나 뒷걸음치는 핑계로 삼지 말고, 앞으로 나아가는 동력으로 활용해야 한다. 그동안 두려움이라는 감정을 최대한 피하려고 했다면 이제는 이 감정을 지금 '해야 하는 일'을 알려주는 신호로 받아들여라.

어렸을 때 당신은 비이성적인 것, 이를테면 침대 밑에 있는 부기맨boogeyman(유령 또는 도깨비와 유사한 전설 속 괴물 – 옮긴이) 같은 것 때문에 두려움을 느꼈을 것이다. 이러한 두려움은 부기맨이 정말로 어딘가에 숨어 있는지 확인하려고 옷장이나 방의 어두운 구석을 살펴보게 만드는 신호다. 부기맨이 있을까봐 두려워하던 아이들이 결국 알게 되듯이 부기맨은 자신의 머릿속 말고는 어디에도 존재하지 않는다.

어른들 역시 자신만의 '부기맨'이 있다. 거절당하거나 실패하는 일, 이름을 알리지 못하는 일, 성공에 대한 압박 등이 그들 머릿속에 있는 부기맨이다. 이런 부기맨은 행동을 취하라는 신호가 되어야 한다. 예를 들어 고객에게 전화를 거는 일에 두려움을 느낀다면 이것은 고객에게 전화를 걸라는 신호다. 사장에게 말하기가 두려운가? 그렇다면 이것은 당당하게 사장실로 찾아가 시간을 내달라고 해야 하는 신호다. 거래처에 계약 요청하기가 두렵다면 이것은 계약을 '반드시' 요청하고 한 번에 안 되면 계속 요청하라는 신호다.

10배의 법칙을 적용하면 당신은 다른 사람과 차별화된다. 앞서 강조했듯이 당신이 남들과 차별화되는 것은 다른 사람이 하지 '않으려는' 일을 하기 때문이다. 오로지 이 방법으로만 당신은 차별화되어 당신의 영역을 지배할 수 있다. 모두가 어느 정도 두려움을 느낀다. 그리고 시장에 참여해 경쟁을 벌이는 사람들은 다른 사람과 맞서야 하고 다른 제품을 분석해야 하므로 당신이나 당신 동료처럼 똑같이 두려움을 느낀다. 그들 대부분은 두려움을 도망가라는 신호로 여긴다. 하지만 당신은 그래서는 안 된다. 당신은 두려움을 '전진하라'는 신호로 받아들여야 한다.

두려움에 시간이란 먹이를 주지 마라

두려움을 촉발하는 요소 중에는 시간이 있다. 그래서 나는 시간을 내 성공 공식에서 빼버림으로써 딜레마를 해결한다. 당신이 불안해하는 대상을 생각하는 데 시간을 쏟으면 쏟을수록 불안은 점점 커진다. 따라서 두려움이 좋아하는 음식인 시간을 메뉴에서 제거해 두려움을 굶겨 죽여라.

존이라는 사람이 고객에게 전화를 걸어야 한다고 해보자. 이 업무는 존에게 두려움을 일으키는 일이다. 그래서 그는 전화기를 들고 바로 전화하지 않고 커피 한 잔을 마시며 어떻게 말해야 할지 고민한다. 그런 식으로 너무 오래 생각하다보면 결국 두려움만 더 커진다. 고객과 전화하다가 대화가 나쁜 방향으로 흘러가거나 끔찍한 결과가 생기는 상황이 자꾸 떠오르기 때문이다. 전화는 안 걸고 고민만 하고 있는 그의 모습을 누가 봤다고 해보자. 그러면 그는 전화 걸기 전에 '준비'해야 할 게 있다고 말할 것이다. 그러나 이런 식의 준비는 제대로 훈련하지 못한 사람들의 핑계일 뿐이다. 그들은 마지막 순간까지 주저하는 자신의 모습을 정당화하려고 준비 중이라는 핑계를 댄다. 존은 심호흡을 크게 하고 전화기를 들어 '전화를 걸어야 한다.' 마지막 순간까지 준비하겠다는 건 두려움에 먹이를 주겠다는 것이나 마찬가지다. 시간을 끌수록 두려움은 더 강력해진다. 행동하라. 그래야 뭐든 성과가 생긴다. 행동하지 않으면 아무 일도 일어나지 않는 법이다.

두려움은 '무엇을' 해야 하는지 뿐만 아니라 '언제' 해야 하는지도 알려준다. 하루 중 언제 행동해야 하는지 자기 자신에게 물어보라. 대답은 항상 '바로 지금'이다. 바로 지금, 두려움을 느끼는 바로 그 순간이 행동을 취할 완벽한 타이밍이다. 어떤 계획을 세운 다음 실행하기까지 너무 많은 시간이 흐르면 사람들은 대부분 목표를 끝까지 완수하지 못한다. 하지만 그 과정에서 시간을 제거하면 행동할 대비가 된 것이다. 고민할 시간을 아예 빼버리면 행동하는 것 말고는 다른 선택지가 없다. 준비는 필요 없다. 준비가 필요하다면 이미 늦은 것이다.

성공과 실패를 가르는 유일한 것이 '행동'이다. 하고 싶은 일을 하지 못한 경험이 누구에게나 있을 것이다. 아마 당신이 어떤 일을 할 '준비'되었을 때 다른 누군가가 먼저 그 일을 했을지 모른다. 그러면 당신에게 남는 건 후회뿐이다. 실패는 다양한 형태로 생긴다. 행동하든 하지 않든 실패는 생길 수 있다. 그런데 지나치게 준비만 하고 있다가는 누군가가 다가와 당신의 꿈을 빼앗아갈 것이다. 그렇게 실패하느니 결과가 어떻든 뭔가 하면서 실패하는 편이 더 낫지 않은가?

지나치게 준비하다가 기회를 잃고 마는 일이 비즈니스 세계에서 날마다 일어난다. 사람들은 두려움에 지나치게 많은 시간을 먹이로 준다. 그들은 고객을 찾아가 만나려고, 전화를 걸려고,

이메일을 쓰려고, 프레젠테이션을 하려고 기다리고 있다. 결과에 대한 두려움 때문이다.

사람들은 판에 박힌 핑계를 대며 행동하기에 '좋은 타이밍'이 아니라고 말한다. "고객이 휴가 중이다" "고객이 막 휴가에서 돌아왔다" "월말이다" "월초다" "고객이 하루 종일 회의 중이다" "고객이 곧 회의에 들어간다" "고객이 다른 제품을 샀다" "고객의 예산이 부족하다" "고객이 지출을 줄이고 있다" "경기가 나쁘다" "임직원의 변화가 있다" "나는 고객을 '귀찮게' 하고 싶지 않다" "고객이 내 전화에 회신하지 않는다" "누구도 그들에게 물건을 팔 수 없다" "고객의 생각이 비현실적이다" "나는 무슨 말을 해야 할지 모르겠다" "나는 아직 준비가 안 됐다" "어제 고객에게 전화를 걸었다" 등 좋은 타이밍이 아닌 이유는 언제나 있다.

이처럼 세상에는 무수한 핑계가 있지만 그렇다고 해서 한 가지 간단명료한 진실이 달라지지는 않는다. '두려움은 당신이 두려워하는 일을 신속하게 하라는 신호다'라는 진실 말이다.

두려운 일을 해내는 사람이 성공한다

아내는 늘 내게 "당신은 두려움이 없는 사람처럼 보여"라고 말한다. 하지만 사실은 정반대다. 나는 자주 두려움을 느낀다. 하지만 두려움에 시간이라는 먹이를 줘서 그것이 더 강력해지는 일은 허용하지 않는다. 대신에 해야 할 일을 신속하게 하는 쪽을 택한다. 이런 방식이 내게 더 낫다는 것을 나는 배웠다. 마침내 행동에 뛰어들어 두려워하는 일을 해낼 수 있을 때 당신 역시 똑같은 깨달음을 얻을 것이다. 실제로 당신이 얼마나 더 강해질 수 있는지, 얼마나 자신 있게 새로운 일을 할 수 있는지 스스로 깜짝 놀랄 것이다.

엄청난 수준의 행동을 신속하게 반복해서 하면 틀림없이 사람들은 당신을 두려움이 없는 사람으로 여길 것이다. 가장 두려워하는 일을 행동으로 옮기는 사람이야말로 자신의 목적을 가장 성공적인 방법으로 달성하는 사람이다. 다른 사람들은 불안에 굴복하고 '진짜처럼 보이는 거짓 현상'에 쓸데없이 시간을 허비하게 내버려두라. 당신은 당신 할 일을 하라.

두려움은 인간이 느끼는 감정 중 가장 해로운 감정이다. 두려움은 사람을 무기력하게 만들어 결국 목표와 꿈을 향해 나아가지 못하게 만든다. 누구나 인생에서 두려운 대상이 있다. 하지만 다른 사람과 차별화되는 사람, 탁월한 사람은 두려운 일을 하는 사람이다. 두려움 때문에 뒷걸음치면 에너지와 동기, 자신감을 잃게 되고, 피하고 싶은 두려움만 더욱더 커진다.

'불 먹기fire eating' 공연을 본 적 있는가? 이 공연의 비법은 불 붙는 데 필요한 산소를 한 번에 완전히 차단해 제거해버리는 것이다. 불을 입속에 넣고 너무 일찍 입을 벌리면 불에 산소가 다시 공급되어 연기자까지 태워버릴 수 있다. 두려움도 똑같다. 두려움 때문에 조금이라도 뒷걸음치면 두려움이 살아남는 데 필요한 산소를 공급하게 된다. 그러니 성공에 완전히 몰입하고, 당신의 성공 공식에서 머뭇거리는 시간을 제거하라. 그래야 두려움을 말끔히 지워버리고 더 많은 행동을 할 수 있다.

당신의 두려움을 먹어치워라. 뒷걸음치거나 자랄 시간을 줌으로써 두려움을 먹여 살리지 마라. 두려움을 극복하고 더 나은 삶을 일구려면 무엇을 해야 하는지 정확하게 알고 싶은가? 그렇다면 두려움에 대한 시각을 바꾸고, 두려움을 활용하는 법을 배워라. 내가 아는 성공한 사람들 모두 어떤 행동이 가장 큰 보상을 안겨줄지 결정하는 지표로 두려움을 활용했다. 나는 기회 있을 때마다 내가 성장하고 확장하고 있음을 끊임없이 자각하기 위해 두려움을 활용한다. 두려움을 느끼지 않는다면 새로운 행동을 하지 않거나 성장을 하지 않는 것이다.

너무나 간단하다. 위대한 삶을 만드는 데 돈이나 운은 필요하지 않다. 빠르고 강력하게 두려움을 물리치는 능력이 필요할 따름이다. 불과 마찬가지로 두려움은 멀리해야 할 대상이 아니다. 오히려 반대다. 당신은 두려움을 행동에 연료를 공급해주는 원천으로 삶에서 활용해야 한다.

01 당신이 가장 두려워하는 것 3가지는 무엇인가?

02 당신이나 당신 사업에 도움을 줄 수 있는 사람이 있는데 그 사람에게 연락하기 두려운가?

03 이 장에서 두려움에 관해 어떤 것을 배웠는가?

THE 10X RULE

CHAPTER 17

시간 관리라는
잘못된 믿음

시간 관리와 일-삶의 균형은 쓸데없는 걱정이다

어떤 의미에서든 내가 훌륭한 관리자라고 생각하지 않는다는 사실을 인정하면서 이 장을 시작해야겠다. 나는 결코 계획을 잘 세우는 사람이 아니다. 솔직히 사업 계획을 작성해본 적조차 없다. 하지만 맨손으로 시작해 여러 회사를 세울 정도로 나 자신을 효율적으로 관리해오고 있다. 나는 시간 관리time management를 한 번도 중요하게 여긴 적이 없다. 그럼에도 내가 가장 가치 있다고 생각하는 일들에 시간을 잘 활용하고 있다.

세미나를 하다보면 '시간 관리'와 '일과 삶의 균형work-life balance'(워라밸)에 대한 질문을 많이 받는다. 내 커리어 전체를 통해 알게 된 사실은, 시간 관리와 일-삶의 균형을 중요하게 생각하는 사람은 앞에서 다룬 '희소함' 또는 '부족'이란 개념을 믿는다는 것이다. 그들 대부분은 자신이 쓸 수 있는 시간이 얼마나 되는지, 그 시간에 가장 필수적으로 성취해야 할 일이 무엇인지 알지조차 못한다. 자신이 가진 시간 또는 자신에게 필요한 시간이 얼마인지도 모르면서 도대체 어떻게 시간을 관리하고 일과 삶의 균형을 잡겠다는 걸까?

당신이 가장 먼저 해야 할 일은 시간 관리가 아니라 이루려는 목표의 우선순위를 명확하게 정해 성공을 당신의 의무로 만드는 것이다. 이 일은 당연히 내가 대신 해줄 수 없다. 사람마다 우선순위가 다르니 말이다. 내가 해줄 수 있는 제안은 성공이 당신의 주요 관심사라면 대부분의 시간을 성공에 필요한 일을 하는 데 할애하라는 것이다. 물론 나는 당신 인생에서 성공이 무엇을 의미하는지 모른다. 성공에는 경제적 안정, 가족, 행복, 영성, 신체 건강과 정신 건강 등 다양한 것이 포함되어 있다. 당신이 나와 비슷하다면 이 모두에서 성공을 이루려고 할 것이다! 이 모든 영역에서 '성공할 수 있다'는 사실을 기억하라.

나는 개인적으로 균형을 잡으라는 말을 좋아하지 않는다. 대신에 모든 영역에서 뭐든 풍요롭게 누리는 데 관심 있다. 나는 하나를 얻기 위해 다른 하나를 포기해야 한다고 생각하지 않는다. 성공한 사람은 '모든 것'을 얻을 수 있다는 관점에서 생각한다. 반면에 성공하지 못한 사람은 자신에게 한계를 설정하는 경향이 있다. 그들은 이렇게 생각할지 모른다. '돈이 너무 많으면 불행해

질 거야.' '사회에서 성공을 거두면 좋은 아버지나 좋은 남편, 영적인 사람이 될 시간이 없을 거야.' 흥미롭게도 자신이 활용할 수 있는 자원에 한계를 두는 사람이 '균형'이라는 말을 좋아한다. 이런 생각은 시간 관리나 일-삶의 균형으로도 해결할 수 없는 잘못된 마인드셋이다.

내가 보기에 시간 관리와 일-삶의 균형을 걱정하는 건 아무 의미 없다. 그보다 "어떻게 해야 모든 것을 풍요롭게 얻을 수 있을까?"라고 질문해야 한다. 성공한 사람은 자신이 원하는 것을 누구도 넘볼 수 없을 만큼 엄청난 규모로 달성한다. 예컨대 어떤 사람이 행복하지 않다면 자신이 성공했다고 생각할 수 있을까? 또 각종 요금을 내거나 가족을 부양하거나 노후를 대비할 돈이 없다면 과연 행복할까? 그러니 행복과 성공, 돈 모두 쟁취하라. 당신이 세운 한 가지 목표를 달성한 순간 또다시 새로운 목표를 세워야 한다. '둘 중 하나'만 얻을 수 있다는 마인드셋을 버리고 '모든 것'을 얻을 수 있다는 마인드셋을 가져라.

당신이 어떻게 시간을 쓰는지 기록하라

이 글을 쓰고 있을 때 한 고객에게서 이런 문자를 받았다. "쉬기는 하시나요?" 나는 농담 삼아 바로 이렇게 답을 보냈다. "전혀요!" 물론 나도 다른 사람처럼 쉰다. 하지만 내가 휴식보다 더 중요하게 생각하는 건 내가 쓸 수 있는 시간과 나의 우선순위다. 나는 내 모든 시간을 할애해 성공을 추구하는 것이 나의 의무이자 사명이며 책임임을 잘 알고 있다. 당신에게 한 가지 요청을 하고 싶다. 당신이 시간을 어떻게 쓰고 있는지 일기장 같은 데 기록해보라. 사람들은 자신이 무엇을 하면서 시간을 보내는지도 모르면서 늘 시간이 부족하다고 불평한다.

누구나 일주일에 168시간이 있다. 기본적으로 주간 근로 시간이 40시간이라고 하면 미국의 평균 근로자는 168시간 중 점심시간(5일간 30분씩)을 뺀 37.5시간만 일한다. 그런데 직장인 대부분은 이 37.5시간마저 열심히 일하지 않는 것 같다. 평균적으로 사람들은 하루 중 22.3퍼센트를 직장에서 보내고, 33퍼센트를 잠자는 데 쓴다. 그리고 16퍼센트는 TV를 보거나 전자 기기를 하며 보낸다. 이 비교에는 직장에 있는 시간은 100퍼센트 실제로 일하는 데 쓰인다는 가정이 담겨 있다! 그런데 근무 시간 동안 열심히 일하지 않는 사람들이 시간 관리와 일-삶의 균형에 대해 걱정한다. 진짜 불균형은 자신의 시간을 활용해 '충분히' 일하지 않을 때 생긴다.

사람들은 대부분 시간이 소중하다고 주장한다. 그렇지만 시간에 대해 잘 아는 사람은 별로 없는 것 같다. 시간은 누가 만드는가? 당신의 시간을 당신이 만드는가, 아니면 다른 사람이 만드는가? 당신은 시간을 더 많이 만들기 위해 무엇을 할 수 있는가? "시간은 돈이다"라는 말은 무슨 의미인가? 시간을 확실하게 돈으로 만들기 위해 시간을 어떻게 쓰고 있는가? 시간을 들여야 하는 가장 중요한 일은 무엇인가? 이 모든 질문은 숙고해볼 가치가 있다. 시간을 극대화하려면 주의를 기울여 이 질문들에 스스로 답해보라.

당신의 수명이 75년이라고 해보자. 이 시간은 약 65만 7000 시간 또는 3942만 분이다. 이제 특정 요일을 생각해보자. 평균적으로 3900번의 월요일, 화요일, 수요일 등이 있다. 여기에 무서운 점이 있다. 당신이 지금 37세라면 앞으로 남은 수요일은 단 1950 번뿐이다. 만약 당신의 명성에 1950달러의 가치만 남아 있다면 어떻게 하겠는가? 이 가치가 사라지는 것을 보고만 있겠는가, 아니면 가치를 늘릴 수 있는 일이라면 무엇이든 하겠는가? 나는 1950시간으로 다른 사람이 할 수 있는 일보다 더 많은 일을 할 수 있다고 자신한다.

시간을 늘리는 유일한 방법은 내게 주어진 시간에 더 많은 일을 하는 것이다. 내가 15분에 15통의 전화를 하고 당신은 1시간에 15통의 전화를 한다고 해보자. 그러면 나는 45분의 시간을 만들어낸 것이다. 10배의 법칙은 이런 식으로 시간을 늘리는 것을 가능하게 해준다. 내가 직원을 고용해 시간당 15달러를 주고 15분마다 15통의 전화를 하게 하면 나는 내 노력을 2배로 만드는 것이다. 그리고 내 시간은 돈이 된다.

진정으로 당신이 시간을 파악하고, 관리하고, 극대화하려면, 주어진 시간에서 모든 기회를 이끌어내려면 당신이 쓸 수 있는 시간이 얼마나 되는지 정확하게 이해하고 인식해야 한다. 무엇보다 당신의 시간은 당신이 통제해야 한다. 다른 사람이 당신의 시간을 통제하게 해서는 안 된다.

시간, 특히 근무 시간과 관련해 사람들은 불평을 많이 한다. 그들은 일을 '해치우고 지나가야' 하는 것으로 생각하며 하지만 실제로 일하는 데 많은 시간을 쓰지 않는다. 사람들은 대부분 '일을 일처럼 느끼는 수준으로만 일한다.' 반면에 성공한 사람은 '일하는 것 자체를 보상이라고 생각하며 일한다.' 일을 통해 매우 만족스러운 결과를 얻기 때문이다. 진정으로 성공한 사람은 일을 일이라고 부르지 않는다. 그들에게 일은 열정이다. 어째서 그럴까? 최선을 다해 일하면 결국에는 승리를 맛보기 때문이다!

균형을 이룰 수 있는 손쉬운 방법이 있다. 근무 시간 동안 '더 열심히 일하는' 것이다. 이랬을 때 당신이 누리는 건 더 많은 여유 시간만이 아니다. 일한 보상을 받게 되고, 일이 일이 아니라 성공처럼 느껴진다. 이렇게 해보라. 일하러 가는 것에 감사하고, 주어진 시간에 얼마나 많은 일을 할 수 있는지 확인하라. 일을 경주와 도전으로 만들어라. 일을 즐겨라.

시간의 주인이 되는 법

시간을 관리하고 일과 삶의 균형을 추구할 때 가장 먼저 해야 할 일은 어떤 목표가 중요한지 우선순위를 정하는 것이다. 어떤 영역에서 어느 정도로 성공하고 싶은가? 목표들을 중요한 순서대로 적어보라. 그런 다음 당신이 쓸 수 있는 총시간을 정하고 각 목표를 이루는 노력에 시간을 할당하라.

반드시 해야 할 일이 하나 더 있다. 날마다 시간을 어떻게 쓰고 있는지 기록해야 한다. 초 단위로 그렇게 하라. 그러면 당신이 시간을 어떤 식으로 낭비하는지 알게 될 것이다. 성공에 전혀 도움이 안 되는 습관과 행동을 찾아낼 수 있다. 성공이라는 불에 땔감을 공급하지 않는 행동은 모두 시간 낭비다. 비디오 게임, 온라인 포커, TV, 낮잠, 음주, 흡연 등 시간을 낭비하는 목록은 끝이 없다. 내가 너무 인정사정없이 몰아붙이는 것 같은가? 하지만 어쩔 수 없다. 장담하는데 시간을 통제하지 않으면 분명히 쓸데없는 일에 시간을 쓰게 될 것이다.

물론 인생과 커리어 전반에서 상황은 달라지기 마련이다. 당신은 시간이 흐르면서 나이를 먹는다. 한 목표를 달성하고 나면 또 다른 목표가 찾아온다. 새로운 일들과 사람들이 당신 삶에 들어온다. 이 모든 변화로 인해 당신은 우선순위를 계속 조정해야 한다. 예를 들어 나는 수년간 부모님에게 내가 아이가 없어서 일과 삶의 균형을 맞출 줄 모른다는 말을 들었다. 그런데 최근에 첫아이를 얻었다. 확실히 내가 시간을 더 많이 쏟을 수밖에 없는 사건이었다. 이때 나는 균형이라는 문제를 직접 경험해볼 수 있었다. 그러고는 알게 되었다. 문제는 일과 삶의 균형이 아니었다. 우선순위를 정하고 거기에 따른 전략을 짜서 실행하는 것이 더 중요했다.

딸은 일을 줄이고 가정에서 더 많은 시간을 보내야 하는 핑곗거리가 아니었다. 오히려 딸은 내가 성공을 이루어야 하는 또 하나의 이유가 되어주었다. 이제 나는 나만이 아니라 딸을 위해 일한다. 그러므로 딸은 내가 일을 성공적으로 해내게 하는 동기가 된다. 당신이 마땅히 이루어야 할 성공을 가족 때문에 놓치고 있다고 그들에게 화살을 돌리지 마라. 가족은 당신이 성공을 '갈망하는' 이유가 되어야 한다!

어려워 보일지 모르지만 효과적인 방법들이 있다. 당신의 우선순위에 있는 일을 할 수 있도록 당신과 가족의 일정을 짜라. 내가 사용한 방법을 소개하면 이렇다. 나는 딸과 함께 보내는 시간을 매일 1시간씩 추가했다. 나와 아내는 가족과 함께 시간을 보낼 수 있으면서 동시에 경제적 성공에 필요한 업무에 방해가 되지 않도록 일정을 짰다. 아내와 나는 가장 먼저 우리의 우선순위에 맞춰 딸의 취침 시간을 정했다. 또 내가 매일 아침 1시간 일찍 일어나 아이와 놀아주기로 했다. 이렇게 하자 집에 있을 때

딸과 행복한 시간을 보낸 다음 회사에 출근해 업무에 집중할 수 있었고 아내도 잠자는 시간을 더 확보할 수 있었다. 아이가 생후 6개월이 됐을 때부터 계속 이렇게 하고 있는데 정말 효과 만점이다. 나는 심부름 갈 때 늘 딸을 데려간다. 동네 마트 같은 데 함께 가서 거기서 일하는 사람들에게 딸을 인사시킨다. 그러고 나면 그날 나머지 시간은 방해받지 않고 내 비즈니스 업무에 쓸 수 있다. 딸이 일찍 깨기 때문에 저녁 7시면 재운다. 그러면 아내와 나는 둘 만을 위한 시간을 가질 수 있다.

딸이 자라면서 이런 방식은 계속 변할 것이고 우리는 다른 방안을 마련해야 할 것이다. 하지만 핵심은 우리가 시간을 무작정 보내지 않고 통제하고 있다는 사실이다. 우선순위를 정하고 거기에 따라 해법을 찾는 우리의 노력은 아내와 나를 시간의 주인으로 만들어주었다.

바쁘면 바쁠수록 시간을 통제하고, 우선순위를 정해야 한다. 이를 마법처럼 쉽게 해주는 과학적인 공식은 내게 없지만 한 가지는 확실하게 말할 수 있다. 당신이 성공에 전념하면서 시간을 통제하기로 마음먹는다면 당신은 원하는 일을 모두 할 수 있는 일정을 세울 수 있다.

아무도 당신을 구원해주지 않는다

당신은 시간을 어떻게 쓸지 결정해야 한다. 당신의 영역을 확장하고 시장을 지배하려면 1분 1초를 짜내 시간을 장악하고 통제해야 한다. 반드시 가족, 동료, 친구, 직원 등 주변 모든 사람이 당신의 최우선순위를 인식하고 거기에 동의하게 만들어라. 그러지 않으면 다른 생각을 하는 사람들이 당신을 완전히 엉뚱한 방향으로 몰아갈 것이다. 내가 일정을 효과적으로 관리할 수 있는 것은 아내를 비롯한 주변 사람 모두가 내게 가장 중요한 일이 무엇인지, 내가 시간을 얼마나 소중하게 생각하는지 잘 알고 있기 때문이다. 이렇게 할 때 우리는 살아가면서 마주하는 모든 일을 잘 해결할 수 있다.

우리 사회는 느리게 살고 작은 것에 만족하라는 생각을 부추긴다. "속도를 늦추어라." "긴장을 풀어라." "휴식을 취하라." "균형을 잡아라." "지금 있는 그대로에, 지금 가진 것에 만족하라." 자주 듣는 말들이다. 이론상으로는 맞는 말처럼 들린다. 그러나 모든 결정을 포기하는 사람이 자신의 삶을 통제하기란 매우 어렵다. 솔직히 '긴장을 풀고 휴식을 취할' 형편이 되는 사람은 별로 없다. 보통 수준으로 행동한 결과인 미미한 존재에서 벗어날 만큼 충분히 많은 행동을 하지 않기 때문이다. 많은 사람이 그저 그런 보통 수준으로 행동해왔기 때문에 편안한 삶을 누리지 못하는 것이다.

일은 목적, 사명, 성취감을 주어야 한다. 이런 덕목은 정신, 정서, 신체를 행복하고 건강한 상태로 유지하기 위해 꼭 필요하다. 뉴에이지 사상이나 "느리게 살아라" 같은 난해한 조언은 누구에게도 도움이 되지 않는 마인드셋을 조장한다. 이런 생각이 사람들에게 어떤 특성을 만들어내는지 생각해보라. 게으름, 미루는 버릇, 안일한 태도, 태만, 남 탓하는 성향, 무책임, 정부 지원에 기대는 태도, 자신의 문제를 남이 해결해주길 바라는 생각만 부추기지 않는가?

정신 차려라! 아무도 당신을 구원해주지 않는다. 당신의 가족을 돌봐주고 당신의 노후를 책임질 사람은 아무도 없다. 당신을 '위해' 누군가가 '일을 대신 해줄' 거라는 기대는 버려라. 당신과 당신 가족을 구원할 유일한 방법은 10배의 법칙에 따라 매일 매 순간을 최대한 활용하는 것이다. 그러면 당신의 목표와 꿈은 반드시 이루어진다. 행복, 안정, 자신감, 성취감을 얻고 싶은가? 그렇다면 당신이 이루려는 성공이 무엇이든 그것을 위해 모든 에너지와 재능을 쏟아라. 그리고 당신의 모든 시간, 바로 '당신이 주인인 시간'을 통제하라.

01 당신은 하루에 몇 시간 일하는가?

02 시간을 낭비하는 활동(예를 들어 TV 시청, 흡연, 음주, 늦잠, 커피 마시기, 점심 먹기, 사업 기회가 없는 회의)에 매일 어느 정도 시간을 쓰는가?

03 당신은 무엇에 시간을 낭비하는가?

04 이 장에서 시간에 대해 무엇을 배웠는가?

THE 10X RULE

CHAPTER 18

비판은
성공의
신호다

비판을 예상하고 기대하라

비판은 확실히 듣기 좋은 소리는 아니다. 하지만 당신에게 엄청난 소식을 알려주겠다. 당신이 비판을 받는다면 그것은 성공의 길로 잘 가고 있다는 확실한 신호다. 비판은 피해야 할 것이 아니다. 성공을 거두기 시작하는 순간 비판에 직면하리라는 예상을 해야 한다.

비판은 다른 사람이 누군가의 일 또는 행동의 장점이나 단점을 판단한다는 뜻이다. '비판'이 항상 '단점을 지적한다'는 의미는 아니지만 이 단어에는 보통 편견이나 반감의 의미가 들어 있다. 사전에서는 비판의 정의에 대해 다음과 같은 유익한 점은 언급하지 않는다. '당신이 올바른 수준의 행동을 시작해 성공을 이루면 금방 비판이 따라온다.'

물론 사람들 대부분은 비판받는 걸 싫어한다. 하지만 사람들의 관심을 끌게 되면 비판은 자연스럽게 따라온다는 사실을 나는 알게 됐다. 그래서 일부 사람들은 비판을 피하고자 아예 관심을 받지 않으려고 할 수 있다. 하지만 웬만큼 관심을 끌지 않고 상당한 수준의 성공을 거둘 방법은 없다. 맞다. 사람들은 당신을 주시하다가 당신에게서 못마땅한 행동을 찾으면 바로 달려들어 비판한다. 현실을 직시하자. 인생에서 어떤 선택을 하든 어디선가 누군가는 당신을 비판한다. 충분한 행동을 하지 않은 탓에 가족이나 상사, 요금 징수원에게 비판받기보다 당신의 성공을 질투하는 사람들에게 비판받는 편이 훨씬 낫지 않은가?

당신이 충분한 행동을 시작하면 곧 그런 수준으로 행동하지 않는 사람들의 비판에 직면한다. 당신이 상당한 성공을 거두면 사람들은 당신을 주시하기 시작한다. 당신을 존경하고 본받으려는 사람도 있겠지만 유감스럽게도 대다수 사람은 당신을 시기한다. 이들은 자신이 충분한 행동을 하지 않는 핑계를 대고 싶어서 당신이 하는 탁월한 수준의 행동이 잘못됐다고 주장한다.

이런 비판을 성공의 신호 중 하나로 예상하고 기대하라.

비판은 당신이 실제로 10배 수준으로 행동하기 시작할 때부터, 성공이 아주 분명해지기도 전부터 나올 것이다. 주의하라. 비판은 다양한 형태를 띨 수 있다. 처음에는 조언의 형태로 나타날 수 있다. "고객 한 사람한테 왜 그렇게 많은 에너지를 쏟아? 그 사람은 절대 안 사"라거나 "인생을 더 즐겨! 알잖아, 일이 전부는 아냐"라는 조언을 들을 수 있다.

하지만 사람들이 당신에게 이런 말을 하는 이유는 따로 있다. 당신의 엄청난 행동량이 그들의 부족한 행동량을 더 도드라지게 하기 때문에 당신의 행동이 잘못인 양 말하는 것이다. 그래야 자기네 기분이 좋아질 테니까. 기억하라. 성공은 남의 기분을 맞춰주어야 하는 인기 경쟁이 아니다. 성공은 당신의 의무이자 사명이며 책임이다.

비판을 성공 공식의 한 요소로 삼아라

루이지애나에서 담장 사업을 하는 친구가 한번은 이렇게 말했다. "그랜트, 난 사람들 관심이 싫어. 사람들의 관심을 받게 되면 바로 경쟁자들이 뒤쫓아오기 시작하잖아. 난 주목받고 싶지 않아. 그래야 내가 뭘 하는지 아무도 모르지." 확실히 이런 식으로 성공에 접근하는 것도 한 가지 방법이다. 그렇지만 너무 오래 '레이더를 피해 날면' 절대 정상에 오르기를 기대할 수 없다.

관심과 비판을 피하려고 바짝 엎드려 지낸다는 것은 십중팔구 어느 정도 스스로를 억눌러 방해한다는 뜻이다. 공격받는 것을 두려워하면 성공에 완전히 몰입할 수가 없다. 반면에 당신이 어떤 일이 있어도 물러서지 않으리라는 사실을 반대자들이 알게 되면, 그리고 당신의 성공이 비판할 대상이 아니라 본받아야 할 대상임을 깨닫게 되면, 그들은 더는 당신을 비판하지 않고 다른 먹잇감을 찾아 나설 것이다.

나약하고 압도당한 사람들이 다른 사람의 성공을 공격한다. 시장을 장악하고 지배하겠다고 결심하는 순간 당신은 이런 사람들의 표적이 될 위험을 무릅써야 한다. 이 현상을 정치에서 자주 볼 수 있다. 양쪽 다 진정한 해법이 없으니 서로 비난하고 깎아 내리기만 한다. 이러한 태도는 누구에게도 도움이 안 된다. 당신은 비판받고 있는가? 그렇다면 당신을 비판하는 사람들이 당신을 위협적인 존재로 인식한다는 신호로 받아들여라. 그들은 남을 깎아내리는 것 말고는 자신의 상황을 나아지게 할 해결책이 없기 때문에 습관적으로 남을 헐뜯는다.

비판에 잘 대처하는 유일한 방법은 비판을 성공 공식의 한 요소로 삼아 예상하는 것이다. 두려움처럼 비판 역시 당신이 올바른 행동량을 발휘하고 있으며, 사람들의 주목을 받고 있고, 상당한 성공을 거두고 있다는 신호다.

최근에 한 의뢰인이 회사에 전화를 걸어 우리 직원들이 너무 공격적으로 자신을 밀어붙이고 있다며 불평을 쏟아냈다. 나는 그에게 전화해 뭐가 문제인지 물었다. 당연히 해야 할 일을 한 우리 직원들을 비방하는 소리를 듣고 나는 이렇게 말했다. "그만

좀 하시면 좋겠습니다. 우리 직원들은 사장님을 도울 방법을 알고 있어서 옳다고 생각한 일을 한 겁니다. 사장님은 앞으로 나아가겠다고, 행동에 방아쇠를 당기겠다고 결심하지 않았습니다. 이 일에서 비판받을 점은 사장님의 그런 태도입니다. 하지만 사장님을 비난하지는 않겠습니다. 그래 봤자 누구에게도 도움이 안 되니까요. 이제 그런 소극적인 자세는 버리고 사장님 회사를 성장시키기 위해 적극적으로 나서서 행동해보십시오." 그리고 나는 그 의뢰인을 공격적으로 밀어붙인 직원들에게 포상금을 주었다. 의뢰인이 '너무 밀어붙인다'고 불평하는 것은 우리 직원들이 올바른 방향으로 가고 있다는 증거다.

나는 그 의뢰인의 항의 때문에 회사 방침을 바꾸지 않았다. 오히려 직원들의 노력을 칭찬했다. 나와 직원들은 모두 비판이 성공 사이클의 일부임을 잘 이해하고 있다. 그래서 나는 직원들이 성공을 추구하다가 의뢰인의 불만을 사도 의뢰인에게 사과하지 않는다. 그 의뢰인과 거래가 어떻게 되었는지 궁금한가? 거래는 '성공적으로' 마무리됐다. 그리고 요즘 그 의뢰인은 우리 직원들에게 존경과 찬사를 보내며 "의뢰인을 미치광이처럼 밀어붙이는 친구들"이라고 말한다.

비판이 찬사로 바뀔 때까지 계속 행동하라

대학교를 졸업한 후 나는 전공 분야가 아니라 세일즈 업계에서 첫 정규직 일자리를 구했다. 약 2년 만에 내 판매 실적은 동료들의 실적을 훨씬 뛰어넘어 업계 상위 1퍼센트 안에 들었다. 동료들이 나를 비판하지 않았으리라 짐작한다면 생각을 바꾸기 바란다. 당연히 그들은 나를 비판했다! 그들은 나를 제물 삼아 농담하고, 조롱하고, 내가 집중하지 못하게 방해하고, 심지어 내게 성공을 안겨준 행동들을 그만두게 하려고 들었다.

이런 행태는 행동력이 떨어지는 사람들이나 하는 짓이다. 그들은 자신이 아무것도 하지 않아도 괜찮다고 자위하고 싶어서 다른 사람이 성공을 위해 하는 행동을 비난한다! 반면에 최고의 행동력을 발휘하는 사람들(승자들)은 성공한 사람을 연구하고 성공을 본받으려고 한다. 그들은 최정상에 오른 사람들의 수준까지 도달하려고 끊임없이 훈련한다. 행동 수준이 낮은 사람들은 자기 역량을 발전시켜 책임감 있게 생산력을 끌어올리려는 의지가 없다. 그래서 탁월한 성과를 내는 사람을 비방할 궁리만 한다.

《일등이 아니면 꼴찌다》라는 내 책이 《뉴욕타임스》 베스트셀러에 오르자 경쟁자라는 사람들이 즉시 나를 비판하기 시작했다. 어떤 사람은 책 제목이 "건방지다"라고 했고 또 어떤 사람은 "그랜트는 자신이 뭐라도 되는 줄 아나봐?"라고 했다. 내가 "너무

잘난 체해서 오히려 손해를 볼" 거라고 말한 사람도 있었다. 심지어 한 사람은 내게 전화를 걸어 책이 비문투성이라며 새 편집자를 구하라고까지 했다. 내가 이런 의견에 신경 썼을까? 전혀 아니다. 나는 《뉴욕타임스》 베스트셀러 작가'다!

내가 아는 사실은, 사람들은 칭찬보다 비판을 먼저 한다는 것이다. 좋든 싫든 성공에는 비판이 따라다닌다. 성공에 계속해서 모든 걸 쏟아부어라. 그러면 머지않아 당신을 깎아내리던 사람들이 당신이 한 일에 찬사를 보낼 것이다. 비판을 성공의 신호로 여기고 10배의 법칙에 따라 계속 행동에 박차를 가하라. 그렇게만 한다면 처음에는 당신 행동을 비판했던 사람들이 나중에는 당신을 칭송할 것이다. 그러니 비판에 복수하는 방법으로 계속 성공하는 것 말고 더 좋은 방법이 있겠는가?

01 비판에 대해 무엇을 배웠는가?

02 사람들에게서 어떤 비판을 가장 듣고 싶은가?

03 사람들이 다른 사람을 비판하다가 찬사를 보낸 사례 3가지를 적어보라.

THE
10X
RULE

CHAPTER 19

고객 만족은
잘못된 목표다

고객 확보가 먼저다

비판이라는 주제는 '고객 만족customer satisfaction'이라는 오남용되고 있는 개념에 대한 논의로 자연스럽게 이어진다. 내가 10배의 법칙을 적용해보라고 할 때 사람들이 가장 먼저 보이는 반응은, 그러다 고객 만족도가 떨어지면 어떻게 하느냐는 항의다. 그들은 자신과 자기 회사가 지나치게 공격적인 마케팅을 하며 고객을 심하게 밀어붙이면 시장에서 브랜드 평판에 해를 입을까봐 걱정한다. 그럴 수도 있겠지만 더 큰 문제는 따로 있다.

요즘은 너무 많은 제품과 회사로 홍수를 이루기 때문에 아무도 당신과 당신 회사에 대해 알지 못할 가능성이 크다. 이것이 진짜 문제다. 처음부터 당신 브랜드를 쉽게 찾아낼 사람은 없다. 내가 컨설팅을 제공한 한 케이블 방송사 이사회는 경영진이 큰 기대를 걸고 있는 새로운 프로그램이 자사 브랜드와 어울리지 않는다고 걱정했다. 나는 이렇게 말했다. "최신 트렌드를 선도하고, 대중 입맛에 딱 들어맞고, 시청자가 채널을 고정할 프로그램을 당장 시작하지 않는다면 여러분의 브랜드를 지켜내지 못할 겁니다." 지지자와 고객과 투자자를 확보하지 못한다면, 일을 완수하는 데 필요한 행동을 전혀 하지 않아 거래를 성사시키지 못한다면, 그래서 브랜드 보호와 고객 만족을 핑계로 숨어버린다면, 당신은 곧 손에 삽을 들고 자기 무덤을 파게 될 것이다.

고객 서비스는 잘못된 목표다. 고객 증가가 올바른 목표다. 고객 만족이 중요하지 않다는 뜻이 아니다. 고객이 만족하고 행복해야 다시 찾아오고 좋은 입소문을 내준다는 사실은 누구나 알고 있다. 당신의 제품이나 서비스, 투자가 고객을 만족시키지 못하면 당신은 죄를 짓는 것이다. 그러니 나는 이 책에서 당신을 더 빨리 감옥으로 보내줄 이야기를 하고 있는 셈이다. 이렇게 말이다. '고객을 행복하게 만드는 일을 걱정하기 전에 먼저 고객의 관심을 끌고 고객을 창출하는 일에 초점을 맞추어라.'

간단하게 설명해보겠다. 내게 고객 만족은 별로 중요하지 않다! 왜일까? 나는 우리가 우리 고객들에게 지나치게 많은 것을 주고, '만족스러운' 수준 이상의 서비스를 제공하고 있음을 알고 있기 때문이다. 우리는 모든 고객에게 지나치게 많은 것을 주며 불가피한 경우가 아니라면 '노'라고 말하는 법이 없다. 우리 회사에서는 고객 만족이라는 말을 꺼내지조차 않는다. 그보다 우리는 어떻게 하면 더 많은 고객을 얻을 수 있는지에 대해 더 많이 이야기한다. 우리 프로그램에 고객을 끌어들이는 것이 고객 만족을 높이는 유일한 방법이기 때문이다.

그렇다. 고객을 늘리지 않고서는 고객 만족을 높일 수 없다. 고객이 무료 조언 주간을 신청하든, 30달러에 책을 사든, 500달러에 오디오 프로그램을 구매하든, 100만 달러에 장기 교육 계약을 맺든 언제나 우리는 고객이 기대하는 것 이상으로 서비스를 제공한다. 그래서 더 많은 고객을 확보하는 것이 나의 유일한 관심사다. 그런 다음 고객에게 더 많은 것을 준다.

비고객을 만족시켜라

내가 가장 걱정하는 것은 '비고객 만족noncustomer satisfaction'이다. 비고객이란 우리 제품을 구매하지 않거나 구매하더라도 올바로 사용하지 못하는 사람들이다. 즉 우리 제품을 제대로 경험하지 않아 만족이라는 것 자체를 모르는 사람들이 나의 관심사다. 우리는 어떻게 하면 고객이 우리 회사의 자료, 시스템, 프로세스를 더 많이 이용하게 할지 논의한다. 이것이 고객 만족을 높이는 유일한 방법이기 때문이다.

고객 만족이라고 생각하는 대부분의 방법보다 더 중대한 '핵심 사안'은 고객을 확보하지 못하거나 고객이 당신 제품을 올바로 사용하지 못하는 것이다. 고객이 하루 늦게 배송을 받는 것은 문제며, 이는 반드시 조치가 취해져야 한다. 하지만 당신 제품을 한 번도 구매하지 않은 사람이 있다는 것은 그 사람을 고객으로 만들지 못했기 때문에 당신의 고객 만족에 정말 심각한 문제가 있다는 뜻이다. 첫 번째 문제는 쉽게 해결할 수 있다. 하지만 두 번째 문제는 당신을 죽일 것이다.

나는 우리와 거래할 만한 자격이 되는 고객을 찾는다. 그런 다음 내게 컨설팅을 의뢰할 때까지 그들에게 관심을 쏟고 공을 들인다. 그들이 내 제품과 서비스를 구매하기 전까지는 만족 자체가 아예 불가능함을 잘 알기 때문이다. 이것은 그냥 하는 말이 아니라 내가 믿고 있는 진리다.

고객 만족을 위해 가장 중요한 것은 고객 확보다. 고객 없이는 고객 만족도 있을 수 없다! 내게는 고객 확보가 무엇보다 중요하다. 인간관계와 똑같다. 먼저 아내를 얻어야 계속 아내를 기쁘게 해줄 수 있지 않은가? 그런 다음에야 가족을 늘리고 가족 모두를 행복하게 할 새로운 방법들을 찾을 수 있다. 여기서 가장 중요한 것은 무엇인가? 먼저 아내를 얻는 것이다.

고객 만족에만 초점을 맞추면 기업은 성공할 수 없다. 고객 만족만 추구하는 경향이 고객 확보에 해를 끼친다고 나는 생각한다. 많은 기업이 기존 고객의 '만족'에만 너무 몰두해 공격적으로 시장을 확장하고 새로운 고객을 확보하는 데 실패한다.

고객 만족도는 기업이 공급하는 제품과 서비스가 구매자의 기대를 얼마나 충족시키는지(또는 넘어서는지) 측정하기 위한 비즈니스 용어다. 이 평가는 충성 고객을 확보하는 브랜드와 고객을 잃는 브랜드의 차이를 설명하는 핵심 지표일 것이다. 하지만 내가 들르는 매장 대부분은 제품을 팔기 전에 먼저 나를 고객으로 확보할 만큼 충분한 서비스를 제공하지 않는다.

기업 경영진은 시장의 현실은 모른 채 책상 앞에 앉아서 고객 서비스의 중요성만 강조할 뿐 어떻게 처음부터 고객 확보에 박차를 가할 수 있는지는 간과한다. 대부분의 제품은 나의 관심을 완전히 사로잡지 못한다. 그래서 나는 기업의 고객 확보 노력 때문이 아니라 나의 필요 때문에 어쩔 수 없이 고객이 된다. 안타깝게도 세일즈맨 대부분은 기회가 주어졌을 때 고객이 귀찮아할 정도로 끈질기게 구매 제안을 하지 않는다. 그래서 판매 기회를 놓치고 만다. 결국 그들은 고객을 확보하지 못한다.

이 점은 우리가 여러 기업에서 진행하는 '미스터리 쇼핑' 캠페인을 통해 거듭 증명되고 있다. 기업의 가장 심각한 문제는 애초에 고객을 만들지 못하는 것이다! 수준 이하의 제품을 제공한다면, 즉 제품이 당신이 광고한 수준에 못 미치거나 고객이 구매 후 속았다는 느낌이 들면 당신은 머지않아 시장에서 퇴출당하고 만다. 하지만 대부분의 기업은 광고를 제대로 하지 않거나 제품의 질이 떨어지기 때문에 실패하지 않는다. 충분한 고객을 확보하지 못하기 때문에 실패한다.

스타벅스가 최고의 고객 서비스와 커피를 제공하는가? 나는 잘 모르겠다. 그렇지만 이 회사가 커피 구매를 쉽고 편리하게 만들기 위해 상당한 투자를 해왔다는 사실은 안다. 스타벅스가 고객들이 길게 줄을 서고, 괜찮은 커피를 마시고, 좋은 서비스를 받는 데 관심이 있을까? 물론이다. 하지만 장담하는데 스타벅스의 최우선 관심사는 고객 확보다. 구글이 검색 엔진과 고객 경험, 고객 서비스를 최고 수준으로 제공하는가? 이를 더욱 개선하기 위해 노력하는가? 그렇다. 하지만 구글이 최고의 검색 사이트가 된 것은 먼저 그 분야를 확실하게 지배하고 수많은 사용자의 관심을 확보했기 때문이다.

내가 여기서 말하는 요점은 무엇일까? 진정으로 고객 만족을 제공하는 브랜드는 고객 '서비스'를 말하지 않는다. 대신에 고객 '확보'에 초점을 맞춘다. 신생 기업이 먼저 할 일은 사람들에게 자신을 알리는 것이다. 그런 다음 사람들을 만족시키기 위해 할 수 있는 모든 일을 하면 된다. 명심하라. 고객 확보 없이 고객 만족은 존재할 수 없다.

기업이 실패하는 이유

미국 기업들은 '고객 만족'에 너무 집착해 가장 중요한 우선 순위인 '고객 확보'를 놓친다! 남부 속담처럼 "가장 중요한 것을 가장 중요한 것으로 유지하라." 고객 만족은 목표가 아니라 기업에 내재한 요소여야 하며. 기업은 고객 확보에 가장 중점을 두어야 한다. 잠재 고객이나 시장이 관심을 보이는데 이를 고객 창출로 연결하지 못해 매출을 증가시키지 못한다면 그야말로 어처구니없는 일이다. 이보다 뼈아픈 실수는 없을 것이다. 하지만 너무 많은 기업이 그런 실수를 저지른다.

어떤 회사 제품이 구매를 고려할 정도로 내 관심을 끌 수 있다. 하지만 고객이 될 정도로 나를 설득하지 못해 '나의 관심이 멈추는' 경우, 즉 나를 고객으로 만들지 못하는 경우를 생각해보자. 고객이 되지 않으면 나는 만족한 고객 자체가 될 수 없다. 그러니까 내 말은 앞뒤 순서를 바꾸지 말라는 것이다. 경영진은 자사 제품을 구매한 고객의 만족도 조사를 수행한다. 하지만 아직 고객이 되지 않은 사람들의 의견을 조사하는 일은 완전히 간과한다. 이는 크나큰 실수다. 더 많은 고객을 확보하는 방법을 알려주는 '유일무이한 실행'의 탁월한 사례를 다시 살펴보라(10장). 확보한 고객의 만족도 조사에 더해 비고객의 의견을 모으면 기업은 진정한 고객 만족에 대해 더 많은 통찰을 얻을 것이다!

고객을 확보하지 못하는 '이유'를 알고 싶지 않은가? 고객을 만족시키지 못해 고객을 얻지 못했다고 생각하는가? 대부분의 회사가 실패하는 이유는 제품과 서비스, 광고의 질이 떨어져서가 아니다. 처음부터 고객을 확보하는 전략적인 행동을 충분히 하지 않기 때문에 실패한다. 그래서 내가 고객 만족을 잘못된 목표라고 말하는 것이다. 비고객을 '만족시킬' 기회 자체를 얻지 못하기 때문이다. 구매 고객의 만족도가 중요하지 않다는 말이 아니다. 내가 말하는 요점은 고객 확보로 관심을 돌리라는 것이다.

명심해야 할 것이 또 있다. 고객의 불만을 완전히 없애는 것은 불가능하다. 물론 제품과 서비스의 질을 개선해 불만을 줄이는 방법도 있다. 하지만 사람들을 상대하다보면 불평불만에 직면하게 된다. 따라서 방법은 간단하다. 불평불만이 생기면 처리하는 것이 최선이다(불평과 불만은 반드시 생긴다). 그리고 그런 불평불만을 고객과 소통하는 기회로 삼아라. 더 많은 사람이 당신의 제품과 서비스를 접하고 당신의 회사와 소통을 주고받아야 한다. 사람들이 당신의 제품을 접하면 불만은 늘어나기 마련이다. 하지만 칭찬 역시 늘어난다. 당신의 제품과 서비스를 사용하는 사람의 수를 늘려라. 단 고객 확보에 대한 거창한 전략을 세우면 직원들이 처음부터 두 손 두 발을 다 들 수 있다. 그러니 엄청난 전략이 아닌 엄청난 행동으로 그렇게 하라.

고객 규모가 고객 만족을 좌우한다

첫 회사를 설립했을 때 나는 순진한 생각을 했다. 소수 고객에게 확실하게 집중하면 진정한 고객 만족을 끌어낼 수 있다고 생각한 것이다. 그러면 시장에서 우위를 확보하고 질 좋은 서비스를 제공해 차별화할 수 있다고 생각했다. 생각은 좋았지만 효과적이지 않았다. 우선 이 계획으로는 폭넓은 고객층의 관심을 끌어 사업을 성공시킬 만한 시장 규모를 확보할 수 없었다. 또한 고객을 계속 유지하는 데 필요한 현금 유동성이 부족한 것은 물론이고 시장을 지배할 수도 없었다. 무엇보다 나에 대한 정보를 성공한 사람들에게 충분히 알리지 못했다.

마침내 내가 사고력을 올바른 수준으로 발휘해 시장을 확장하고 고객을 10배 더 많이 확보하는 데 전념하자 나의 제품과 회사가 시장에 노출되는 빈도가 10배 더 많이 늘었다. 그리고 전과는 달리 성공한 사람과 회사를 많이 접하게 됐다. 나는 더는 소수 고객에게만 전념하지 않고 고객을 비약적으로 늘리는 데 초점을 맞추었다. 그래서 더욱더 많은 사람에게 나와 내 회사를 알리는 능력이 향상됐다. 그러면서 제품에 대한 칭찬을 받았지만 불평불만도 못지않게 격렬해졌다. 하지만 나의 노출 빈도가 커져 우리 회사 제품을 이용하는 사람들이 많아지자 나는 실패의 고통보다 성공의 기쁨을 더 많이 느꼈다.

내 세미나와 워크숍에 참석하는 사람이 늘어나면서 충성 고객 수가 덩달아 늘어났고 내 아이디어와 기술을 아는 사람이 갈수록 많아졌다. 점점 많은 사람이 자기 동료들에게 내 방법론을 이야기했고, 이 이야기를 들은 사람은 다시 자기 지인에게 퍼뜨렸다. 이런 식으로 내 방법론은 널리 퍼져갔다. 나에 관해 이야기하는 사람이 많으면 많을수록 나는 더욱더 영역을 확장하고, 사람들의 관심을 얻고, 고객을 확보할 수 있었다. '그런 다음에' 더 큰 고객 만족을 끌어냈다. 이렇게 생각해보자. 페이스북이나 구글이 소수에게만 서비스를 제공한다면 더 나을까? 만약 그런다면 이 책에서 이 회사들 이름을 거론할 일조차 없을 것이다.

고객 만족을 실천하는 것은 고객을 확보한 '후에' 그들에게 어떤 서비스를 제공할 것인지에만 국한되지 않는다. 고객 만족을 실천하려면 처음에 고객을 얻기 위해 무엇을 해야 하는지에도 초점을 맞춰야 한다. 당신이 얻는 고객의 규모가 고객 만족 수준에 직접적인 영향을 미친다. 어느 정도 양을 확보하지 않고서는 우수한 질에 도달할 수 없다. 앞서 말한 이야기를 잊지 마라. 비판과 불만은 당신이 발전해가는 과정에서 피할 수 없는 요소다. 따라서 비판에 신경 쓰지 말고 불만을 환영하고 해소하려고 노력하라. 영역을 확장하기 위해 할 수 있는 모든 일을 하라. 당신의 서비스를 받는 사람이 많아질수록 충성 고객을 만들 가능성 또한 더욱 커진다.

분명히 당신은 고객에게 한 약속을 이행하고 약속한 것보다 더 많은 것을 제공하고 싶을 것이다. 하지만 고객을 얻기 전에 10배의 법칙에 따라 이례적인 수준으로 서비스를 제공하는 데 집중하면, 고객을 확보한 후에 이 서비스의 수준은 자연스럽게 달성될 것이다. 당신의 제품, 서비스, 아이디어, 투자가 훌륭하다고 해보자. 그렇다면 지금 당장 당신은 고객층을 늘려야 한다.

유감스럽게도 오늘날 수천 개의 기업이 품질이 떨어지는 제품을 팔고 있다. 물론 당신 역시 품질을 포기하거나 수준 이하 제품을 제공하라는 이야기가 아니다. 다만 비즈니스 세계에서는 시장 점유율이 절대적인 영향력을 행사한다는 유감스러운 현실을 강조하려는 것이다. 이런 회사들은 질이 떨어지는 제품을 팔더라도 고객 확보를 최우선 목표로 삼는다. 그렇게 고객을 확보한 다음 제품과 관련된 문제를 처리한다.

애플이 알려주는 목표의 올바른 순서

고객 확보에 제약이 있는 상태에서 엄청난 규모로 성공하는 기업은 세상에 없다. 이 교훈을 애플은 오랜 시간 후에 어렵게 깨달았다. 애플 사용자라면 마이크로소프트가 형편없는 제품을 판다고 불평하겠지만 그런 마이크로소프트 때문에 애플은 수

십 년 동안 빛을 보지 못했다. 마이크로소프트는 다수가 이용하는 제품을 생산한 반면 애플은 소수에게 초점을 맞췄기 때문이다. 하지만 최근 몇 년간 애플이 이룬 변화를 생각해보자. 애플은 다수의 관심을 사로잡는 제품을 만들고 있다. 전 가구 중 3퍼센트가 아이패드를 가지고 있고 63퍼센트가 MP3를 사용하면서 애플은 45퍼센트가 넘는 시장 점유율을 확보했다. 최근 애플은 시장을 지배하겠다는 목표로 '엄청난 수준의 행동'을 대대적으로 발휘하고 있다!

기억하라. 당신의 제품이 완벽한 품질을 자랑하더라도 고객 불만은 생긴다. 고객 또한 사람이기 때문이다. 모든 사람을 늘 행복하게 해줄 수는 없다. 불만을 겁내는 실수를 저지르지 마라. 오히려 불만을 부추기고 찾아라. 그리고 해결하라. 고객의 불만은 제품을 개선하는 방법을 고객이 직접 정확하게 알려주는 것이다. 고객을 불쾌하게 할까봐 불안해하며 시장에 접근하면 결코 시장에서 지배력을 확보할 수 없다.

애플의 사례를 생각해보자. 애플은 고객 만족을 지나치게 걱정하지 않는다. 그래서 사람들이 사려고 기꺼이 줄을 서서 기나리는 제품을 계속 내놓는 일을 소홀히 할 정도다. 애플은 목표의 정확한 순서를 잘 안다.

1. 고객을 확보한다(10배 더 일해 창조한 획기적인 제품과 서비스를 통해).

2. 고객 확보 과정에서 대단한 존재감을 발휘함으로써 고객에게 깊은 인상을 심어준다.

3. 충성 고객을 만든다(재구매, 추천, 입소문 마케팅을 통해).

당신이 사업 기반을 다지는 중이라면 아직은 고객 만족을 최우선 목표로 삼아서는 안 된다. 먼저 고객을 확보해야 하고 확보한 고객이 당신의 제품을 추천하고 충성심을 나타내게 해서 '더 많은' 고객을 확보해야 한다. 나는 내 제품을 일부가 아니라 모두가 사용하기를 바란다. 나와 내 제품에 대해 소수가 아니라 다수가 알기를 바란다. 60억 명이 내 제품을 알기 전에는 나는 만족할 수 없다. 모든 사람이 내 제품을 거듭 구매하기를 바란다. 그리고 내가 그들의 기억 속에 계속 남아 있고 그들과 그들 회사에 영향을 미쳐서 그들이 내 제품이 아닌 다른 회사 제품을 구매하는 일은 생각도 못 하기를 바란다.

이런 마인드셋은 고객 만족에 지나치게 집중하는 것과는 다르다. 영업팀의 팀원들은 고객을 너무 밀어붙여 불쾌하게 하면 자신들에 대한 고객 평가가 나빠질까봐 염려한다. 영업팀은 고객 불만에 대해 벌점을 받는데 내가 볼 때 여러 가지 이유로 정말 이상한 제도다. 이는 고객 불만을 피할 수 있음을 시사하는데 절대 그렇지 않다. 설령 불만을 피할 수 있다 해도 왜 피해야 하는가? 불만과 문제는 사업을 발전시키고 더 많은 문제를 해결할 기회다. 또한 당신이 고객 불만을 얼마나 잘 처리하는지 소문낼 기회를 고객에게 주는 것이다!

당신 회사의 고객 확보와 고객 충성도의 약점이 무엇인지 제대로 알고 싶다면 고객이 되지 '않은' 사람들의 의견을 조사하라. 질문은 빠르면 빠를수록 더 좋다. 그들이 당신 매장을 떠나거나 제품을 거부할 때 바로 질문하라. 그들이 만난 사람이 아니라 겪은 '과정'에 대해 질문해야 한다. 다음과 같은 질문을 할 수 있다.

- 여기에 얼마나 머물렀습니까?
- 옵션 제품을 보았습니까?
- 매니저는 만났습니까?
- 구매 제안을 받았습니까?
- 제품을 댁이나 사무실로 가져가겠다고 제안한 사람이 있었습니까?

당신만의 상황에 맞춤한 조사 방법을 알고 싶다면 내게 자유롭게 연락하라. 문제가 어디서 생기는지 정확하게 짚어내는 질문을 찾도록 우리가 도와줄 수 있다.

당신이 어떤 제품을 구매하지 '않기로' 했을 때 제품 회사로부터 왜 그런 결정을 했는지 의견을 구하는 질문을 마지막으로 받은 때가 언제인가? 세일즈맨이 당신에게 충분한 관심을 기울였는가? 그 사람은 당신이 구매 여부를 결정하는 동안 계속 함께했는가? 그가 당신을 열정적으로 만나고, 문제를 해결해주려 하고, 경영진이 나와서 인사하고, 다양한 선택지를 제시하고, 제품을 보여주고, 구매를 제안했는가? 그리고 다시 전화했는가? 십중팔구 이 질문들에 대한 대답은 '아니요'일 것이다.

'회사가 실패하는 것은 고객을 불쾌하게 해서가 아니라 그들을 처음부터 고객으로 만들려는 행동을 충분히 취하지 않기 때문이다.' 그리고 분명히 이런 회사는 고객 만족을 개선하기 위한 회의를 반복할 것이다. 그리고 자사 제품을 구매하지 않은 사람들에게 이유를 묻지 않고 이미 구매한 사람들의 의견을 조사한다. 더구나 이 조사는 대개 조직의 마인드셋과 프로세스의 결함이 아니라 세일즈맨의 잘못에만 초점을 맞춘다.

중요성의 순서를 기억하라. 고객 확보가 최우선 목표다. 그다음이 고객 충성도와 고객 추천이다. 이러한 방식을 통해 회사는 지속적으로 제품 개발과 개선에 투자하고, 프로세스를 개선하며, 홍보에 박차를 가할 수 있다. 이로써 궁극적으로 '진정한' 고객 만족이 창출된다.

01 제품을 구매하지도 않았는데 당신 의견을 조사하는 회사가 있었는가?

02 고객 만족보다 더 중요한 2가지는 무엇인가?

03 대부분의 기업이 실패하는 이유는 무엇인가?

04 고객을 확보하지 못할 때 이유를 조사하기 위해 사용할 수 있는 질문은 무엇인가?

THE 10X RULE

CHAPTER 20

언제
어디서나
존재하라

가장 가치 있는 것들은 편재한다

'편재omnipresence'라는 단어는 언제 어디서나 존재한다는 개념이다. 당신과 당신 브랜드, 당신 회사가 언제 어디서나 존재하면 어떤 일이 벌어질지, 그러면 당신에게 얼마나 강력한 힘이 생길지 상상이 가는가? 불가능해 보일 수 있겠지만 이것이 목표가 되어야 한다.

이 행성에서 가장 가치 있는 것들은 어디서든 구하고 이용할 수 있다는 믿음을 준다. 당신의 아이디어, 제품, 서비스, 브랜드를 누구나 사용하는 것으로 만들겠다는 생각 없이 진정한 성공을 쌓기란 불가능하다. 사람들이 가장 많이 의존하는 것들은 편재해 있다. 호흡하는 산소, 마시는 물, 자동차 연료, 집의 전기, 세상에서 가장 유명한 브랜드를 생각해보라. 이 모두의 공통점은 언제 어디서든 접하고 이용할 수 있다는 것이다. 우리는 끊임없이 그것들을 보고, 그것들에 의존한다. 그리고 대개 날마다 그것들을 사용하는 데 익숙해져 있다.

뉴스를 생각해보자. TV, 신문, 라디오, 인터넷은 1년 내내 뉴스를 전달한다. 그래서 뉴스는 사람들 머릿속에 가장 잦은 빈도로 존재한다. 아침에 일어나 뉴스를 보고, 회사에서 커피 머신 앞에 모여 뉴스에서 본 이야기를 하고, 하루 종일 뉴스에 나온 이야기를 듣고, 잠들기 전에 TV로 뉴스를 본다.

당신을 언제 어디서나 볼 수 있게 만들어야 한다. 이것이 당신이 길러야 하는 마인드셋이다. 사람들이 당신을 너무 자주 봐서 당신이 계속 생각나게 해야 한다. 당신의 광고만이 아니라 같은 업계 경쟁자의 광고만 봐도 사람들이 당신의 얼굴, 이름, 상표를 즉시 떠올리게 해야 한다. 많은 이들이 전화 몇 통 걸고, 한두 번 방문하고, 이메일 몇 번 보내면 사람들의 관심을 끌 수 있을 거라고 잘못 생각한다. 하지만 이 정도 행동으로는 사람들이 결코 당신을 떠올리지 못한다. 사람들에게 상당한 영향력을 발휘하려면 그보다 훨씬 더 많은 행동이 필요하다. 당신은 원대하게 생각하고 목표를 높게 설정했는가? 아직 그러지 않았다면 시장을 지배하고 어디에나 존재하겠다는 목표를 세워 접근 방식을 더욱 확장하고 영역을 넓혀야 한다.

최근 내 목표는 60억 명 이상의 사람들이 내 이름을 지속적으로 듣고 알게 해서 세일즈 트레이닝이라는 말을 들으면 바로 나를 떠올리게 하는 것이다. 비현실적이고, 어쩌면 달성 불가능해 보일 수 있다. 하지만 언제 어디서나 존재하겠다는 것은 내 비즈니스에서 올바른 목표, 올바른 생각, 올바른 행보, 올바른 개념이다. 뭔가를 크게 달성하겠다는 결심은 그 자체로 모험이다. 그리고 목표를 완전히 달성하기도 전에 목표를 추구하는 과정에서 이미 훨씬 더 높은 수준의 성공을 이룰 것이다. 그 결과 돈이 생길까? 물론이다! 사람들이 내 제품을 구매할까? 당연하다! 내 아이디어로 성공을 창출하고 무엇을 시도하든 지지받을 수 있을까? 단언컨대 그렇다!

나는 이런 마인드셋 덕분에 이 행성의 모든 사람이 나는 물론이고 내 제품, 회사, 노력을 알게 하는 쪽으로 행동하겠다는 목표를 가지고 모든 것을 결정할 수 있다! 내 회사의 모든 결정은 한 가지 사명을 바탕으로 내려진다. '이 행성의 모든 사람을 그랜트 카돈 앞으로 데려오라.'

우리의 목표를 이루려면 자금도 필요하지만 돈이 우리의 주요 관심사는 아니다. 언제 어디서나 존재하려고 노력하면 그 결과 수익이 생긴다는 것을 우리는 알고 있다. 우리는 어떤 프로젝트에 대해 비용이 얼마나 드는지, 예산에 맞는지, 할 시간이 있는지 따지지 않는다. 대신에 그 프로젝트가 언제 어디서나 존재한다는 우리의 사명을 이루는 데 도움이 되는지 묻는다. 우리는 어디를 방문해야 하는지, 소규모 집단에 프레젠테이션을 할 필요가 있는지, 어떤 결과가 나올지 등을 파악하는 일을 멈추는 법이 없다. 우리는 확장을 제한하는 어떠한 평계도 허용하지 않으며 초점을 흐리는 어떤 행동도 절대 하지 않는다. 이와 같은 방식으로 당신 자신과 당신의 제품, 서비스, 브랜드를 이 세상에 편재하게 하려는 노력은 당신의 행동과 결정을 올바른 방향으로 자연스럽게 인도할 것이다.

위대한 기업과 사람은 언제 어디서나 존재한다

이러한 생각이 너무 거창한가? 대다수 사람에게는 그럴 것이다. 그럼 이러한 생각이 꼭 필요할까? 글쎄, 당신이 보통 수준의 삶에 만족하겠다면 굳이 필요 없다. 하지만 만약 당신이 이런 생각을 하고 있다면 앞으로 돌아가 왜 보통 수준의 목표는 당신을 실패로 이끄는지, 어째서 평범해서는 성공하지 못하는지 다시 읽어보라.

이 세상에 편재하지 않는데 위대한 기업이 하나라도 있다면 내게 제시해보라. 코카콜라, 맥도날드, 구글, 스타벅스, 필립모리스, AT&T, 레이지보이La-Z-Boy, 뱅크 오브 아메리카, 월트 디즈니, 폭스 TV, 애플, 언스트 앤드 영Ernst & Young, 포드 자동차, 비자, 아메리칸 익스프레스, 메이시스Macy's, 월마트, 베스트 바이Best Buy 같은 회사들의 이름은 어디에나 있다. 이 기업들은 모든 도시, 수많은 거리에 존재하며, 대부분 세계 어디를 가든 이용할 수 있다. 어디서나 그들의 광고를 보고, 그들의 상표가 어떻게 생겼는지 알며, 그들의 시엠송을 흥얼거리기까지 한다. 심지어 그들의 제품뿐 아니라 그들의 경쟁사 제품을 설명할 때도 그들의 이름을 대명사처럼 사용한다.

어디서나 존재하는 개인들 또한 있다. 세상 사람들은 이름만 들으면 즉시 그들을 떠올린다. 오프라 윈프리, 빌 게이츠, 워런 버핏, 조지 부시, 버락 오바마, 에이브러햄 링컨, 엘비스 프레슬리, 비틀스, 레드 제플린, 월트 디즈니, 윌 스미스, 테레사 수녀, 무하마드 알리, 마이클 잭슨, 마이클 조던 등이 그런 사람들이다. 그들을 좋아하든 아니든 그들은 세상 사람 대다수가 그들이 누구인지 '알도록', 적어도 그들의 이름을 알고 그들이 유명하다고 생각하도록 스스로 이름을 널리 알렸다. 그들은 자신의 브랜드를 관리하고 통제함으로써 오랫동안 성공하고 생존했다.

"너의 이름은 너에게 가장 중요한 자산이다. 사람들이 네게서 모든 것을 빼앗아가도 너의 이름만은 빼앗아갈 수 없다." 아버지가 내게 늘 해주신 귀중한 조언이다. 이름의 중요성을 강조한 아버지 말씀에 동의한다. 그러나 누구도 이름을 알지 못한다면 이름의 중요성은 감소한다. 당신이 누구인지 사람들이 모른다면 당신이 보여주는 것에 아무도 관심을 기울이지 않는다. 따라서 사람들이 당신을 알게 해야 한다. 사람들의 주의를 끌어야 한다. 사람들의 주의를 끌수록 당신이 존재할 수 있는 곳은 더 많아지며, 함께하는 사람이 많을수록 당신은 언제 어디서나 존재하게 된다. 그러면 훌륭한 성과를 내기 위해 당신의 좋은 이름을 사용할 기회가 늘어난다.

"한 사람만 도울 수 있어도 충분하다"라는 말을 들어본 적 있는가? 한 사람을 도울 수 있다면 물론 훌륭한 일이다. 아무도 돕지 않는 것보다야 분명히 낫다. 하지만 나는 개인적으로 한 사람만 돕는 것으로는 충분하지 않다고 생각한다. 이 말이 좋은 이야기고 남을 돕는 일의 중요성을 강조한다는 걸 안다. 그러나 이 행성에는 약 78억 명의 사람이 존재한다. 그리고 그들 대부분은 '어느 정도' 도움이 필요하다.

당신의 목표는 '한 사람만 돕는 일'보다 더 커야 하며, 더 클 수 있다. 그리고 이런 큰 목표를 가능하게 하려면 사람들이 당신이 누구인지, 당신이 무엇을 제공하는지 알아야 한다! 그렇지 않으면 당신은 78억 명의 사람에게 좋은 영향을 주기는커녕 한 사람도 돕지 못할 것이다.

원대한 생각의 중요성

당신은 언제 어디서나 존재한다는 관점에서 생각해야 한다. 이것이 당신의 영역을 지배하는 데 반드시 필요한 10배 마인드셋이다. 당신이 10배의 행동을 꾸준히 하고 뒤이어 10배의 행동을 더 한다면 장담하는데 어디서나 당신이 '존재하는' 상황으로 나아가게 될 것이다. 그러니 가장 먼저 해야 할 일은 '이름 없음'을 뚫고 나가 당신이 무엇을 할 수 있는지 세상 사람들이 알게 하는 것이다. 그런 다음 가차 없이 행동해나가라. 하기 힘든 일처럼 들릴지 모른다. 하지만 너무 작고 자기 잇속만 차리는 목표를 세웠다가 결국 달성하지 못하면 그것이야말로 힘들고 따분한 일이다. 당신이 정상에 오르기만 하면 틀림없이 엄청난 행동량조차 고된 일처럼 느껴지지 않을 것이다.

당신은 왜 부자가 되고 싶은가? 부자가 되면 어디에 돈을 쓰고 싶은가? 세상에 기여하려는 더 높은 차원의 목표를 가지고 있는가? 결국에는 당신 개인만을 위해 부를 쌓는 것이 더는 중요하지 않은 순간이 올 수 있다. 어쩌면 당신은 더 많은 사람을 돕고 인류 전체의 생활 환경을 개선하기 위해 부를 모을지 모른다. 그러려면 당신은 편재해야 한다. 언제 어디서나 존재해야 한다.

당신의 목표가 원대할수록 10배의 행동에 더 많은 연료가 공급된다. 당신이 편재 상태로 날아오르는 데 필요한 것이 바로 이것이다. 유명하고 영향력 있는 사람들은 편재 상태를 이룬 인물들이다. 그들은 책을 쓰고, 인터뷰를 하고, 블로그에 글을 쓰고, 기사를 쓰고, 강연을 하고, 자신과 자신의 회사나 프로젝트에 관심을 끌 수만 있다면 어떤 요청에든 언제나 '예스'라고 말한다. 이렇게 함으로써 반드시 목적을 이루기 때문에 그들은 언제 어디서나 존재한다. 이 모두가 원대한 생각의 결과다. 이렇게 하는 것은 힘겨운 일이 아니다. 열정이다. 하지만 생각이 원대하지 못하고 충분한 행동을 하지 못해 큰 보상을 얻지 못한다면 힘겨운 일이 되고 만다. 당신은 지금 하는 행동보다 훨씬 더 많은 행동을 할 수 있다. 마인드셋을 올바른 수준의 목적에 맞추기만 하면 10배의 행동력을 발휘하기 시작할 것이다. 이와 동시에 가능하다고 생각했던 것보다 훨씬 더 많은 곳에 존재하게 될 것이다.

삶을 '일'처럼 또는 다람쥐 쳇바퀴 돌기처럼 느끼지 않으려면 탁월한 규모로 생각해야 한다. 편재하겠다는, 언제 어디서나 동시에 존재하겠다는 목표야말로 정확하게 거대한 생각이다. 하지만 안타깝게도 대다수 사람의 존재와 꿈에는 거대한 생각이 빠져 있다.

먼저 당신은 자신의 브랜드, 아이디어, 개념, 회사, 제품, 서비스로 이 행성에 발자국을 남기겠다고 맹세해야 한다. 그러려면 지역 사회, 학교 시스템, 이웃, 지역 정치에 참여해야 한다. 여러 행사에 참여해 사람들 눈에 띄고, 지역 신문에 기고하고, 공동체

구성원들과 인맥을 쌓아라. 일단 참여하면 할 수 있는 모든 일을 하라. 적극적으로 활동을 이어가 사람들이 당신을 보고, 당신에 대해 듣고, 당신을 떠올리게 만들어라. 당신에 대한 입소문을 늘릴 기회가 생기면 놓치지 말고 '예스'라고 말하라. 당신이 하는 일에 관해 쓰고, 말하고, 강연하라. 필요하면 길거리에서 큰 소리로 선전하라. 편재하기에 전념하라!

최고의 복수는 엄청나게 성공하는 것이다

내가 너무나 중요한 이 교훈을 배우게 된 것은 나의 엄청난 행동량을 싫어하는 사람들에게 무지막지한 공격을 받고 나서였다. 나는 거기에 대처하는 법을 찾아야 했다. 내키는 대로 대응했다면 폭력을 휘둘러 신체적 상해를 입히는 식으로 즉각 복수했을 것이다(당시 나는 순간적으로 광기를 느꼈다). 그런데 아내가 전에 내가 했던 말을 상기시켜주었다. "최고의 복수는 엄청나게 성공하는 것이다."

아내는 내게 거대한 추진력과 존재감을 발휘해 앞으로 나아가라고 조언했다. 그래서 그 사람들이 아침에 일어나 TV를 켜거나 비즈니스 활동을 할 때마다 내 얼굴을 보고 내가 얼마나 큰 성공을 거두고 있는지 상기시키라고 했다. 분별 있고 긍정적인 마인드셋을 갖춘 아내의 말을 듣자 즉시 마음이 편해졌다. 그리고 분명하게 깨달았다. 최고의 복수는 물리적인 폭력 행사하기가 아니라 더 많은 성공 쌓기임을.

나는 복수하는 데 에너지를 쓰지 않았다. 모든 에너지와 자원, 창의력을 언제 어디서나 존재하고 영역을 확장하는 데 쏟아 부었다. 이런 식으로 에너지를 투자하는 것이 다른 사람을 뒤쫓는 것보다 훨씬 낫다. 내 경험을 잘 활용해 당신은 더 많은 곳에 동시에 존재하는 법을 알아내야 한다. 나는 공격받은 직후부터 언제 어디서나 사람들 눈에 띄려고 매우 바쁘게 지냈다. 첫 번째 책을 출간했고, 3개월 후 또 한 권의 책을 썼다. 이어서 세 번째 책을 완성했다. 우리 직원들은 내 세 번째 책을 《뉴욕타임스》 베스트셀러로 만들기 위해 여러 달 동안 할 수 있는 모든 일을 했다. 그리고 그들은 해냈다!

나에 대한 정보와 자료를 널리 퍼뜨리기 위해 할 수 있는 모든 일을 하는 것이 우리 목표였다. 우리는 유튜브와 플리커Flickr를 활용해 동기부여 영상과 세일즈 팁, 사업 전략을 사람들에게 제공하기 시작했고, 이 자료를 지인들에게 전하라고 사람들에게 부탁했다. 나는 18개월 만에 200개 이상의 비디오 영상을 찍었고, 150개의 블로그 글과 기사를 썼으며, 700회의 라디오 인터뷰를 했다. 이처럼 엄청난 행동량을 발휘한 결과 나는 인터넷, 케이블 TV와 더불어 전국 TV에 노출되기 시작했다. 폭스,

CNBC, MSNBC, CNN 라디오, WSJ 라디오 등 수많은 방송에 출연했다. 같은 기간에 나는 페이스북과 트위터, 링크트인에 2000건 이상의 글을 게시했다. 이 모든 활동에 더해 우리 직원들도 내 이름을 알리기 위해 열심히 일했다. 마침내 내 얼굴, 이름, 목소리, 기사, 방법론, 동영상이 모든 곳에 동시에 나오기에 이르렀다. 내가 한 번도 거래해본 적 없는 사람들이 우리에게 말하기 시작했다. "당신 이름을 어디서나 볼 수 있어요." 나는 소규모 비난자 집단은 걱정하지 않았다. 내 영역을 확장해 이 세상 모든 사람에게 나를 알리는 일에 전심전력으로 집중했다.

내 사업은 모든 면에서 폭발했다. 날마다 기회가 넘쳐나기 시작했다. 우리는 기존에 타깃으로 삼은 사람들만이 아니라 전 세계 사람들로부터 관심을 받기 시작했다. 이러한 활동의 결과로 내 책들이 중국어와 독일어로 번역되고 있다. 또 프랑스, 멕시코, 남아공을 비롯한 여러 나라에서 우리의 세일즈 트레이닝 프로그램과 책에 관한 문의가 쇄도하고 있다. 이곳 미국과 해외에서까지 내가 출연한 방송에 관심을 나타내며 우리에게 전화를 걸고, 잡지에 나에 관한 기사를 쓰는 사람들이 있다. 자랑하려고 하는 말이 아니다. 엄청난 수준의 행동과 원대한 생각을 하기 시작하면 이런 성공이 당신에게도 일어날 수 있음을 보여주려는 것이다.

막강한 기업, 아이디어, 제품, 사람은 모두 편재한다. 언제 어디서나 그들을 볼 수 있다. 그들은 자신의 영역을 지배하며, 그들이 제공하는 것과 동의어가 된다. 진정한 성공은 오랜 생존으로 측정된다. 장기간에 걸쳐 흥분과 열정을 맛보고 싶다면 끊임없이 편재를 목표로 삼아야 한다. 당신의 이름, 브랜드, 명성은 충분히 많은 사람이 알고 사용해야만 가장 귀중한 자산이 된다. 기억하라. '당신에게 앙심을 품은 사람들에게 복수하는 최고의 방법은 당신 자신을 널리 알려 그들이 아침에 일어나서 밤에 잠들기까지 당신과 당신의 성공을 보게 하는 것이다.'

01 편재한다는 것은 무슨 의미인가?

02 편재하려면 어떤 단계를 거쳐야 하는가?

03 엄청난 행동력을 발휘해 당신이 시장에서 제공하는 것과 당신 이름이 동의어가 되면 어떤 점이 좋은가?

04 당신을 비난하는 사람들에게 복수하는 최고의 방법은 무엇인가?

THE
10X
RULE

CHAPTER 21

절대로
핑계 대지
마라

핑계란 무엇인가

이제 당신이 어떤 핑계를 댈 가능성이 있는지 살펴보자. 자신이 자주 사용하는 핑계가 무엇인지 정확하게 알아야 핑계 대기를 피할 수 있기 때문이다. 누구에게나 핑계는 있다. 실제로 많은 사람이 반복해서 사용하면서 선호하는 핑곗거리를 갖고 있다. 지금쯤이면 분명히 당신의 핑곗거리도 모습을 드러내기 시작할 것이다. 따라서 나중에 성공에 방해받지 않으려면 핑곗거리를 무시하지 말고 이 작은 괴물과 정면으로 맞서 싸워야 한다.

'핑계'란 뭔가 한 것 또는 하지 않은 것에 대한 정당화다. 사전적 정의에서 핑계는 어떤 행동의 '이유'를 암시하는 것 같다. 하지만 실제로 사람들은 핑계를 댈 때 어떤 행동(또는 행동 결여)에 대한 '진짜' 이유가 아니라 '다른' 이유를 말한다. 예를 들어 차가 너무 막혀서 직장에 지각했다는 핑계를 댄다고 해보자. 하지만 이것은 정시에 출근하지 못한 '진짜 이유'가 아니다. 교통 체증을 예상하고 여유 있게 집에서 나서야 했는데 그러지 못한 것이 지각의 진짜 이유다. 핑계는 당신이 어떤 일을 하거나 하지 않은 이유가 결코 아니다. '일어나거나 일어나지 않은 일에 대해 당신이 더 마음 편해지고 싶어서 사실을 수정해 꾸며낸 것, 이것이 바로 핑계다.'

핑계를 댄다고 해서 상황이 달라지지는 않는다. 오직 진짜 이유를 찾아내야 상황을 바꿀 수 있다. 핑계는 자신의 삶과 그런 삶으로 인한 결과를 책임지지 않으려는 사람을 위한 것이다. 노예와 피해자의 삶은 핑계의 연속이다. 그래서 그들은 남들이 쓰고 남은 것만 가지고 근근이 살아가는 운명에서 벗어나지 못한다.

핑계는 왜 백해무익할까

핑계와 관련해 알아두어야 할 2가지가 있다. 첫째, 핑계는 절대 상황을 개선하지 않는다는 사실을 알아야 한다. 둘째, 당신이 자주 사용하는 핑곗거리가 무엇인지 알아야 한다.

다음 중 당신에게 익숙한 핑계가 있는가? "난 돈이 없어." "난 아이가 있어." "아이가 없어." "결혼했어." "결혼하지 않았어." "일과 삶의 균형을 찾아야 해." "과로하고 있어." "일이 너무 없어." "이곳은 사람이 너무 많아." "주변에 사람이 별로 없어." "내 상사는 형편없어(나를 도와주지 않아/나를 가만히 내버려두지 않아/부정적이야/너무 요란스러워)." "난 책 읽기를 좋아하지 않아." "공부할 시간이 없어." "뭔가를 할 시간이 없어." "우리 가격은 너무 높아." "우리 가격은 너무 낮아." "고객이 회신 전화를 걸지 않아." "고객이 약속을 취소했어." "사람들이 내게 사실대로 말해주지 않아." "그 사람들은 돈이 없어." "경기가 나빠." "은행에서 대출을 안 해줘." "우리 사장은 인색해." "주변에 좋은 사람이 없어." "주변에서 좋은 사람을 찾을 수 없어." "열정적인 사람이 없어." "사람들의 태도가 안 좋아." "내게 말을 거는 사람이 없어." "그건 다른 사람의 잘못이야." "사람들은 계속 변덕을 부려." "지쳤어." "휴가가 필요해." "동료들은 다 패배자야." "우울해." "몸이 아파." "어머니가 편찮으셔." "길이 심하게 막혀." "경쟁사가 경품 행사를 하고 있어." "나는 운이 나빠."

그만할까? 나도 이런 핑계를 댔다! 나 역시 이런 핑계를 대려고 마음속 깊은 곳을 뒤적거리곤 했다. 당신은 이런 핑곗거리를 얼마나 사용했는가? 다시 앞 문단으로 돌아가 입 밖으로 '꺼내본 적 있는' 말에 모두 동그라미 표시를 해보라. 그리고 자기 자신에게 물어보라. 이러한 핑계 중 어느 하나라도 당신의 상황을 개선해준 것이 있는가? 아마 없을 것이다.

그런데 어째서 하고많은 사람이 그토록 자주 핑계를 댈까? 그러는 게 중요하기라도 한 걸까? 핑계는 현실의 변조일 뿐이다. 현실을 외면하는 핑계는 당신의 현실을 더 나아지게 하지 못한다. "그 사람들은 돈이 없어"라는 말은 당신이 거래를 성사시키는 일에 전혀 도움이 안 된다. "난 운이 나빠"라는 말 역시 당신의 삶을 개선하거나 당신의 운을 바꿔놓지 못한다. 이런 말로 오랜 시간 자신과 내면의 대화를 나누면 당신은 그런 상황을 기대하게 된다. 그러면 '틀림없이' 상황은 계속 나빠진다.

핑계 대기와 타당한 진짜 이유 대기의 차이를 이해해야 한다. 이 책은 성공한 사람과 실패한 사람의 차이점에 초점을 맞추고 있다. 둘 사이의 가장 뚜렷한 차이점은 성공한 사람은 핑계를 대지 않는다는 것이다. 그들은 이상할 정도로 이유(적어도 실패에 대한 이유)를 말하지 않는다. 나는 제품을 출시하지 못하거나, 많은 돈을 모으지 못하거나, 충분한 판매 실적을 올리지 못하는 이유를 나 자신이나 다른 사람에게 묻지 않는다. 어떤 대답이든 소용없음을 알기 때문이다. 어떤 식의 정당화도 상황을 바꿔주지 않는다.

당신이 대는 핑계가 다른 사람에게는 기회다. 당신이 어떤 핑계를 대든 그것은 다른 사람에게 해결책을 찾으라고 기회를 주는 것이다. 이 책에서 내가 반복해서 한 말을 기억하라. "당신에게 '우연히' 일어나는 일은 아무것도 없다. 모든 일은 '당신 때문에' 일어난다." 핑계가 여기에 한 몫을 담당한다. 당신의 성공과 실패를 가르는 중요한 요인이 핑계다.

무슨 일이든 나에게 달렸다

당신이 성공을 선택 사항으로 삼으면 성공은 당신의 선택지에 들어가지 않는다. 간단한 사실이다. 어떠한 핑계도 당신을 성공으로 이끌 수 없다.

자기연민에 빠져 핑계만 대는 것은 최소한의 책임만 겨우 지겠다는 신호다. "그 고객이 은행 대출을 받지 못해서 제품을 팔지 못했어." 옳은 이유일까? 아니다. 당신이 그 잠재 고객을 위한 적절한 자금 조달 방안을 마련해주지 않았기 때문에 당신에게서 제품을 사지 않은 것이다. 이 '핑계'는 판매 실패에 대해 세일즈맨의 책임이 없음을 암시한다. 반면에 '진짜 이유'는 세일즈맨의 책임을 강조하고 해법을 찾는다. 당신이 더 강한 책임감을 지니고 더는 핑계를 대지 않는다면 해결책을 찾을 수 있을 것이다. 그리고 앞으로 판매에 실패하는 상황이 생기지 않는 보너스까지 얻게 된다.

희귀성이 가치가 있다. 뭐든 너무 흔하면 가치가 별로 없다. 사람들은 거의 끊임없이 핑계를 만들어내는 것처럼 보인다. 그래서 핑계는 너무 흔해 가치가 없다. 핑계는 더 큰 성공을 향한 열망을 부추기지 않기에 당신의 에너지를 쓸데없이 허비하게 만든다.

당신이 이 책에서 배운 대로 성공이 선택 사항이 아니라 당신의 의무이자 사명이며 책임이라고 생각하며 성공에 접근하려 한다면 '어떠한 일'에도 '절대' 핑계를 대지 않겠다고 맹세해야 한다! 어떤 일에 성과를 내지 못했다고 핑계 댈 생각은 하지 마라. 당신 자신뿐 아니라 당신의 팀, 가족, 조직 구성원을 비롯해 그 누구에게든 핑계를 허용해서는 안 된다. 오래된 명언처럼 "무슨 일이든 나에게 달렸다."

Exercise

01 핑계와 진짜 이유의 차이는 무엇인가?

02 핑계와 관련해 당신이 알아두어야 할 2가지는 무엇인가?

03 그동안 당신은 어떤 핑계를 댔는가?

THE
10X
RULE

성공한 사람의
32가지
습관

성공한 사람과 실패한 사람의 차이

성공한 사람을 평생토록 연구해오면서 나는 성공한 사람과 별다른 성취를 이루지 못한 사람의 차이점을 발견했다. 이 차이점은 당신의 예상과 다를 수 있다. 두 집단의 차이는 경제력, 학력, 인종 특성과는 전혀 관련이 없다. 물론 살면서 부딪히는 경험과 사건이 인생과 관점에 영향을 미치지만 결정적인 요소는 아니다. 열악한 환경과 결손 가정에서 자라 교육을 제대로 못 받았지만 믿을 수 없을 정도로 놀라운 성공을 이루어낸 사람들이 얼마든지 있다.

성공한 사람들은 대다수 사람과는 다른 방식으로 말하고, 생각하고, 상황과 도전과 문제에 접근한다. 그리고 돈에 대해 확실히 다르게 생각한다. 이 장은 성공한 사람들에게서 공통으로 발견되는 자질과 특성, 습관을 다룬다. 항목에 번호를 붙여 한 가지씩 언급하고 각각에 대한 내 생각을 밝혀둔다. 이 장을 통해 당신은 어떤 특성과 습관을 길러야 할지 더 잘 알게 될 것이고, 나아가 당신의 직원들과 동료들이 이러한 덕목을 기르도록 도울 수 있을 것이다.

성공하는 유일한 방법은 성공한 사람들이 하는 행동을 똑같이 하는 것이다. 성공 역시 다른 기술과 다르지 않다. 성공한 사람의 마인드셋과 행동을 똑같이 그대로 하라. 그러면 당신은 스스로 성공을 창조할 수 있다.

성공하기 위해 행동해야 하는 방식의 목록을 지금부터 소개하겠다. 이 목록은 성공한 사람들과 그들이 일하는 방식을 내가 관찰해 발견한 내용을 토대로 한 것이다.

1. '할 수 있다'는 태도를 지녀라

'할 수 있다'는 태도를 지닌 사람들은 무엇이든 할 수 있다는 생각으로 모든 상황에 접근한다. 그들은 한결같이 "우린 할 수 있어" "해내자" "해결해보자"라는 표현을 쓰며, 언제나 해결책이 존재한다고 주장한다. 이런 태도를 지닌 사람들은 문제 규명과 해결에 초점을 맞춰 말하며, 일관되게 긍정적인 시각으로 도전 의지를 사람들에게 전한다. 그들은 아무리 벅차고 불가능해 보이는 상황에서조차 '할 수 있다'는 태도로 반응한다. 이러한 태도가 당신이 제공하는 제품의 질이나 가격보다 더 중요하다.

10배의 법칙에 따라 엄청난 행동력을 발휘하려면 이 태도가 꼭 필요하다. 모든 것에 '할 수 있다'는 태도로 접근하지 않는다면 사고력을 10배 더 크게 발휘할 수 없다. 해결책을 찾기 위해 더 힘들게 노력해야 하더라도 해결책이 반드시 존재함을 믿고, 다른 사람에게도 당신의 믿음을 전달해야 한다.

'할 수 있다'는 태도를 당신의 말과 생각, 행동으로 나타내라. 당신이 알고 있는 모든 사람에게 이 태도를 보여주어라. 당신 회사의 모든 직원에게 날마다 이 태도를 세뇌해 그들 역시 '할 수 있다'는 태도를 기르게 도와라. 아무리 불가능해 보이는 요구든 받아들이고 '할 수 있다'는 태도로 어떻게 해결할 수 있을지 궁리하라. "할 수 있어. 문제없어. 우리가 처리하겠어!"라는 반응이 회사 전체의 표준이 되게 하라. 다른 태도는 용인되지 않게 하라.

2. '내가 해결하겠다'라고 말하라

이 신념은 '할 수 있다'는 태도와 밀접하게 맞물려 있다. 이것은 다시 언제나 책임감을 갖고 문제를 해결하려는 사람과 관련이 있다. 어떻게 해야 할지 확신이 없을 때조차 최상의 대답은 '모르겠다'가 아니라 '내가 해결하겠다'다.

정보를 알지 못할뿐더러 '알려고도 하지 않는' 사람을 중요하게 여길 사람은 아무도 없다. 모르겠다는 태도는 당신이 신뢰를 얻고 능력을 펼치는 데 아무런 도움이 안 된다. 모르면 모른다고 말해야 한다는 주장에 나는 동의하지 않는다. 그것이 상황을 해결하는 데 무슨 도움을 주겠는가? 당신은 자신의 무능함을 정말로 떠벌리고 싶은가? 어떤 고객에게 당신이 뭘 잘 몰라서 시간을 허비하게 해 미안하다고 한다고 해보자. 그러면 그 고객이 정직함을 '몹시' 중요하게 생각해서 당신의 말을 반기기라도 할 것 같은가?

어떤 일에 익숙하지 않다고 인정해도 좋다. 단 전제가 필요하다. 당신이 그 일을 해결하거나 해결할 사람을 찾아내겠다고 약속함으로 즉각 대책을 내놓는 경우에만 그렇게 해야 한다. 두 손 들고 포기해버리면 일은 진척되지 않는다. 당신 자신에게 그리고 다른 사람들에게 당신이 일을 해결하는 데 필요한 행동을 '기꺼이' 하겠다고 말하라! "모르겠습니다"라고 하지 말고 "훌륭한 질문입니다. 내가 알아보고 해결하겠습니다"라고 하라. 이랬을 때 당신은 여전히 정직하지만, 자신의 무능함을 암시하는 대신 해결책을 도모하는 사람이 된다.

3. 난관을 기회로 삼아라

성공한 사람은 문제와 불만을 비롯한 모든 난관을 기회로 여긴다. 대다수 사람이 난관에서 어려움을 보는 것과 달리 성공한 사람들은 난관에서 기회를 본다. 그들은 문제를 해결하면 새로운 제품과 서비스를 만들어 고객을 창출하고 이것이 부와 성공으로 이어질 수 있음을 알고 있다.

성공은 곧 난관의 극복임을 기억하라. 그러므로 아무런 어려움이 '없다면' 성공할 수 없다. 난관을 잘 헤쳐 나가고 그로 인해 보상을 얻으면 난관이 무엇이냐는 중요하지 않다.

문제가 크면 클수록 기회 역시 커진다. 시장 전체에 문제가 닥치면 그 시장에 참여한 모두가 동점인 상황이 된다. 그중에서 기회에 초점을 맞춰 문제를 성공으로 향하는 문이라고 보는 사람들만이 유일하게 탁월해진다. 이들은 당면한 문제를 활용해 다른 사람들과 차별화하고 시장을 지배한다.

달리 해결책이 없는 문제라고 생각되는 상황은 수없이 많다. 몇 가지만 예로 들면 불황, 실업, 주택난, 갈등, 고객 불만, 부도 등이 있다. 이런 일들을 문제가 아니라 기회로 보는 법을 배운다면 당신은 영원히 정상에 있게 될 것이다.

4. 도전을 사랑하라

사람들은 대부분 도전을 싫어한다. 어렵다는 이유로 도전 상황에서 관심을 거둔다. 하지만 크게 성공한 사람은 오히려 도전에 뛰어들고 그러면서 더욱 힘이 넘친다. 사람들은 왜 도전을 어려워할까? 확실한 승리를 거둘 만큼 충분하게 행동하지 않기 때문이라고 나는 생각한다. 성공은 더 큰 성공을 낳고, 실패는 더 많은 실패의 가능성을 높인다.

성공한 사람에게 도전은 자신의 능력을 더욱 날카롭게 갈고 닦는 경험이다. 목표를 달성하려면 도전을 찾아다니면서 자신의 행동에 불을 붙이는 연료로 삼아야 한다. 인생은 매우 잔인할 수 있다. 흐르는 세월 속에서 사람들은 상당한 손실을 경험할 수 있다. 그래서 새로운 도전에 직면하면 많은 이들이 자연스럽게 손실을 떠올리게 된다. 살아오면서 겪은 고난이 열정과 흥분으로 새로운 도전에 접근할 기회를 앗아가버리는 것이다. 하지만 당신 자신을 다시 도전에 나서도록 되살릴 방법이 있다.

당신은 '도전'의 개념을 재정립하고, 모든 도전이 승리할 기회를 제공한다는 사실을 이해해야 한다. 이렇게 더 긍정적인 사고를 발전시키면 당신은 도전을 뭔가를 피하는 핑계로 삼지 않고 행동의 기폭제로 보기 시작할 것이다. 자신을 속이지 마라. 인생에서 승리는 필수다. 매일 매 순간 당신의 마음은 승리와 패배,

무승부에 자동으로 촉각을 곤두세우고 있다. 왜 그럴까? 당신이 자신의 잠재력을 최대한 발휘할 수 있음을 알기 때문이다. 인생에서 승리를 많이 하면 할수록 당신의 잠재력은 더욱 커질 것이다. 그리고 점점 더 도전을 사랑하게 될 것이다.

5. 문제를 찾아 나서 해결하라

성공한 사람은 문제 찾아 나서기를 좋아한다. 문제는 어떤 식으로든 존재함을 알기 때문이다. 사실 어떤 업계에서는 문제를 '만든다.' 그리고 제품 판매를 통해 그 문제를 '해결한다.'

지난 몇 년간 당신이 '필요해서' 구매한 물건들을 생각해보라. 그 물건들이 정말로 필요했는가? 아니면 그 물건들이 당신에게 있을 수도 또는 없을 수도 있는 문제를 해결해줄 거란 말에 설득당했는가? 독감 예방 주사가 대표 사례다. 많은 사람은 독감 예방 주사가 필수라고 생각하지만 의료인의 의견은 둘로 나뉜다. 성공한 사람에게 문제는 굶주린 사람이 갈망하는 식사와 같다. 성공한 사람은 이렇게 생각한다. '나에게 문제를 다오. 어떤 문제든 좋다. 내가 그 문제를 풀어 보상을 얻고 영웅이 될 것이다.'

문제가 심각할수록, 그리고 그 해결책을 통해 유익을 얻는 사람이 많을수록 더욱 강력한 성공을 거둘 수 있다. 당신의 회사와 직원, 고객, 그리고 정부를 위해 문제를 찾고 해결함으로써 성공한 사람의 대열에 올라서라. 문제가 무엇이든, 어디에 존재하든 찾고 해결해야 한다.

이 세상에는 문제가 있는, 그리고 안타깝게도 문제를 초래하는 사람들로 가득하다. 당신이 그런 사람들과 차별화하는 가장 빠르고 좋은 방법 한 가지가 있다. 바로 당신 자신을 상황을 악화시키는 사람이 아니라 개선하는 사람으로 자리매김하는 것이다.

6. 성공할 때까지 끈기 있게 밀어붙여라

실패, 예기치 못한 사건, 나쁜 뉴스, 저항에도 불구하고 자신의 길을 꾸준하게 가는 능력, 어떤 상황에서도 흔들리지 않고 목적, 정신 상태, 행동을 확고하게 유지하는 능력. 성공한 사람들의 공통된 특징이다. '나'는 적어도 타고난 것보다 더 강한 끈기를 발휘한다고 확신한다. 끈기는 사람들이 갖거나 갖지 않은 특성이 아니다. 끈기는 기를 수 있는, 그리고 길러야 하는 특성이다.

아이들은 선천적으로 이러한 끈기를 나타내는 것 같다. 그러다가 학교와 가정에서 많은 사람이 그렇게 행동하지 않는다는 것을 배우고 나면 끈기가 사라진다. 하지만 끈기는 꿈을 실현하기 위해 꼭 필요한 특성이다.

당신이 세일즈맨이든, 공무원이든, 고용주든, 직장인이든 모든 상황에서 끈기를 발휘하는 법을 배워야 한다. 이 행성은 사람들의 끈기를 시험하는 일종의 중력 같은 자연적인 힘을 가지고 있는 것처럼 보인다. 마치 우주가 당신과 계속 정면으로 부딪치면서 당신이 무엇으로 이루어졌는지 알아내려고 하는 것 같다. 나는 어떤 일에 도전하든 저항이 지지로 바뀔 때까지 10배 더 많은 행동으로 끈기를 발휘해야 함을 알고 있다. 나는 저항을 없애려고 노력하지 않는다. 그저 상황이 나아질 때까지, 거부되던 내 아이디어가 받아들여질 때까지 끈기 있게 밀고 나간다.

사례를 들어보겠다. 페이스북에 내 안티가 있었다. 그 사람의 지지를 얻으려고 아무리 노력해도 얻을 수 없다. 그래서 안티를 차단하는 대신 내 팔로어들에게 그의 주장을 어떻게 생각하는지 페이스북에 게시해달라고 요청했다. 팔로어들이 안티의 영향력을 없애고 나를 더 많이 지지하게 한 것이다. 뭔가가 나를 지지하지 않으면 나는 저항이 사라질 정도로 큰 성공을 거둘 때까지 끈기를 발휘할 따름이다.

끈기는 성공을 크게 키우고 싶은 사람 누구에게나 커다란 이점이 된다. 많은 사람이 타고난 끈기를 포기해버리기 때문이다. 따라서 자신을 다시 훈련해 정신, 정서, 금융 상태를 최상으로 끈기 있게 유지하는 데 필요한 행동이라면 무엇이든 다 해야 한다. 그렇게 할 때 당신은 가장 성공한 사람의 목록에 들어갈 것이다.

7. 리스크를 감수하라

언젠가 라스베이거스에 갔을 때 내 옆에 앉은 남자가 이렇게 말했다. "이 카지노는 항상 돈을 번다니까요. 여기서 게임 하는 사람들은 카지노를 완전히 싹쓸이해버릴 정도로 큰돈을 거는 리스크는 감수하지 않거든요." 당신한테 가서 카지노를 싹 털어버리라는 말이 아니다. 그 남자의 말을 듣고 얼마나 많은 사람이 리스크를 회피하는지 되새기게 됐다. 사람들은 안전하고 보수적으로 플레이해야 하며 절대로 '크게 한번 저질러보는' 일을 해서는 안 된다고 배운다. 인생은 카지노와 별로 다르지 않다. 보상을 얻으려면 뭔가를 투입해야 한다. 그리고 어느 시점에는 리스크를 '감수해야' 한다. 인생과 사업이라는 거대한 카지노에서 당신은 원하는 만큼 성공을 이루기 위해 리스크를 감수하는가?

성공한 사람은 날마다 기꺼이 리스크를 감수한다. 하지만 대다수 사람은 더 크게 인정받고, 더 많은 관심을 끌고, 엄청난 성공을 이룰 정도로 노력하지 않는다. 그들은 자신의 명성과 지위, 이미 달성한 것을 보호하고 지키려고만 한다. 반면에 성공한 사람은 기꺼이 모험을 한다. 그들은 일단 모든 것을 쏟아붓는다. 결과가 어떻든 다시 시작하면 된다는 것을 알기 때문이다.

성공한 사람은 세상의 비난과 조롱을 허용하며 구경거리가 되기를 마다하지 않는다. 하지만 성공하지 못한 사람은 뒤로 물러서서 안전한 게임만 한다. "모험하지 않으면 아무것도 얻을 수 없다"라는 명언을 기억하라. 그리고 안전지대에서 벗어나 리스크를 감수하려면 가족과 친구의 지지를 꼭 받아내야 한다.

8. 비합리적이 되어라

잘못 쓴 것 같은가? 아니다. '비'합리적으로 행동하라는 말이 맞다. 내가 쓴 책《생존을 위해 팔아라》에서는 성공한 세일즈맨은 판매를 성사시키기 위해 고객을 비합리적으로 대한다는 개념을 소개한다. 이 개념은 그동안 사람들이 합리적이고 논리적으로 행동해야 한다고 배운 것과 완전히 모순된다. 비합리적인 행동은 이성적으로 따지지 않는, 현실과 맞지 않는 행동이라는 뜻이다. 그렇다. 바로 이런 행동을 하라는 것이다!

사람들은 이 말을 들으면 내가 미친 짓을 주문한다고 생각하며 혼란스러워한다. 하지만 성공한 사람은 합리적인 이유 없이 행동하는 것이 얼마나 중요한지 안다. 그들은 자신이 일반적인 상식에 따라 행동할 여유가 없음을 알고 있다. 그들이 통념에 따른 행동만 한다면 '불가능해' 보이는 일을 결코 가능하게 만들 수 없다. 10배 더 많은 수준으로 생각하고 행동하라는 것은 비합리적인 수준으로 그렇게 해야 한다는 뜻이다. 그러지 않으면 결국 대다수 사람과 똑같은 처지가 되고 만다. 성공한 사람이 남긴 부스러기로 근근이 생존할 수밖에 없는 상황에 놓이는 것이다.

비합리적이라는 말은 정신적으로 불안정하다는 뜻이 아니다. 비합리적으로 행동하라는 건 정신 나간 행동을 하라는 말이 아니다. 사람들이 보통 '정상'이라고 말하는 이성적인 행동을 굳이 할 필요 없다는 뜻이다. 그런 행동은 당신이 원하는 것을 절대 안겨주지 않는다. 이 세상의 많은 사람은 어리석고 쓸모없는 합리적인 규칙에 따라 행동한다. 그래서 노예의 속박에서 벗어나지 못하고 힘겹게 한 걸음 한 걸음 겨우 내디딘다.

한번 생각해보자. 남들이 '비합리적'이라고 꼬리표를 붙인 행동을 누군가가 하지 않았다면 우리가 당연하게 여기는 수천 가지 물건에 더해 자동차, 비행기, 우주 여행, 전화, 인터넷 등을 지금 누릴 수 있었을까? 비합리적이 되겠다는 의지가 없다면 이례적으로 탁월한 업적을 이룰 수 없다. 그러니 비합리적인 사람이 되어라. 비합리적인 사람이 세상에 거대한 변화를 일으킨다.

9. 위험해져라

사람들은 어린아이를 위험에서 보호하려고 노력한다. "조심해"는 부모가 반복해서 외는 주문이다. 부모는 자녀를 보호하기 위해 물건을 구매할 때 '안전이 증명된' 제품을 산다. 하지만 안타깝게도 많은 사람은 위험을 피하는 데 너무 몰두하는 나머지 진정한 삶을 살지 못하는 지경에 이른다! 하지만 인생을 되돌아보라. '조심'하다가 피해를 본 경우가 위험에 노출돼 피해를 본 경우와 비슷할 것이다. 아니 어쩌면 더 많을 수도 있다. 가장 최근에 다쳤던 일을 생각해보라. 아마 당신은 뭔가를 보호하려다가 다쳤을지 모른다.

조심한다는 것은 행동을 신중하게 해야 한다는 것이다. 신중하게 행동하면서 10배 더 많은 행동력을 '발휘할 수 있는' 방법은 없다. 엄청난 양의 행동을 하려면 앞뒤 가리지 말고 과감하게 행동해야 한다. 설령 위험에 처하더라도 말이다. 권한이 큰 사람들을 상대로 일하는 것은 그 자체로 위험하다. 억만장자의 투자를 받고 싶은가? 1년에 100만 달러의 연봉을 받고 싶은가? 당신 회사를 주식 시장에 상장하고 싶은가? 그렇다면 기꺼이 위험해져야 한다. 그러한 상황에서 사람들은 당신이 위험한 일을 더 많이 하기를 기대하기 때문이다.

큰 성공을 이루려면 위험을 받아들여야 한다. 위험에 처해 죽게 될까봐 두려운가? 죽음을 확실하게 피할 방법이 있다. 피나게 훈련해서 링 위로 올라가라. 그리고 승자가 되어라.

10. 부를 창출하라

부에 대한 태도는 경제적으로 성공한 사람과 그렇지 않은 사람을 구별하는 특히 중요한 요소다. 가난한 사람은 돈을 벌기 위해 일해야 한다고 생각하며 번 돈을 전혀 중요하지 않은 데 허비하거나 아니면 돈을 지키기 위해 미친 듯이 아껴 쓴다. 하지만 크게 성공한 사람은 돈은 이미 만들어져 유통되고 있는 것임을 알고 있다. 그래서 그들은 새로운 제품과 서비스, 아이디어, 해법 등을 돈과 교환하며 부를 창출해야 한다고 생각한다.

성공한 사람은 '부족'이란 개념에 얽매일 필요가 없다는 사실을 안다. 그들은 이 세상에 돈은 '풍부히' 존재하며 제품과 서비스, 해법을 만들어내는 사람에게 돈이 흘러간다는 것을 잘 알고 있다. 그리고 부는 통화량에 제한받지 않는다는 것도 안다. 당신이 거대한 돈의 흐름에 더 가까이 다가간다는 것은 스스로의 노력으로 부를 창출할 기회가 더 커진다는 뜻이다.

부를 창출하겠다고 생각하라. 돈과 부를 연봉이나 절약 같은 개념에 가두면 안 된다. 훌륭한 아이디어, 우수한 서비스, 효율적인 해법을 돈과 교환해 부를 창출하는 방법을 이해하라. 대형 은행을 생각해보라. 그들은 사람들이 자기네 은행에 예금하게 하고, 그 돈을 다른 사람들에게 이자를 받고 대출을 해줌으로써 돈을 끌어 모은다. 부동산을 소유한 부자는 어떤가? 그들은 자신의 부동산을 다른 사람에게 빌려줘 임대료를 받는다. 부동산을 소유하는 것만으로 돈을 끌어 모으고 부를 창출하는 것이다. 자기 돈을 회사에 투자해 회사를 키우는 사람은 수입이 아니라 부를 증가시키기 위해 그렇게 한다. 이와 반대로 성공하지 못한 사람은 부유한 사람이 부를 창출하기 위해 사용하는 수단에 돈을 쓰며 부자들의 부만 더 늘려준다. 수입은 세금이 부과되지만 부는 그렇지 않다.

기억하라. 돈을 '만들' 필요는 없다. 돈은 이미 만들어져 있다. 그리고 실제로 돈에는 한계가 없다. 한계가 있다면 부를 창출하는 사람의 수에만 한계가 있다. 돈을 아끼는 것에서 부를 창출하는 것으로 주의를 돌려라. 그러면 성공한 사람처럼 생각하게 될 것이다.

11. 엄청나게 행동하라

─────────────

이것이 바로 이 책의 주제다. 지금쯤 이 개념이 더욱 명확해졌기를 바란다! 눈부신 성공을 거둔 사람은 믿을 수 없을 정도로 많은 행동을 한다. 어떤 행동을 하든 그들이 아무것도 하지 않고 가만히 있는 경우는 거의 없다. 심지어 휴가 중에도 뭔가 행동을 한다(그들의 배우자나 가족에게 물어보라!). 다른 사람에게 일을 시키든, 자신의 제품과 아이디어에 관심을 끌든, 밤낮으로 아이디어를 짜내든 그들은 자기 이름이 알려질 때까지 언제나 매우 높은 수준의 행동력을 발휘한다.

하지만 성공하지 못한 사람은 말로만 계획을 이야기하고 정작 해야 할 일은 절대 하지 않는다. 원하는 것을 얻기 위한 최소한의 행동조차 안 한다. 성공한 사람은 자신의 미래는 행동을 얼마나 하느냐에 달렸다고 생각한다. 그리고 지금 하는 행동이 당장 보상을 안겨주지 않더라도 꾸준하고 끈기 있게 행동력을 발휘하면 머지않아 좋은 결실을 볼 거라고 믿는다.

엄청난 행동량은 내가 직접 통제할 수 있는 유일한 것이다. 역경의 시기에도 내 행동만은 내가 좌우할 수 있다. 당신의 행동력은 성공 가능성을 결정하는 중요한 요소다. 당신은 행동력을 연마하기 위해 날마다 시간을 투자해야 한다. 이 능력은 '운 좋게' 타고날 수 있는 재능이나 특성이 아니다. 이것은 길러야 하는 습관이다. 나는 게으름과 행동 부족을 죄악이라고 생각한다. 내가 나태하게 구는 것은 생각할 수도, 받아들일 수도 없다. 뛰어난 행동력이 '신의 축복'이 아닌 것처럼 게으름은 어떤 질병으로 생긴 '피할 수 없는 결함'이 아니다. 전력 질주를 하거나 마라톤을 할 능력을 태어나면서부터 가진 사람은 없듯이, 다른 사람보다 더 많은 행동을 할 능력을 타고나는 사람 역시 없다.

행동은 성공을 이루기 위해 꼭 필요하다. 성공한 사람의 목록에 들어가게 해주는 결정적 특징을 하나 꼽으라면 바로 행동이다. 당신이 지금까지 어떤 존재였든, 무엇을 이루었든 성공을 이루려면 행동력을 '습관으로 길러야' 한다.

12. 언제나 '예스'라고 말하라

인생과 사업에서 힘차게 전진하려면 모든 일에 '예스'라고 말해야 한다. 성공한 사람은 언제나 그렇게 한다. 그들이 할 수 있어서 '예스'라고 하는 게 아니다. 그들은 그렇게 말하기로 '선택'한 것이다. 삶을 열정적으로 살아가는 그들은 '예스'라는 단어가 삶에 더 많은 활력과 가능성을 준다는 사실을 안다. 그리고 분명히 '예스'는 '노'보다 훨씬 더 긍정적이다.

고객이 내게 어떤 요구를 하면 나는 이렇게 말한다. "예, 고객님을 위해 그 일을 해드리면 기쁠 겁니다/해드리고 싶습니다/해드리겠습니다." 나는 '불가피한 경우가 아니라면 '노'라고 말하지 않는다.' '노'라고 '정말로' 말해야 할 때 '노'라고 하는 것은 훌륭한 방법이다. 하지만 뭔가를 해도 되고 하지 않아도 되는 선택 상황일 때는 항상 '예스'라고 하라. 당신이 언제나 '노'라는 말만 하면 인생에서 뭔가를 하는 게 불가능해진다.

많은 사람이 무엇을 거절해야 하는지 아는 것이 중요하다고 말한다. 하지만 그렇게 거절할 거리를 찾다보면 모험이나 경험을 충분히 하지 못하는 것이 현실이다. 우리는 살면서 어느 정도 새로운 경험을 해봐야 한다. 그러나 '노'라고 말하는 사람은 새로운 사물이나 경험을 받아들이기를 거부한다. 당신은 자신도 모르게 '노'라는 말을 하게 될지 모른다. '노'라는 말을 뒷받침해주는 이유는 100가지나 된다. 왜 할 수 없는지, 왜 해서는 안 되는지, 시간이 얼마나 부족한지 등 안 될 이유는 무수히 많다.

이렇게 한번 해보라. 당신이 너무 큰 성공을 이루어서 당신의 시간과 노력을 효율적으로 배분하기 위해 '노'를 당신 무기로 추가해야 하기 전까지는 계속 '예스'라고 하라. 그 전까지는 '예스'를 당신의 성공 습관으로 만들어라. 아이들에게, 배우자에게, 고객에게, 상사에게, 무엇보다 자기 자신에게 '예스'라고 말하라. 이 말이 당신을 새로운 모험으로, 새로운 해법으로, 새로운 수준의 성공으로 힘차게 밀어 올려줄 것이다.

13. 전념하라

성공한 사람은 완전히 그리고 일관되게 행동에 전념한다. 그 중에는 모든 것을 다 걸어야 하는 행동도 있다. 앞서 설명한 '올인하기'라는 개념을 다시 생각해보라. 이것은 안전지대를 거부하고 어느 정도 리스크를 감수하는 것과 관련 있다.

성공하지 못한 사람은 어떤 일에든 완전히 전념하는 경우가 드물다. 그들은 항상 "할 거야"라는 말만 한다. 그리고 하더라도 보통 해로운 행동과 습관에 전념한다. 이 세상에 실제로 한계가 '존재하는' 것 중 하나가 전념이다. 너무 많은 개인과 조직이 일을 완수해내는 행동에, 자신의 의무이자 사명이며 책임에 완전히 전념하지 못한다. 성공하려면 물 온도 재기는 그만두고 그냥 뛰어드는 것이 중요하다! 어떤 일에 항상 몰입하는 것은 그 일에서 절대 발을 빼지 않겠다는 뜻이다. 이는 물속에 뛰어드는 것과 비슷하다. 일단 뛰어들면 공중에서 멈출 수 없다.

나는 뛰어난 교육을 받은 사람보다 완전히 전념하는 사람을 언제나 선호한다. 전념은 자신의 어떤 위치, 문제, 행동에 자신을 완전히 내주겠다고 서약하는 신호다. 성공한 사람은 문제를 직시하고 자신과 다른 사람에게 한 약속에 계속 초점을 유지한다. 그들은 항상 결과나 행동을 주시한다.

나 자신과 가족, 프로젝트, 회사의 성공을 확실히 이루기 위해 전념하는 것은 내 맹세를 현실로 만들고 약속을 실행하는 데 필요한 일은 뭐든 하겠다는 뜻이다. 전념은 어떤 핑계로도 피할 수 없으며, 협상의 대상도 아니고, '포기'할 수 있는 것도 아니다. 이미 성공을 이룬 사람처럼 습관적으로 전념하라. 그리고 전념하는 모습을 동료들에게, 동료들을 위해 분명하게 보여주라.

14. 끝까지 완수하라

세계적인 알코올중독자 치료 재활 모임인 '익명의 알코올중독자들Alcoholics Anonymous, AA'에서는 이렇게 말한다. "어중간한 조치로는 아무것도 얻을 수 없다." 이 말은 술을 조금이라도 입에 대면 중독에서 벗어날 수 없다는 뜻이다. 성공과 성취의 관점에서 이 말은 어떤 일을 하다가 중간에 그만두면 기진맥진한 느낌 말고는 어떤 결과도 얻을 수 없다는 의미다. 일을 어중간하게 하다가 제대로 완수하지 못하면 지치기 때문에 사람들은 일이 마치 질병이나 되는 것처럼 말한다.

일을 끝까지 완수하는 사람만이 마땅히 받아야 하는 보상을 얻는다. 행동이 성공으로 바뀌기 전에는 일을 완수한 것이 아니다. 잠재 고객을 고객으로 만들고, 잠재 투자자를 투자자로 만들기 전에는 일을 아직 끝낸 것이 아니라는 말이다. 가혹하게 들릴지 모르지만 당신이 고객에게 50번 전화를 걸었는데 거래를 성사시키지 못했다면 아예 전화를 걸지 않은 것이나 마찬가지다.

어느 정도 시도하다 안 되면 포기하는 것이 사람들이 합리적이라고 생각하는 수준이다. 그래서 성공하지 못한다. 비합리적으로 행동해 끝까지 밀고 나가는 데 전념하라. 어떤 핑계도 허용하지 마라! 어떤 타협도 없다!

15. '지금'에 집중하라

성공한 사람에게는 두 종류의 시간만 있다. 지금과 미래다. 성공하지 못한 사람은 대부분의 시간을 과거를 후회하면서 보내고 미래는 일을 미룰 기회로만 여긴다. '지금'은 성공한 사람이 자신의 영역을 지배하는 미래를 만들기 위해 가장 잘 활용하는 시간이다. 성공하지 못한 사람은 온갖 핑계를 대며 당장 완수해야 하는 일을 미룰 궁리만 한다. 당신은 그러면 안 된다. 다른 사람들이 고민하고 계획하며 일을 미루는 동안 당신은 엄청난 행동력을 발휘하도록 훈련하고, 거듭 되풀이해서 발휘해 몸이 기억하게 만들고, 그리하여 성공을 이루어내야 한다.

즉시 행동하면 자신이 원하는 미래를 가장 성공적으로 설계할 수 있다. 성공한 사람은 지금 계속 행동해야 함을 잘 알고 있다. 그들은 미루는 태도가 최악의 약점임을 익히 깨치고 있다.

10배의 법칙은 탁월한 수준의 행동을 즉각 하라고 요구한다. 지금 당장 할 수 있는 일을 미루는 사람은 즉시 행동할 때 생기는 추진력과 자신감을 절대 얻지 못한다. 한번은 직원들에게(관리직 직원들까지 포함해) 각자 50통씩 전화를 걸라고 지시한 적이 있다. 이 지시를 받자마자 누구 하나 빼놓지 않고 몹시 당혹스러운 표정을 지었다. 마치 불가능한 일을 하라는 지시를 받은 듯이 말이다. 해야 하는 다른 업무가 너무 많아 못 하겠다는 표정이었다. 나는 직원들에게 "각자 30분 동안 전화를 거세요. 어서!"라고 말했다. 그런 다음 나는 내 방으로 와 28통의 전화를 걸었다. 22분 만에.

이런 상황에서는 단 1초도 염려하거나 계산하면서 일을 미루면 안 된다. 당신이 고민하면서 보내는 모든 순간은 시간 낭비다! 그 시간에 행동해야 한다. 고민하고, 계산하고, 미루기를 멈추고 일단 하라. 즉각 행동하기를 습관으로 만들어라. 그러면 얼마나 많은 일을 하게 되는지 스스로 놀랄 것이다. 어쩌면 당신은 끊임없이 행동을 반복한다고 느낄 수 있고 그래서 즉흥적으로 행동하는 것 아닐까 싶을지 모른다. 하지만 이런 태도가 또한 행동을 습관으로 만들어준다. 행동은 필수다. 그리고 '지금'보다 더 가치 있는 시간은 없다. 당신이 지금 행동하면 다른 사람들이 뭔가를 어떻게 해야 하는지 알아보는 동안 당신은 이미 그 일을 완수하게 될 것이다. 꾸준히 '행동'을 지속하는 사람은 생존하고 적응하기만 해도 기술이 점점 향상된다.

나중이 아니라 바로 지금 행동하는 훈련을 하라. 그러면 장담하는데 노력의 양이 업무의 질을 신속하게 높일 것이다. 그리고 당신은 더욱 강화된 신념과 확신으로 힘차게 앞으로 나아가게 될 것이다.

16. 용기를 발휘하라

용기는 두려움을 물리치고 위험한 상황에 맞서게 하는 마음 또는 정신의 특성이다. 사람들이 용기 있게 행동해야 하는 사건을 경험하기 전에는 스스로 용기 있다고 느끼거나 용기 있는 사람으로 묘사되는 경우는 드물다. 두려움에도 불구하고 행동을 취해야 용기 있는 사람이라는 소리를 듣게 된다. 군인과 영웅 역시 혹독한 시련을 견뎌내기 전에는 스스로 용감하다고 말하지 않는다. 그들은 처한 상황에서 해야 할 행동을 함으로써 용기 있는 사람이 된다.

당신은 성공한 사람에게서 자신감, 확신, 여유, 약간 오만한 분위기를 흔히 볼 수 있을 것이다. 그들이 '남다른' 성향을 타고 났다고 생각하는가? 그 전에 먼저 알아둘 것이 있다. 그들이 이런 특성을 드러내는 것은 엄청난 행동량의 결과라는 사실이다. 당신이 두려운 일을 더 자주 할수록 사람들은 당신을 더욱더 용기 있는 사람으로 인식하고 당신에게 끌린다.

용기는 고민하고, 기다리고, 의문을 품는 사람의 것이 아니라 행동하는 사람의 것이다. 용기를 기르는 유일한 방법은 행동하는 것이다. 기술과 자신감은 훈련을 통해 키울 수 있지만 용기는 오직 '행동'을 통해서만 얻을 수 있다. 특히 두려운 일을 함으로써 용기를 얻을 수 있다. 두려움에 쉽게 굴복하는 사람을 어느 누가 지지하겠는가? 누가 그런 사람과 사업을 하고 싶겠는가? 프로젝트에 참여한 사람들이 자신감과 용기를 보이지 않는다면 누가 그 프로젝트에 투자하겠는가?

최근에 나는 인터뷰를 하면서 이런 질문을 받았다. "당신은 아무것도 두렵지 않습니까?" 이 질문을 받고 좀 놀랐다. 나라고 두려움이 없겠는가. 내가 탁월한 수준으로 행동하면서 업무를 추진하기 때문에 남들 눈에는 분명 두려움이 없는 것처럼 보이리라 짐작했다.

당신 역시 이렇게 할 수 있다. 목표를 향해 힘차게 달려들고, 당신의 영역을 지배하고, 미래에 계속 초점을 맞추고, 꾸준히 행동을 반복하라. 그러면 용기가 커진다. 두려운 일을 더 자주 하라. 그러면 그 일에 대한 두려움이 갈수록 사라진다. 마침내 그 일은 당신의 습관이 되어 예전에는 왜 그토록 두려워했는지 의아해질 것이다!

17. 변화를 받아들여라

성공한 사람은 변화를 좋아한다. 반면에 성공하지 못한 사람은 변화를 막을 수만 있다면 무엇이든 한다. 상황이 달라지는 것을 막으려고 한다면 어떻게 성공을 이룰 수 있겠는가? 불가능하다. 현재의 방식을 바꾸고 싶지 않을 수 있겠지만 당신이 하는 일의 성과를 높이는 새로운 방법을 끊임없이 찾아야 한다.

성공한 사람은 앞으로 어떤 일이 생길지 언제나 촉각을 곤두세운다. 그들은 시장 변화의 가능성을 열어둔 채 거부하지 않고 받아들인다. 또한 세상이 어떻게 변하는지 예의 주시하면서 변화를 자신의 능력 개발과 유익을 위해 활용한다. 그들은 결코 과거의 성공에 매달리지 않는다. 변화한 세상에 적응해야 하며 그러지 않으면 성공을 유지할 수 없음을 잘 알고 있기 때문이다.

변화는 거부해야 할 대상이 아니다. 변화는 당신을 계속 열광시키는 것이어야 한다. 애플의 스티브 잡스가 대표적인 사례다. 그는 경쟁자의 추격을 받거나 고객이 싫증을 느끼기도 전에 제품에 변화를 주어 신제품을 내놓았다. 변화를 받아들이겠다는 의지야말로 성공한 사람의 중요한 특징이다.

18. 일을 즐겨라

성공한 사람은 일을 어떻게 해야 효과적인지 계산할 줄 안다. 반면에 성공하지 못한 사람은 오로지 '일이 어렵다'는 생각에만 초점을 맞춘다. 올바른 접근법으로는 시장의 저항을 줄이는 홍보 프로그램을 도입하거나 고객에게 적절한 도구를 제공하는 것이 있다. 경영진에게 강력한 인맥을 만들도록 촉구하고, 탁월한 초기 투자자를 확보하고, 우수한 인재를 영입하는 것 또한 올바른 접근법이다.

접근법이 무엇이든 성공한 사람은 절대 어려운 일이라고 생각하지 않는다(물론 기꺼이 열심히 일할 각오는 하고 있지만). 대신에 그들은 성공할 때까지 올바른 접근법을 찾아 활용함으로써 '현명하게' 일하고 문제를 해결할 방법을 알아낸다. 하지만 성공하지 못한 사람은 일이 어렵다고만 생각한다. 시간을 투자해 접근법을 개선하고 일을 더 쉽게 만들어야 하는데 그러지 않기 때문이다. 세일즈맨 생활을 시작하고 처음 3년 동안 나는 세일즈 자체를 너무 어렵게 느꼈고 그러다 보니 실적 역시 부진했다. 그래서 2년 동안 수천 달러를 쓰면서 접근법을 개선하는 데 전념했다. 그다음부터 내게 세일즈는 더는 '일'이 아니었다.

성공한 사람은 자신을 발전시키는 데 시간과 에너지, 돈을 투자한다. 그 결과 그들은 일이 얼마나 힘든지가 아니라 결과가 얼마나 보람 있는지에 초점을 맞춘다! 완벽한 접근법으로 승리하면 그 일은 일이 아니라 성공으로 느껴진다. 그리고 성공만큼 달콤한 것은 없다.

19. 전통적인 사고를 깨뜨려라

누구보다 눈부신 성공을 거둔 사람은 단순히 변화를 받아들이는 수준을 뛰어넘어 전통적인 사고에 도전한다. 구글, 애플, 페이스북 같은 기업을 보라. 전통에 도전하고 새로운 행동 방식을 창조하지 않았는가? 그들은 더 나은 곳으로 도약하기 위해 기존 방식을 깨부순다. 엄청난 성공을 거둔 사람은 기존 전통을 따르는 것이 아니라 새로운 전통을 '창조하려고' 노력한다. 사회적 통념에 갇히지 마라. 다른 사람들이 전통적 사고에 젖어 뒤로 물러서 있는 동안 당신은 전통적 사고를 유리하게 활용할 수 있는 방법을 찾아라.

성공한 사람은 진보적인 사고로 미래를 설계하는 '생각 리더 thought leader'로 불린다. 내가 첫 회사를 세울 때 업계에서는 오랫동안 고수해온 전통적인 방식이 고객 관리에 더 나은 방법이라고 생각했다. 하지만 나는 그런 전통적인 방식을 깨는 형태로 사업을 시작했다. 성공한 사람은 '기존의 흔한' 방식에는 관심을 두지 않는다. 그들은 새롭고 더 나은 방법을 찾는 데 관심을 기울인다. 탁월한 수준의 성공을 거둔 사람은 자동차, 비행기, 신문, 주택 시장이 지난 50년 동안 변화가 더딘 이유를 찾고 새로운 시장을 창출할 방법을 모색한다.

다만 그들이 무조건 새로운 방식만 찾지는 않는다는 점 또한 알아두어야 한다. 그들은 기존의 조직 구조를 유지한 채 전통적인 개념에 문제를 제기하면서 새로운 제품을 내놓기도 한다. 변화를 위한 변화를 추구하지는 않는다는 말이다. 그들이 변화를 모색하는 것은 더 뛰어난 제품과 관계, 환경을 만들기 위해서다. 그들은 자신의 꿈과 목표를 달성하기 위해 새롭고 더 나은 방법을 찾으려고 전통에 도전한다.

20. 목표 지향적으로 행동하라

목표는 사람이나 기업이 발전하는 데 필요한 바람직한 목적(대개 아직 달성하지 못한 것)이다. 성공한 사람은 고도로 목표 지향적이며 언제나 문제보다 목표에 더 많은 주의를 기울인다. 그들은 목표에 전념하고 집중하기 때문에 그들을 향해 날아오는 총알 방향까지 바꾸는 것처럼 보인다.

반면에 대다수 사람은 인생에서 가장 중요한 목표 설정보다 식료품점에서 뭘 살지 계획하는 데 더 많은 시간을 보낸다. '목표에 계속 집중하지 않는다면 다른 사람의 목표를 이루는 일만 도와주다 삶을 마치게 된다. 특히 목표 지향적인 사람의 삶에서 부속품 같은 역할을 하며 인생을 보내게 된다.'

나에게 목표는 매우 중요하다. 나는 목표를 기록하고 검토하면서 하루를 시작하고 끝낸다. 나는 실패나 도전에 직면할 때마다 목표 노트를 꺼내 목표들을 다시 적는다. 그러면 순간적인 어려움을 곱씹지 않고 가고자 하는 곳과 이루고자 하는 목표에 계속 초점을 맞출 수 있다. 목표에 계속 집중하고 목표 지향적인 태도를 유지하는 능력은 성공에 '필수'다. 나는 현재에 집중하려고 노력하지만 눈앞의 일보다는 목표라는 더 큰 그림에 가장 집중해서 초점을 맞추려 한다.

21. 사명감을 가져라

성공하지 못한 사람은 일을 단순히 직업이라고 생각하며 인생을 살아간다. 그러나 성공한 사람은 자기 일을 단순히 돈벌이나 직업이 아니라 '종교적 사명'처럼 여긴다. 성공한 근로자, 고용주, 사업가, 마켓 체인저market changer는 자신의 일상 활동이 세상을 크게 변화시키는 중요한 사명이라고 생각한다. 그들은 언제나 원대한 생각을 하며 위대한 목표를 달성하는 데 전념한다. 당신이 일에 사명감을 지니고 접근하지 않는다면 일은 '그냥 일'로 전락할 것이다.

당신의 노력이 세상을 변화시킨다는 열정적인 태도로 모든 행동을 해야 한다. 전화, 이메일, 영업 방문, 회의, 프레젠테이션,

근무 시간을 단순한 일이 아니라 당신의 영원한 소명이라고 생각하고 접근하라. 이런 태도를 지니지 않으면 성취감 없는 일에 영원히 파묻혀 살게 될 것이다

22. 높은 동기를 지녀라

동기란 행동을 하도록 자극하는 행위 또는 상태를 말한다. 성공하려면 어떤 행동을 하려는 자극과 열정, 동력이 필수다. 동기의 정의는 행동 이면에는 어떤 이유가 있다는 점을 시사한다. 성공한 사람에 관한 연구 결과를 보면 그들은 목표에 초점을 맞추고 사명감이 높기 때문에 높은 수준의 행동력을 발휘한다. 성공하지 못한 사람은 동기가 별로 없어 갈피를 잡지 못하며 명확한 목표나 목적도 없다. 10배의 법칙에 따라 행동하고 끈기를 발휘하려면 높은 수준의 동기가 대단히 중요하다.

동기는 몇 시간이나 하루, 일주일 정도 지속하는 열의와는 다르다. 동기는 '날마나' 행동하도록 자신을 자극하고 계속 나아가도록 영감을 주는 바탕이 된다. 크게 성공을 이룬 사람은 새로운 수준의 성공을 끊임없이 추구해야 할 이유를 지속적으로 찾는다. 그래서 그들은 결코 만족하는 법이 없다. 앞으로 나아가야 할 새로운 이유가 계속 그들을 밀어붙이기 때문에 어떤 목표를

달성하고 나면 다시 새로운 목표로 향한다. 그들은 더 높은 수준의 행동을 하고 더 큰 성취를 이루도록 끊임없이 자극받는다.

세미나를 하면 정말 많이 받는 질문이 있다. "어떻게 동기를 계속 유지합니까?"라는 질문이다. 내 대답은 무엇일까? 사람들의 눈에 띄어야 하는 새로운 이유를 만들기 때문이다. 그래야 계속 동기를 유발할 수 있다. 성공하지 못한 사람은 "저 사람이 가진 걸 내가 가졌다면 은퇴했을 거야"라는 식의 말을 끊임없이 한다. 하지만 나는 그런 말을 전혀 믿지 않는다. 우선 그들은 자신이 성공하고 나면 어떤 태도를 보일지 알 수 없으므로 그 말이 진실인지 스스로도 모른다. 그들이 성공을 이루면 어느 정도 의무감과 책임감이 생겨 성공을 유지하려고 노력할 가능성이 있다. 아마 십중팔구 그럴 것이다.

이처럼 동기부여는 내적인 영역이다. 나는 당신에게 동기부여를 할 수 없고, 당신도 다른 사람에게 동기부여를 할 수 없다. 당신은 다른 사람에게 용기를 주고, 도전 의식을 북돋우고, 영감을 줄 수 있다. 그러나 진정한 동기, 어떤 행동을 하는 근본적인 이유는 내면에서 우러나야 한다.

나는 열정을 유지하기 위해 날마다 목표를 세움으로써 동기를 얻는다. 내 앞에 놓인 가능성에 주의를 기울이려고 아직 내가 이루지 못한 것들을 찾는다. 물질적인 면만이 아니라 다른 사람의 업적과 성취까지 검토하면서 내가 무엇을 더 이룰 수 있는지 생각한다. 10배의 법칙에 따라 전념하려면 높은 수준의 동기를 유지하기 위해 최대한 노력하는 것이 대단히 중요하다.

23. 결과에 집중하라

성공한 사람은 어떤 행동을 하면서 쏟는 노력과 열심, 시간은 중요하게 생각하지 않는다. 그들이 중요하게 생각하는 것은 결과다. 성공하지 못한 사람은 결과가 아니라 직장에서 보내는 시간, 결과를 얻기 위한 시도 자체에 큰 중요성을 부여한다. 아무런 결과를 얻지 못했어도 시간과 시도에 의미를 두는 것이다. 이러한 차이는 '비합리적이 되어라'는 개념과 관련된다.

현실을 직시하자. 좋든 싫든 결과는 절대적으로 중요하다. 쓰레기를 버리려고 '시도'한다고 해보자. 하지만 쓰레기를 현관에 두기만 하면 집에 쓰레기가 계속 쌓일 것이다. 그리고 문제가 생긴다. 오로지 결과를 내는 일에 철저하게 비합리적으로 몰입하지 않으면 원하는 것을 이루지 못한다.

시도한 것만으로 잘했다며 스스로를 칭찬하는 일을 그만두라. 칭찬과 보상은 실제로 이룬 성취에 보내도록 잘 아껴두라. 다른 사람이 당신을 밀어붙이지 않도록 스스로 밀고 나가라. 결과를 얻을 때까지 자신에게 엄격하게 굴어라. 곤경에서 도망치려고 해서는 안 된다. 성공한 사람이 초점을 맞추는 것은 시도가 아니라 결과다. 그들은 어떠한 난관이나 저항, 문제에 부닥치든 결과를 얻는 데 집중한다.

24. 원대한 목표와 꿈을 가져라

성공한 사람은 큰 꿈을 품고 원대한 목표를 세운다. 그들은 현실적이지 않다. 현실적인 목표는 먹다 남은 음식을 놓고 싸우는 군중에게 떠넘긴다. 10배의 법칙이 던지는 또 한 가지 질문은 "당신의 목표와 꿈은 얼마나 큰가?"다. 중산층 사람들은 현실적으로 생각하라고 배운다. 하지만 성공한 사람은 자신이 얼마나 광범위하게 확장할 수 있는지 생각한다. 내 인생에서 가장 후회되는 일은 원대하고 획기적인 사고가 아니라 현실적인 사고에 근거해 맨 처음 목표를 세운 일이다. '원대한 생각'이 세상을 바꾼다. 원대한 생각이 페이스북과 트위터, 구글을 만든다. 앞으로 어떤 대기업이 나타나든 그 바탕에는 큰 꿈과 목표가 있을 것이다.

현실적인 생각과 낮은 목표, 시시한 꿈은 어떠한 동기도 유발하지 않으며 당신을 치열한 경쟁의 한복판으로 밀어 넣을 것이다. 꿈을 크게 갖고 큰 성공을 거두어라. 큰 성공을 거둔 후 그보다 더 눈부시게 성공할 방법을 계획하라. 위대한 사람과 탁월한 기업이 이룬 성취를 연구하라. 원대한 생각을 품고, 엄청난 행동량을 보이고, 잠재력을 최대한 발휘하도록 자극하는 것들로 당신 자신을 둘러싸라.

25. 자신만의 현실을 창조하라

성공한 사람들은 마법사와 흡사하다. 그들은 다른 사람의 현실로 들어가지 않는다. 오히려 남들이 받아들이는 현실과 다른 자신만의 새로운 현실을 창조하는 데 전념한다. 그들은 사람들이 무엇이 가능하고 무엇이 불가능하다고 생각하든 관심이 없다. 자신이 꿈꾸는 것을 가능하게 만드는 일에만 주의를 기울인다. 그들은 다른 사람의 믿음이나 지시에 설득당하지 않고 사회적 통념이라는 '현실'에 굴복하지 않는다. 자신이 원하는 현실을 창조하고 싶어 하며 다수의 합의는 무시하고 심지어 싫어한다.

조금만 조사해보면 알 수 있다. 큰 성공을 거둔 사람들은 그들이 등장하기 선에는 존재하지 않던 현실을 창조했다는 사실을. 세일즈, 운동, 예술, 정치, 발명 등 어떤 분야에서든 위대함은 현실적인 생각에서 벗어나 자신이 원하는 현실을 창조하겠다는 생각에 집착한 사람들이 이루어낸다. 다음 현실이 어떻게 될지 또는 어떻게 될 수 있을지는 현실을 창조하는 사람에게 달려 있다.

26. 먼저 전념하고 나중에 파악하라

얼핏 보면 성공한 사람의 이러한 특성은 매우 바람직하지 않고 심지어 몹시 위험한 것처럼 보일 수 있다. 하지만 성공하지 못한 사람이 그 반대로 하는 것보다는 훨씬 덜 위험하다. 사람들은 대부분 먼저 모든 것을 파악해야 그다음 전념할 수 있다고 생각한다. 하지만 그렇게 할 마음조차 전혀 없는 것 같다. 심지어 모든 것을 파악하고 전념할 준비를 마쳤을 때는 기회가 사라지거나 아무런 기여도 안 했으면서 자기 몫을 요구하는 사람까지 생긴다.

먼저 전념한다는 말은 당신이 무엇에 전념하든 세세히 다 파악하기 '전에' 100퍼센트 밀어붙인다는 뜻이다. 이렇게 할 때 소규모 회사나 무모한 사업가가 더 강력하고 부유한 경쟁자의 허를 찔러 승리할 수 있다. 눈부신 성장을 경험해 가진 힘이 강력한 회사는 기존의 관리 방식을 너무 신봉한다. 그래서 이런 회사 직원들은 회의만 하며 하루를 다 보낸다. 이로 인해 이 회사는 과거에 리스크를 감수하며 성장했을 때 사용한 방식에 다시 방아쇠를 당기는 일을 조심스러워하며 결국 성공의 방아쇠를 당기지 못한다. 먼저 전념하고 나머지는 나중에 파악하는 것은 위험할 수 있다. 그러나 창의력과 해결책은 완전히 전념한 '후에야' 비로소 나온다는 것이 내 생각이다.

물론 준비하고 연습하는 건 중요하다. 하지만 시장에 도전하려면 어떻게 하면 잘될지 파악해 결정하기 전에 먼저 행동해야 한다. 인생이라는 게임에서는 가장 똑똑한 사람이 반드시 승리하지 않는다. 자기 사명에 가장 열정적으로 전념할 수 있는 사람이 결국 이긴다.

27. 높은 윤리성을 지녀라

이 특성에 대해서는 많은 사람이 혼란스러워한다. 특히 이른바 성공했다는 사람들이 감옥에 가는 것을 볼 때 그렇다. 내 생각으로는 높은 윤리성이 없다면 얼마나 많은 성공을 쌓든 아무것도 아닌 것 같다. 감옥에 가는 즉시 성공한 사람이라는 자격을 박탈당한다. 범죄자는 잡히지 않더라도 여전히 범죄자다. 따라서 윤리성을 상실한 사람은 진정한 성공을 거둘 수 없다.

그런데 거짓말을 전혀 하지 않거나 남의 돈을 한 푼도 훔치지 않았는데 윤리석이지 않은 사람이 있다. 가족과 친구들에게 롤모델이 되거나 안락한 삶을 제공하기 위해 열심히 노력하지 않는 사람은 윤리적이지 않다고 생각한다. 직장을 성실하게 다니지 않는다면, 또는 성공하기 위해 할 수 있는 모든 일을 하지 않는다면 당신은 자신과 가족, 회사의 미래를 훔치는 것이다.

당신은 배우자, 가족, 동료, 관리자, 고객에게 어떤 약속을 하거나 암시했을 것이다. 성공을 크게 이룰수록 그런 약속을 더 잘 이행할 수 있다. 내게 윤리성이란 사회의 합의된 규칙을 따르는 것만을 의미하지 않는다. 윤리적인 사람이 되려면 다른 사람에게 '하겠다'고 말한 일을 해야 하고 바람직한 결과를 얻을 때까지 그 일에 전념해야 한다고 생각한다. 결과를 내지 않고 시도만 하는 것은 윤리적이지 않다. 이는 자신에게 거짓말하는 것이나 다를 바 없고, 의무와 약속을 이행하지 못하는 것이기 때문이다. 시도하고, 바라고, 기도하고, 원한다고 해서 목표에 도달할 수는 없다. 내 생각에 윤리적인 사람은 자신과 가족, 회사를 위해 결과를 만들어내고 큰 성공을 거두는 사람이다. 그들은 어떠한 폭풍우 속에서도 생존하며 아무리 가혹한 시련을 만나도 성공한다.

내가 개인적으로 가장 자부심을 느끼는 일은 2년간의 혹독한 경제난을 무사히 헤쳐 나간 것이다. 인생에서 정말 심각한 어려움을 겪으면서도 나는 회사를 계속 확장할 수 있었고 가족을 충분히 부양할 수 있었다. 장기적인 성공을 이루지 못하면 당신 자신을 포함해 당신 주변의 모든 사람을 위험에 빠뜨릴 수 있다. 여기서 나는 가족에게 '경제적 안정'을 주는 면과 관련된 윤리성만 말하려는 게 아니다. 내가 말하는 윤리성에는 더 큰 개념이 들어 있다. 암묵적이거나 명시적인 약속 이행에 더해 자신의 능력과 잠재력을 충분히 발휘하라는 것이다. 아버지, 남편, 사업가,

기업가 등 당신이 어떤 존재가 되겠다고 하는 것만으로 거기에는 암묵적인 약속과 합의가 들어 있다. 그 약속을 지키기 위해 자신의 재능과 능력, 정신력을 온전히 활용하라. 그러지 않는다면 윤리적이지 않다.

오직 당신만이 무엇이 당신에게 윤리적인 일인지 결정할 수 있다. 하지만 스스로 어느 정도 능력이 있음을 알면서도 가진 능력을 다 발휘하지 않는 것은 죄악이라고 말하고 싶다. 자신의 잠재력을 모두 발휘해 중요한 일을 해야 한다. 이런 윤리적 의무감과 동기를 지니고 앞으로 나아가는 사람만이 가장 눈부신 성공을 거둔다.

28. 집단에 관심을 기울여라

당신은 주변 사람들의 역량에 비례해서 당신의 역량을 발휘할 수 있다. 만약 당신 주변 사람들이 몸이 아프고, 실적이 떨어지고, 어려움을 겪으면 머지않아 당신도 그들처럼 괴로움을 겪게 될 것이다. 예를 들어보자. 일부 국가에서는 연금 재원이 바닥나 극심한 압박을 받고 있다. 일부 사람들이 자신이 받는 연금만 중요하게 생각하고 집단 전체에 미치는 영향을 고려하지 않기 때문이다.

이처럼 집단을 고려하지 않고 '내가 먼저'라는 생각만 하면 결국 개인이 생존을 위해 의지해야 하는 집단의 목을 조르게 된다. 이런 이기적인 방식은 집단의 생존을 거의 불가능하게 만들고 집단이 약속한 것들을 위험에 빠뜨린다.

다수가 건강하고 행복해야 개인도 건강하고 행복할 수 있다. 다수의 행복이 개개인에게 얼마나 중요한 요소인지 성공한 사람들은 잘 알고 있다. 당신은 당신이 관련을 맺고 있는 사람들만큼만 성공할 수 있다. 당신이 어떤 지위에 있든, 어떤 집단을 이끌든, 어떤 집단에 속해 있든 중요하지 않다. 주변 사람의 능력에 따라 당신의 성공에 제약이 생길 수 있다. 성공한 사람이 자기 자신에게는 관심을 기울이지 않고 다른 사람에게만 관심을 쏟아서 성공했다는 뜻이 아니다. 다만 그들은 주변 사람들에게까지 자신의 에너지를 쓰고 관심을 표해야 함을 깨닫고 있다. 만약 주변 사람들이 자기가 맡은 일을 잘하지 못하면 아무리 일을 잘하는 사람이라도 효율이 떨어질 수밖에 없음을 알기 때문이다.

그래서 주변 사람의 일에 관심을 기울이는 것은 어느 정도 이기적인 측면이 있다. 당신은 당신 팀원이 실적을 개선하고 성공하기를 바란다. 그래야 당신의 게임 역시 승산이 커지기 때문이다. 그러므로 당신은 팀원의 능력이 더 향상되도록 할 수 있는 모든 일을 해야 한다.

29. 끊임없이 배워라

가장 성공적인 CEO는 1년에 평균 60권의 책을 읽고 6번 이상 콘퍼런스에 참석한다고 한다. 반면에 그들보다 수입이 319배 더 적은 미국의 평균 근로자는 1권 미만의 책을 읽는다고 한다. 언론에서는 부자와 가난한 사람의 차이를 자주 보도하지만 부유한 사람이 독서와 공부, 교육에 쏟아붓는 시간과 에너지가 얼마나 많은지는 잘 다루지 않는다. 성공한 사람은 컨벤션이나 심포지엄에 참석하고 독서 시간을 따로 낸다. 지금까지 내가 보고 들은 책, 오디오 프로그램, 다운로드한 자료, 인터넷 세미나, 강연 중에 유익하지 않았던 것은 하나도 없다. 아무리 형편없는 내용이라도 배울 점은 꼭 있다.

내가 알고 있는 큰 성공을 거둔 사람들은 손에 넣을 수 있는 자료는 전부 읽는다. 30달러짜리 책을 마치 100만 달러를 벌게 해주는 요술 방망이나 되는 것처럼 생각한다. 그들은 훈련과 배움을 자신이 할 수 있는 가장 확실한 투자로 여긴다. 이와 반대로 성공하지 못한 사람은 책과 세미나에 들이는 돈을 아깝다고만 생각한다. 거기서 얻을 수 있는 유익은 전혀 생각하지 못한다. 당신의 수입, 부, 건강, 미래가 새로운 정보를 끊임없이 얻고 배움을 멈추지 않는 능력에 달렸다고 생각하라. 그렇게 해서 성공한 사람의 대열에 합류하라.

30. 기꺼이 불편해져라

성공한 사람은 삶의 순간순간 자신을 불편한 상황으로 기꺼이 몰아넣는다. 반면에 성공하지 못한 사람은 언제나 편안한 쪽으로 결정을 내린다. 내가 살아오면서 한 정말 중요한 일들은 결코 편한 일이 '아니었다.' 사실 중요한 일 대부분은 몹시 불편했다. 새로운 도시를 방문하고, 고객에게 판촉 전화를 하고, 낯선 사람들을 만나고, 새로운 프레젠테이션을 하고, 새로운 분야로 뛰어드는 이 모든 일이 익숙해지기 전까지는 아주 불편했다.

익숙한 환경에서 일상적이고 습관적인 일을 하며 안주하는 삶은 솔직히 구미가 당긴다. 하지만 이런 식의 삶은 당신의 사명을 완수하는 데 거의 도움이 안 된다. 익숙한 것이 아무리 좋다 해도 성공한 사람은 낯설고 익숙하지 않은 상황으로 자신을 기꺼이 몰아넣는다.

이는 그저 변화를 위한 변화 추구가 아니다. 성공한 사람은 너무 편안하고, 긴장이 풀리고, 익숙하면 정신력이 약해지고 창의력과 발전하려는 갈망을 잃어버릴 수 있음을 안다. 그러므로 기꺼이 불편해져라. 그리고 다른 사람들 역시 불편하게 만들어라. 불편함은 성공의 길로 가고 있다는 확실한 신호다.

31. 인간관계를 '위로' 확장하라

내게 결정권이 있었다면 '인간관계 위로 확장하기'를 학교에서 매년 배우는 기본 과정으로 만들었을 것이다. 그리고 사람들이 하기 불편한 행동을 하도록 권장하는 훈련도 포함했을 것이다. 성공한 사람은 자신보다 더 똑똑하고, 뛰어나고, 창의적인 사람이 주변에 있다고 늘 이야기한다. 성공한 사람 중 누구도 "내가 이 자리까지 온 것은 나와 비슷한 사람들과 더 많이 교류했기 때문이다"라고 말하지 않을 것이다. 하지만 평범한 사람은 대개 자신과 생각하는 수준이 비슷한 사람들이나 심지어 자신보다 능력이 떨어지는 사람들과 많은 시간을 보낸다.

모든 인간관계에서 '위로' 확장하기를 습관으로 만들어라. 당신보다 더 좋은 인맥을 갖고 있고, 교육 수준이 더 높고, 훨씬 더 성공한 사람들과 관계를 맺어라. 이런 사람들은 당신과 '비슷한 사람들'보다 당신에게 알려줄 것이 훨씬 더 많다. 관계를 위로 확장하는 습관은 변화하고, 전통에 도전하고, 성장하고, 남들이 상상도 하지 못하는 것을 하려는 의지와 연결된다.

관계를 위로 확장하라. 절대로 옆이나 아래로 확장해서는 '안된다!' 당신 자신과 가족, 사업을 위해 성공하겠다는 윤리적 약속을 이행하려면 무엇이 가장 탁월한 투자인지 생각하고 이를 근거로 모든 결정을 내려야 한다. 당신 주변 사람들은 당신의 목표 달성 여부에 큰 영향을 미친다. 따라서 옆이 아니라 위로 확장하라. 당신보다 더 원대하게 생각하고, 더 큰 꿈을 꾸고, 더 열정적으로 행동하는 사람과 관계를 맺어라.

유도에서 검은 띠 보유자는 흰 띠 보유자에게서 새로운 기술을 배우지 않는다. 흰 띠 보유자가 기본기를 상기시켜줄 수는 있겠지만 검은 띠를 빨간 띠로 만들어줄 수는 없다. 또한 보기 플레이어(핸디 15~18의 아마추어 선수-옮긴이)와 골프를 치면 스크래치 플레이어(핸디 0인 우수한 선수-옮긴이)가 될 수 없다. 당신은 당신보다 더 나은 사람과 관계를 맺어야 한다. 이것이 당신이 발전하는 유일한 방법이다.

32. 훈련하라

─────

기억하라. 이 책에서 우리는 돈과 관련한 성공 이야기만 하지 않는다. 이 책은 인생의 모든 영역에서 이루는 성공 이야기를 다룬다. 이러한 성공을 이루려면 훈련을 피하려고 해서는 안 된다.

훈련은 당신이 원하는 것을 얻기 위해 체계적이고 규칙적으로 단련하는 것을 말한다. 10배의 법칙을 실천하는 사람에게 훈련은 필수 요소다. 그런데 안타깝게도 많은 사람은 거듭 발휘해야 하는 10배 행동(분명히 불편한 행동)이 아닌 나쁜 습관만 훈련하는 것처럼 보인다.

훈련은 얼마나 불편한지에 상관없이 어떤 행동이든 일상적으로 하는 일이 될 때까지 단련하는 것이다. 성공을 이루고 유지하려면 어떤 습관이 건설적인지 판단하고 그런 행동을 반복 수행해 훈련해야 한다. 그리고 당신이 속한 집단의 구성원 역시 이 훈련을 시켜야 한다(28번 항목 참조).

여기서 언급한 성공한 사람의 특성과 습관이 당신에게 없더라도, 또는 있지만 잘 발휘하지 못하더라도 걱정하지 마라. 이 습관 중 어느 한 가지든 꾸준히 하기란 쉽지 않다. 이 책을 읽는 대부분의 사람이 그러리라 예상한다. 그러니 성공한 사람의 습관 목록을 잘 숙지하고 늘 가까이 두라. 이 습관을 단순히 '할' 무엇으로 생각하지 말고 '당신 존재 자체'의 일부로 만들겠다고 새롭게 다짐하라. 나 역시 여기서 언급한 항목들을 1분 1초도 빼놓지 않고 실천하지는 못한다. 그러나 내 시간 대부분을 성공한 사람이 하는 행동을 하며 보내려고 노력한다.

이 장에서 다룬 항목 중 어느 것도 초인적인 자질은 없다. 누구나 전부 습득할 수 있다. 한두 가지만 활용하려고 하지 마라. 위에서 말한 습관대로 생각하고 행동하기 시작하라. 그러면 전부 당신의 일부가 될 것이다. 모든 습관을 활용하라.

01 성공한 사람의 특성과 그렇지 못한 사람의 특성 5가지를 책을 보지 말고 적어보라.

02 당신이 지금 가장 잘하는 것은 무엇인가?

03 당신은 무엇을 더 해야 하는가?

THE 10X RULE

10배의
법칙
실천하기

바로 지금 시작하라

───────────

이제 당신은 10배의 법칙에 대해 모든 것을 배웠다. 자, 그럼 당신은 어디에서 출발하겠는가? 중간에 어떤 난관에 직면하게 될까? 어떻게 하면 10배의 법칙을 지속적인 훈련법으로 만들 수 있을까? 이를 위해 당신이 해야 할 일은 성공한 사람의 특성과 습관을 다룬 목록을 잘 살펴보고 당신에게 무엇이 필요한지 결정하는 것이다.

언제 시작하면 좋을까? 성공한 사람에게는 2가지의 시간만 존재한다는 점을 기억하라. 어느 정도는 지금에 초점을 맞추어라. 동시에 당신이 이루고 싶은 미래에 대부분의 주의를 기울여라. 어제 시작할 수는 없는 노릇이다. 그리고 내일까지 기다리면 성공의 중요한 원칙을 어기게 되므로 성공할 수 없다. 바로 지금 행동하라. 지금 발휘하는 엄청난 행동력이 미래를 창조한다는 점을 기억하고 꾸준하게 행동하라. 성공을 한 번 이루었다고 나태해지는 사람은 결정을 미루며 시간을 보낸다. 그들은 더 높은 수준으로 도약해 새로운 성공을 이루기보다 가진 것을 보호하는 데 더 관심을 기울인다. 한 번 이룬 성공을 지키기에 급급한 사람은 이 책에서 얻을 것이 없다!

나는 52세에 이 책을 썼고 현재 충분한 성공을 이루었다. 하지만 여전히 더 많은 성공을 이루고 싶은 욕구가 충만하다. 나는 아직 내 잠재력과 능력을 충분히 발휘하지 못했다고 믿는다. 단지 게임이나 돈 때문이 아니라 내 잠재력을 최대한 발휘하는 것이 윤리적 의무라고 생각하기 때문이다. 당신이 무엇을 또는 누구를 원하든 지금 당장 가서 얻어라. 합리적으로 생각하고 행동하겠다는 태도는 버려라.

이 책을 쓰면서 나는 개인 영역과 사업 영역에서 큰 확장을 이루어가고 있다. 아울러 가족을 더 잘 부양하고 사회에 더 많이 기여하려는 열망을 키워나가고 있다. 내 회사의 모든 직원은, 심지어 고객까지 내가 어떤 사람이냐는 질문에 이렇게 말할 것이다. "그랜트는 목표 달성에 필요하다면 '무엇이든' 하겠다는 비합리적인 믿음으로 '지금 당장' 하는 사람이다." 나는 조직자, 훌륭한 기획자, 관리자가 아니다. 머뭇거리는 시간, 계획만 세우는 회의, 과도한 분석을 생략하고 바로 행동을 취하는 것, 이것이 내

자산이자 결점임을 알고 있다. 나를 아는 사람들은 내가 새로운 책을 쓰든, 세미나 프로그램을 개발하든, 신제품을 만들든, 운동을 새로 시작하든, 아내나 딸과 더 행복한 시간을 보내든 어떤 프로젝트에든 착수하면 '완전히' 몰입한다고 말한다. 그렇다. 나는 올인한다. 굶주린 하이에나처럼 목표에 온전히 전념한다. 나는 나 자신을 아주 잘 안다. 어떤 일을 하든 내가 원하는 결과를 얻을 때까지 완전히 비합리적인 수준으로 행동한다. 나는 어떠한 핑계도 대지 않으며 다른 사람 역시 핑계를 찾지 못하게 한다.

지금은 1분 뒤가 아니라 '바로 지금'이다. 중요한 일들을 먼저 시작하라. 우선 목표 목록을 만든 다음, 목표를 이루는 쪽으로 나아가게 해줄 행동 목록을 만들어라. 그런 다음 너무 따지지 '말고' 행동을 시작하라. 시작할 때 다음 몇 가지를 명심하기 바란다.

1. 목표 목록을 만들 때 목표를 축소하지 마라.
2. 시작 시점에서는 목표를 어떻게 성취할지 세세히 다 파악하려 하지 마라. 그러다간 길을 잃고 만다.
3. 스스로 이런 질문을 하라. "목표를 달성하기 위해 오늘 할 수 있는 행동은 무엇인가?"
4. 행동하기로 했다면 어떤 행동이든, 거기에 대해 어떤 생각을 가졌든 무조건 하라.

5. 행동의 결과를 너무 성급하게 평가하지 마라.

6. 날마다 목표와 행동 목록을 다시 점검하라.

10배의 법칙의 길로 들어서기 시작하면 다소 압박감을 느낄 수 있다. 어쩌면 당신의 내면에서 그만하라는 속삭임이 들릴지도 모른다. 미루고 싶다는 유혹을 떨쳐내라. 미루는 것은 도움이 안 된다는 걸 당신 또한 잘 알고 있다. 당신 자신을 진흙탕에 빠진 차라고 생각하라. 액셀을 밟아 몇 센티미터만 움직이면 진흙탕에서 빠져나오기 시작할 것이다. 물론 진흙은 묻겠지만 옴짝달싹하지 못하는 것보다야 훨씬 낫지 않은가.

앞서 언급한 것처럼 당신의 친구와 가족은 당신을 사랑하고 걱정하기 때문에 이른바 '조언'을 한다. 그들은 당신이 '비현실적'으로 행동하다가 실망하게 될까봐 그러지 말라고 할 것이다. 평범한 사람의 마인드셋과 말은 언제나 한결같다. 당신이 사랑하는 사람들 역시 늘 이런 식으로 말한다. "조심해." "안전하게 해." "비현실적으로 굴지 마." "성공이 전부는 아니야." "가진 것에 만족해." "인생은 그냥 살아지는 거야." "돈이 행복을 안겨주지는 않아." "너무 많은 걸 원하지 마." "긴장을 풀어." "닌 경험이 없어." "넌 너무 어려." "당신은 나이가 너무 많아."

평범한 사람들이 자기 생각을 말하면 일단 조언에 감사를 표하라. 그런 다음 당신의 목표를 이루기 위해 그들의 지원이 필요

하다고 말하라. 아무것에도 전념하지 않다가 실망하기보다 꿈과
목표를 향해 전념하다가 실망하는 쪽을 선택하겠다고 말하라.

나는 어떻게 10배의 법칙을 실천했나

이 책을 쓰면서 내가 10배의 법칙을 어떻게 활용했는지 생생
한 사례를 들려주겠다. 이 이야기를 읽으면 내가 성공한 사람의
특성과 습관을 어떻게 활용할 수 있었는지 알게 될 것이다. 나는
내가 세운 목표에 도달하기 위해, 아니 처음에 상상한 것 이상으
로 엄청난 성과를 이루기 위해 성공한 사람의 특성과 습관을 발
휘했다.

《일등이 아니면 꼴찌다》를 쓰기 전에 나는 습관적으로 엄청
난 행동력을 발휘하며 살아왔다. 그런데 문득 내가 10배 더 큰
사고력은 발휘하지 않았다는 생각이 들었다. 그래서 이 책을 쓰
면서 10배의 법칙을 실제로 시험해보기로 결심했다. 나는 10배
더 원대한 생각을 하고 목표를 다시 설정했다. 그러면서 내 목표
중 하나가 내 이름이 세일즈 트레이닝의 '대명사'가 되게 하는 것
임을 깨달았다. 나는 세일즈 트레이닝, 동기부여, 판매 전략 등 사
람들이 세일즈와 관련된 것을 생각할 때 '가장 먼저' 떠올리는
사람이 되고 싶었다. 이것이 내가 《일등이 아니면 꼴찌다》를 쓰

는 동안 염두에 두었던 지배라는 개념이다. 나는 상당히 중요한 목표를 새로 세웠지만 어떻게 달성해야 할지는 몰랐다. 하지만 목표를 향해 나아가는 데 전념하지 않고 목표를 이룰 세세한 '방법'을 전부 파악하려고만 한다면 결코 시작하지 못하리란 사실을 알고 있었다. 아마 그랬다면 나는 즉시 그 일이 불가능하다고 결론 내렸을 것이다.

나는 올바른 크기의 목표를 명확하게 설정하고, 세부 '방법'에 대한 압박감은 떨쳐냈다. 그런 다음 목표를 토대로 어떤 행동이 목표를 이루는 데 가장 부합하는지 결정했다. 마치 원대한 목표가 저절로 나를 올바른 행동으로 이끄는 것 같았다. 내가 사용한 약간의 요령은 다음과 같은 양질의 질문을 나 자신에게 던지는 것이었다. "그랜트 카돈이라는 이름을 사람들이 세일즈라는 주제를 생각할 때 떠올리는 '대명사'가 되게 하려면 무엇을 해야 할까?" 나는 즉시 이 질문에 대한 답과 아이디어를 적기 시작했다. (a) 60억 명의 사람에게 내가 누구인지 알려라. (b) TV 방송에 나를 알려라. (c) 라디오 방송에 나를 알려라. (d) 내 책을 모든 서점과 도서관에 비치하라. (e) 주요 토크 쇼와 뉴스에 출연하라. (f) 《일등이 아니면 꼴찌다》를 베스트셀러로 만들어라. (g) 전 세계 사람들이 내 이름을 알도록 소셜 미디어를 적극 활용하라. 다시 한번 말하지만 당시 나는 이런 일들을 어떻게 해야 하는지 몰랐다. 그리고 시작 단계에서는 그 방법들을 자세히 알고 싫지도 않았다. '방법'과 '불가능한 일'만 생각하다가는 궤도를 이탈하고 말 것이라고 생각했다. 나는 목표를 달성하는 일에만 집중하고 싶었다.

세일즈의 대명사가 되겠다는 목표는 내가 관심을 계속 기울일 수 있는 원대한 목표였다. 이 목표로 고무되어 나는 양질의 질문을 던지고 거기서 나온 답변과 일치하는 행동은 무엇이든 했다. 내 회사의 전 직원과 내가 한 행동 하나하나는 내 이름을 널리 알리는 데 초점이 맞춰졌다. 하지만 우리는 TV 방송에 대해 아는 것이 없었고 인맥도 없었다. 자비 출판을 하려고 책 2권을 썼지만 출판 시장의 유통 방법은커녕 책을 출판하는 방법조차 몰랐다. 당시 나는 TV 방송이나 뉴스, 언론 인터뷰를 하지 않았다. 또 페이스북이나 트위터 같은 사이트는 달리 자신을 홍보할 방법이 없는 사람들이나 사용하는 것으로 여겼다. 하지만 나는 내가 작성한 목표 목록 중 TV 방송이 가장 폭발적인 효과를 준다고 굳게 믿었다. 내가 한 모든 행동은 어떤 식으로든 서로 연결되어 상당한 파급력을 미치게 될 터였다.

나는 아내에게 가서 어떻게든 TV 방송에 나가겠다고 말했다. 그리하여 어떤 제품을 파는 회사든 내 세일즈 트레이닝을 받으면 아무리 불경기라도 매출을 증가시킬 수 있음을 증명해 보이겠다고 했다. 나는 TV 방송을 통해 나의 '이름 없음'을 떨쳐내고 전 세계의 수많은 세일즈 컨설팅 회사와 차별화할 수 있음을 알고 있었다. 한 치의 망설임도 없이 아내는 이렇게 말했다. "분명히 믿을 수 없을 정도로 놀라운 방송이 될 거야. 당신은 잘 해낼 거야. 해보자! 내가 뭘 도와줄까?" 아내는 어떠한 의문도 품지 않고 전적으로 지원했다.

나는 너무나 신나고 열정으로 불타올랐다. 많은 사람이 불가능하다고 말할 내 새로운 아이디어를 실현하기 위해 할 수 있는 모든 일을 했다. 이 일은 내게 대단히 중요하고 흥미진진했다. 나의 모든 자원을 쏟아붓는 도전이었다. 하룻밤 사이에 할 수 있는 일도 아니었다.

내가 제일 먼저 한 일은 팀에 알리는 것이었다. 나는 팀원들에게 우리 목표를 달성하게 해주는 프로젝트는 무엇이든 완수해야 한다고 강조했다. 그리고 "나는 할 수 없다, 우리는 할 수 없다, 너무 어렵다, 가능하지 않다"란 말은 듣고 싶지 않다고 명확하게 밝혔다. 우리는 10배의 법칙에 따라 행동하기 시작했다. 지인에게 전화를 걸어 언론과 TV, 출판계에 나를 소개해줄 사람이 있는지 찾았다. 이 단계는 꽤 고통스러웠다. 출판계와 방송계 송사자들은 우리 프로젝트기 실패할 확률이 높다면서 매우 비관적으로 바라봤다. 그들은 이런 일이 얼마나 오래 걸리는지 아느냐고, 큰 기대를 걸지 말라고 내게 대놓고 여러 번 말했다.

나는 너무 많은 사람에게 뿌리 박혀 있는 보통 수준의 사고에 충격을 받았다. 바로 그런 생각 때문에 사람들은 원하는 것을 이루지 못한다. 그들은 거듭 이렇게 말했다. "300가지 프로그램 제안 중에서 겨우 1가지만 선정돼 방송에 나온다." "방송사는 돈을 쓰지 않는다." "세일즈는 사람들이 좋아하는 주제가 아니다." "세일즈에 관한 책이 1년에 75만 권 넘게 쏟아져나온다." "당신 이름이 유명하지 않으면 TV 출연은 대단히 어렵다."

이런 말을 듣는 순간 포기하려는 생각이 들 수 있다. 하지만 나는 포기하지 않았다. 당신 역시 포기해서는 안 된다. '행운'을 얻으려고 노력하는 사람은 포기하지 않는다는 사실을 명심하라. 나는 반대자들의 의견에 계속 귀를 막아야 했고 목표에 다시 초점을 맞춰야 했다. 목표를 이루려면 무엇을 해야 하는지 다시 검토하고 그 일을 했다. 일이 얼마나 두렵고 불편하든 상관없었다. 기억하라. 성공한 사람은 두려움과 불편함을 기꺼이 감수한다!

직원들과 내가 두려움과 불편함을 감수할 수 있었던 것이 목표를 향해 나아가는 행동을 하고 있어서였는지, 아니면 원하는 것에 계속 집중해서였는지 모르겠다. 하지만 나는 이 2가지를 동시에 해야 한다고 생각한다. 목표 지향적 행동을 하면서 목표에 계속 집중해야 두렵고 불편한 일을 할 수 있다.

나는 한 홍보 회사에 나에 대한 홍보를 맡겼다. 결과는 너무나 실망스러웠지만 결코 포기하지 않았다. 포기하지 않는 것이 무엇보다 중요하다고 생각했기 때문이다. 두 번째 홍보 회사도 성공하지 못해 또 다른 홍보 회사에 의뢰했다. 동시에 우리는 많은 프로젝트를 진행했다. 우리가 진행한 모든 프로젝트는 시간과 에너지, 돈, 창의력이 필요한 일이었고 전부 낯선 일이었다. 프로젝트의 성공 여부 또한 알 수 없었다.

게다가 끔찍한 경제난이 덮쳤다. 모두가 사업 규모를 축소하고 있었다. 내 회사는 물론 경제 전체가 최악의 불황을 겪고 있었다. 내 고객들은 직원을 40퍼센트까지 줄였다. 우리의 최대 경쟁사는 직원 규모가 절반으로 줄었고 수많은 회사가 문자 그대로 문을 닫았다. 모든 회사가 쇠락의 길로 들어섰고 기반이 탄탄한 회사들마저 극심한 경영난에 빠졌다. 모두가 공포에 휩싸였다. 하지만 나는 중요한 사실 하나를 잊지 않았다. 모두가 사업 규모를 줄일 때 성공한 사람은 오히려 확장하며, 모두가 몸을 사릴 때 성공한 사람은 오히려 위험에 뛰어든다는 것이다. 그래서 나는 직원을 줄이거나 확장을 멈추지 않고 내 월급을 없앴다. 그리고 평소 내가 받던 돈을 10배 더 확장하기 위한 자금으로 사용했다.

상상할 수 있는 모든 방면에서 나는 유례없는 난관에 봉착했다. 하지만 목표에 초점을 맞추고 할 수 있는 모든 일을 했다. 물론 쉽지 않았다. 보장된 결과는 없었다. 하지만 해낼 수 있다는 생각을 상기하기 위해 할 수 있는 모든 일을 했다. 목표에 전념할수록 더 많은 어려움에 맞닥뜨렸다. 마치 우주가 내가 얼마나 강인한지, 내가 목표를 얼마나 굳게 붙들고 있는지 시험하는 것 같았다. 홍보 회사는 3개월 만에 아주 보잘것없는 인터뷰 하나를 섭외해 왔고, 여러 은행에서는 대출을 갚으라며 성화를 부렸으며, 내 수입은 끊겼다(물론 내 결정이었지만 고통스러운 일이었다!). 내가 가진 것이라고는 결혼 생활과 새로 태어난 아기, 내가 끈기 있게 노력할 수 있다는 강한 확신이 전부였다.

하지만 나는 내 10배 목표에 깊이 사로잡혀 있었다. 이 목표가 나만이 아니라 세상에도 유익함을 나는 알고 있었다. 세상 사람들은 일하는 새로운 방식을 배울 필요가 있었다. 내게는 개인적 성공만 중요하지 않았다. 세상을 도와야 한다는 사명이 내게는 있었다. 전 세계가 불황의 늪에 빠져 있었다. 나는 내 목표가 장벽을 무너뜨리기에 충분할 정도로 원대하다고 생각했다. 이것은 나만을 위한 것이 아니었다. 확장에는 위험이 수반되고 돈과 에너지가 들지만 그 이상의 가치가 있다고 생각했다. '목표는 리스크를 감수하고도 남을 정도로 가치 있어야 한다. 리스크를 감수할 일이 없다면 잘못된 목표를 세운 것이다.'

그래서 나는 계속 전념하고, 두려움을 물리치고, 목표에 광적으로 집착하고, 모든 영역에서 행동량을 늘렸다. 나는 홍보 회사와 TV 방송사, 출판사에 연연하지 않고 내가 '통제할 수 있는' 일에 최선의 노력을 기울였다. 가능한 모든 곳에 내 메시지를 전했고, 마침내 결과를 얻기 시작했다.

우리는 라디오 방송, 심지어 TV에서까지 인터뷰 요청 전화를 받기 시작했다. 어느 날 아침 CNN 라디오에서 전화가 왔다. 파산 위기에 몰린 패니 메이Fannie Mae(모기지 론을 주력으로 하는 미국 금융 회사-옮긴이)를 주제로 인터뷰를 하자고 했다. 물론 나는 동의했다. 다음 날 아침 압류 문제에 관한 인터뷰를 해야 하니 새벽 3시 30분까지 방송국으로 와달라는 연락을 받았다. 나는 "예,' 문제없습니다. 그러겠습니다!"라고 말했다. 한번은 홍보회사 직원이 전화를 걸어 "르브론 제임스LeBron James의 계약과 그것이 농구계에 미칠 영향에 관한 이야기해줄 수 있습니까?" 하고 물었다. 나는 할 수 있다고 말하고 곧장 NBC 방송국으로 출발했다. 도착하기 10분 전에 다시 전화를 받았다. "인터뷰 주제가 변경되었습니다. 르브론 이야기 말고 레비 존스턴Levi Johnston과 세라 페일린Sarah Palin의 관계에 관한 이야기를 나눌 겁니다"라고 했다. 나는 레비 존스턴에 대해 아는 바가 전혀 없었지만 그대로 인터뷰를 진행했다. 인터뷰 주제는 내게 중요하지 않았다. 내가 원한 것은 방송국이 내게 맡기면 언제든 무슨 내용이든 정보를 전할 수 있음을 알게 하는 것이었다. 내 목표는 CNBC에 출연해 인터뷰를 하거나 레비에 대한 논평을 하는 것이 아니었다. 세상의 관심을 사로잡아 사람들이 세일즈를 생각하는 순간 바로 나를 떠올리게 하는 것, 이것이 내 목표라는 사실을 다시 상기했다. 이런 인터뷰가 돈을 벌게 해주지는 않겠지만 나를 세상에 알려줄 터였다. 이것이 무엇보다 중요했다.

이어서 우리는 소셜 미디어를 전면에 내세워 대대적으로 나를 알리기 시작했다. 얼마나 맹렬하게 소셜 미디어를 활용했는지 나는 사람들의 원성을 사기까지 했다. 고객, 친구, 심지어 직원들까지 내가 너무 많은 이메일을 보내고 지나치게 포스팅을 한다며 불평을 쏟아냈다. 하지만 뒷걸음치지 않았다. 오히려 불평이 찬사로 바뀔 때까지 더 많은 이메일을 보내고 계속 포스팅을 했다. 처음에는 홍보가 제대로 안 되어 실망했다. 하지만 마침내 인터뷰 약속을 내가 감당할 수 있는 한도 이상으로 하게 되는 상황에 이르렀다(이것은 나의 엄청난 행동량이 새로운 문제를 만들어낸 한 가지 사례일 뿐이다).

TV 방송에 출연하려는 노력 역시 계속했다. 방송계 에이전트, 매니저, 대형 에이전시를 만나려고 노력했지만 만나주려 하지 않았다. 할리우드에는 TV 프로그램을 맡아본 경험이 있고 수년간 자신의 리얼리티 쇼를 성공시키지 못한 내 친구들이 있었다. 나는 그들에게 접근해 나를 홍보할 방법을 찾았다. 이 새로운 영역에 뛰어드는 순간에도 나는 내가 통제할 수 있는 것들에 계속 땔감을 집어넣어 불이 활활 타오르게 했다. 강연, 영업 전화, 이메일, 소셜 미디어, 기사 작성, 핵심 사업 활동에 에너지를 계속 쏟았다. 실망하거나 실패할 때마다 나는 마음을 가다듬고 목표들을 적었다. 이렇게 함으로써 난관이 아니라 나아가야 할 방향에 초점을 유지할 수 있었다. 성공한 사람은 어떤 시련 속에서도 목표에서 눈을 떼지 않는다는 사실을 나는 잊지 않았다.

그러던 어느 날 뉴욕의 한 캐스팅 에이전트(출연진 섭외 대행업자)로부터 전화를 받았다. "당신의 유튜브 영상을 보게 됐습니다. 당신 영상은 TV 쇼로 안성맞춤인 것 같습니다. 우리는 당신 같은 사람을 찾고 있었는데 그동안 적당한 사람을 찾지 못했습니다." 내가 어떻게 말했을까? "그 적당한 사람이 '바로' 납니다! 나를 찾아내는 데 왜 그렇게 오래 걸렸습니까?" 그런 다음 해당 프로젝트 담당자 이름을 알아내 전화를 걸어 주말에 뉴욕에 갈 예정이니 당장 프로젝트에 관한 계획을 세우자고 말했다.(사실 이 전화를 하기 전에는 뉴욕에 갈 계획이 없었다. 다만 나는 TV 쇼 관계자는 누구든 만나겠다는 생각을 하고 있었다. 일이 재미있게 풀리지 않는가?) 담당 PD는 나를 만나고 싶다고 말했고 나는 주말에 가겠다며 전화를 끊었다.

이때 나는 일을 성공시키려는 의지와 갈망을 그 PD에게 즉각 보여주었다. 그리고 '아무런 정보도 없이' 기꺼이 전념했다. 성공한 사람은 먼저 전념하고 세세한 내용은 나중에 파악한다는 점을 기억하라. 어떤 사람은 내가 그 기회를 덥석 물어 일주일 안에 뉴욕으로 가겠다고 한 건 너무 성급하다고 생각할지 모른다. 하지만 내 일정은 나의 것이다. 내가 원하는 것을 내가 원하는 시간에 하기 위해 내가 조정하는 것이다. 나는 성공을 내 의무라 생각하고 완전히 전념했기 때문에 '뉴욕 방문'을 계획에 집어넣었다. 그 일을 하는 데 개인 비서나 컴퓨터는 필요 없었다.

모든 기회는 자기 자신이 활용해야 하며 상대방에게도 앞으로 나아갈 기회를 제공해야 한다. 망설이거나 의심하느라 시간을 지체하지 마라. 당신 주변에 있는 모든 사람이 똑같은 각본을 읽게 하라. 좋은 일이 생길 때까지 기다리지 마라. 다른 사람이나 당신의 일정을 확인하느라 시간을 끌지 마라. 이렇게 하는 것은 당신의 추진력만 감소시킬 뿐이다. 성공을 위해 대비하고 있다가 기회가 오면 바로 잡아라!

PD와 전화를 끊고 나서 나는 비서에게 전화를 걸어 뉴욕 일정을 잡으라고 말했다. 그녀는 내게 이미 다른 일이 계획되어 있어 일정을 조정할 수 없다고 했다. '좋아! 새로운 문제가 생겼군.' 나는 즉시 전화기를 들고('당장 하라' 전략) 이 문제를 활용해 새로운 기회를 더 많이 만들었다(고객 만족보다 고객 확보 전략). 나는 뉴욕의 PD에게 전화를 걸어 일주일 안에 가는 게 생각만큼 쉽지 않겠다고 말하고 다른 시간이 어떻겠느냐고 했다. 흥미롭게도 그렇게 조정한 시간이 그들에게도 더 나았다. 나는 자비로(리스크 감수) 뉴욕행 비행기를 탔다. 나는 내가 뭘 하고 있는지 전혀 몰랐다(그래서 뭐 문제 있나?). 내가 도착했을 때 그 제작사 사장은 다른 회의를 하고 있었다. 나는 일단 사장부터 만나고 싶어서 연락을 주고받던 PD에게 사장을 10분만 만나게 해달라고 설득했다(비합리적인 행동). 나는 사장 측근들에게 이렇게 간청했다. "이봐요, 사장님께 내달라고 요청드리는 시간은 내가 공항 보안 검색대에서 보낸 시간보다 훨씬 짧아요. 10분만 내주시면 쇼에 대한 비전을 설명할 수 있습니다." 사장은 마지못해 시간을 냈다. 그리고 5분 만에 나는 그가 내 설명에 빠져들었다는 걸 알 수 있었다. 나는 그와 1시간 동안 이야기했고 그가 나를 도우리라는 확신을 얻었다. 내가 문을 나설 때 그가 말했다 "이렇게 큰 확신과 명료함이 있는 분이라면 당연히 도와드려야죠." 그리고 그 제작사는 내가 제시한 구상을 방송국들에 프레젠테이션하기로 결정했다.

얼마 지나지 않아 나는 다른 곳에서 또 한 통의 전화를 받았다. 리얼리티 쇼 PD 마크 버넷Mark Burnett이 일하는 LA의 제작사였다. 그들은 내게 조앤 리버스Joan Rivers가 진행하는 쇼인 〈당신은 어떻게 부자가 됐습니까?How Did You Get So Rich?〉에 출연할 수 있는지 물었다(나는 스스로 그다지 부자라고 생각하지 않았기에 좀 당황스러웠다). 하지만 당연히 나는 출연하겠다고 했다. 조앤 리버스팀이 촬영하러 오기 직전에 뉴욕의 제작사에서 방송국과 회의할때 사용할 인터뷰를 촬영해야 한다며 내게 직원을 보냈다. 인터뷰가 끝나고 나는 뉴욕의 새로운 친구들에게 전화를 걸어 인터뷰에 대한 내 의견을 전달했다. "인터뷰는 잘 진행됐습니다. 하지만 이걸로 방송국에 쇼를 팔 수는 없을 텐데요. 내가 방송국 책임자들을 만나서 팔아야겠습니다. 아니면 내가 어떤 회사로 '들어가서' 실제로 매출을 올리는 장면을 카메라에 담으세요." 그들은 방송국의 관심을 어느 정도 끌기 전에는 "보통 그런 건 촬영하지 않습니다"라고 답했다. 하지만 나는 인터뷰가 너무 약하다는 점을 계속 강조했다. 그리고 짧은 영상 하나를 만들어 그 쇼의 주제가 내가 아님을 방송국에 보여주어야 했다. 우리의 목적은 100년 만에 닥친 최악의 경제난을 겪고 있는 지금 어느 도시에서나, 어느 사업에서나 성공을 이루는 방법을 확실하게 보여주는 쇼, 그래서 누구나 보고 싶은 쇼를 만드는 것이었다.

불에 연료를 계속 공급하기 위해 나는 그 두 제작사에 새로운 정보를 지속적으로 보냈다. 한번은 내 핵심 사업과 관련 있는 컨벤션에 참석하려고 라스베이거스에 갔다. 그리고 한 촬영팀이 현장을 촬영하고 있는 모습을 보게 됐다. 나는 그들에게 내가 TV 쇼를 계획하고 있다고 설명하고 뉴욕의 제작사 관계자들에게 3분짜리 영상을 보내고 싶다고 말했다. 그리고 제작사의 관심을 끌 수 있는 즉석 영상을 찍어달라고 부탁했다. 나는 영상이 성공적으로 촬영되면 내가 TV 쇼를 현실로 만드는 일에 그들이 큰 도움을 주는 거라고 말했다. 놀랍게도 그들은 그렇게 해주겠다고 했다.

그리하여 나는 3분짜리 영상을 찍어서 〈당신은 진실을 감당할 수 없다You Can't Handle the Truth〉라는 제목을 붙였다. 이 영상은 지금도 유튜브에서 찾아볼 수 있다. 촬영 기사가 친절하게 영상

사본을 만들어줘서 두 제작사에 보낼 수 있었다. 그들은 이 영상을 무척 마음에 들어 했다. 덕분에 그들은 나를 계속 염두에 두었고 내 대의를 지지했다. 심지어 뉴욕의 제작사는 그들이 프레젠테이션하려던 방송국의 수를 늘렸다.

일을 성공시키려는 내 집념은 그들의 집념과 열정에도 불을 지피기 시작했다. 나는 성공이라는 불에 땔감을 계속 공급했다. 분명히 나는 사회적 통념을 초월하고 있었다. 그리고 당신도 이제 알다시피 나는 내가 무엇을 하고 있는지 대부분 몰랐다(용기는 행동에서 나온다). 내가 알고 있었던 단 한 가지는 더 큰 목표를 달성하기 위한 행동을 하고 있다는 사실이었다. 물론 겁이 났다. 투자한 돈이 걱정됐고 거절당할까봐 두려웠다. 하지만 나는 내가 완전히 새로운 문제들을 일으키고 있음을 알고 있었다. 그리고 그런 문제는 당연히 내가 올바른 방향으로 가고 있다는 신호였다.

그 이후 중요한 사건이 또 있었다. 조앤 리버스가 나와 촬영을 하려고 우리 집에 왔을 때였다. 나는 방송에 대한 아이디어를 제시했고 그녀는 내게 쇼를 진행하는 제작진의 이름을 알려주었다. 나는 관계를 옆으로나 아래로가 아니라 위로 확장하는 전략을 선택한 후 LA에 있는 제작사에 전화를 걸었다. 그리고 내 아이디어에 관한 회의를 하자고 요청했다. 뉴욕의 제작사 관계자들이 프로젝트를 끝까지 밀어붙이지 못할 경우를 대비해서였다. 기억하라. 다른 사람이 무슨 행동을 하든 땔감을 추가로 공급하는 일과 계속 행동력을 발휘하는 일을 중단하지 마라.

LA의 제작사는 내 아이디어를 좋아했다. 그리고 PD들이 조 앤 리버스 쇼에 내가 출연한 것을 이미 봤다고 해서 문제가 되지 않았다.

당시 나는 내가 구상한 쇼가 성공할 가능성이 있다고 생각하고 있었다. 하나의 아이디어로 한 군데와만 접촉하면 효과가 미미할 거라는 생각에 한 곳이 아닌 '두 곳'의 회사와 접촉해야겠다고 마음먹고 있었다. 그래서 LA의 파라마운트를 찾았다. 그런데 파라마운트에 가는 도중 나는 심한 자기회의에 빠져 계속 이런 생각을 했다. '이 사람들은 그냥 의무감으로 나를 만나는 거야. 그러니 모든 게 확실하다는 확신을 한순간도 해서는 안 돼.' 나는 파라마운트로 가는 내내 시간만 낭비하는 것 아닐까 하는 생각을 하며 되돌아오려고 했다. 이때 사명감이 작동하기 시작했다. 그렇다. 나는 겁이 났고 내가 무엇을 하고 있는지 정말 몰랐다. 하지만 그냥 했다. 감정은 늘 과대평가되고 부기맨의 임무는 나를 좌절시키는 것임을 기억해야 했다. 다시 한 번 강조하겠다. 이 책에서 설명한 모든 성공 전략에 주의를 기울여라. 내 결정을 이끈 것이 이 전략들이었다. 당신 역시 이 전략들에 따라 결정을 내려야 한다.

파라마운트 관계자들과 회의를 할 때 나는 그들이 이미 충분한 시간을 들여 내가 출연할 쇼에 대한 아이디어를 생각해놓고 있었다는 사실에 무척 놀랐다. 나는 그들이 관심 없을 거라는 두려움을 갖고 있었다. 그러나 대부분의 두려움이 그렇듯 그런 일은 전혀 없었다. LA 제작사와 뉴욕의 제작사 두 곳의 사람들은 모두 나에 대한 조사를 한 후 이런 말을 했다. "당신은 어디에나 존재하는 것 같군요."(나는 편재했다.)

이러한 성과를 소리치며 모두에게 알리고 싶었지만 아직은 그렇게 흥분해서 축배를 들 때가 아님을 알고 있었다. 일을 진전시키기 위해 더 큰 책임감을 지니고 더 많은 행동을 하며 계속 밀어붙여야 했다. 나는 두 회사 중 한 곳에서 계약하자는 전화가 걸려오기를 기다리고만 있지 않았다. 여러 세일즈 업체에 전화를 걸어 신설되는 내 쇼에 출연해 세일즈 비법을 배울 의향이 있는지 알아보기 시작했다(물론 쇼 진행 여부가 아직 결정되지 않은 때였다). 이 일은 보통 제작사의 업무였지만 다음 3가지 이유로 내가 나섰다. (1) 이 일과 관련해 아직 어떤 합의도 없고 쇼에 참여하겠다고 한 회사가 없었다. (2) 기다리는 게 싫었다. (3) 누구도 물러설 수 없는 지점까지 일을 밀어붙이고 싶었다. 내가 너무 공격적이고, 사회적으로 용납될 수 없는 방식으로 행동하고, 사회 통념을 무시했나? 내 행동이 누군가를 불쾌하게 만들었을까? 절대로 그렇지 않다! 생각해보라. 그 두 회사는 싫으면 그냥 '노'라고 하면 된다. 그러면 내 행동 중 어느 것도 그들에게 문제가 되지 않는다!

우리가 쇼를 알리려고 세일즈 회사들에 전화를 걸자 흥미로운 일이 생겼다. 사람들이 쇼에 출연하는 데 관심을 보이는 것은 물론이고 쇼에 출연하기 전에 미리 도움을 받을 수 있는지 묻기 시작한 것이다. 우리는 쇼를 알리는 전화만 걸었는데 많은 고객을 확보했다. 그리고 뉴욕의 제작사에 쇼에 출연하려는 회사들과 접촉하고 있다고 알렸다. 제작진은 "천천히 하세요"라고 했지만 나는 "천천히 하겠다고 말할 수는 있지만 그렇게 하지 않겠습니다"라고 했다. 이 통화 끝에 뉴욕의 제작사는 쇼 예고편 촬영에 동의했다. 우리는 할리 데이비드슨Harley-Davidson 대리점이 아주 생생하고 멋진 스토리를 만들어줄 거라는 데 의견을 모았다. 10여 통의 전화를 건 후 출연 의사가 있는 대리점을 찾았다. 아직 뉴욕의 제작사로부터 확답을 얻지 못한 상태였다. 하지만 내가 출연할 만반의 조건을 갖춘 이상적인 곳을 찾았다고 말하니 그들은 '노'라고 할 수 없었다. 제작사는 촬영 기사를 보내 이틀 동안 나를 촬영했다.(계속 밀어붙이면 어떤 식으로든 결과가 나온다는 사실을 기억하라.)

나는 TV 쇼를 진행한 경험도 없었고, 각본도 없었다. 전혀 준비가 안 되어 있었고 무엇을 해야 할지 아무것도 몰랐다. 하지만 세계에서 규모가 가장 큰 할리 매장에서 이틀 동안 촬영을 하기 위해 일단 출발했다.('먼저 전념하고 나중에 파악하라'가 기억

나는가?) 나는 한 번도 함께 일해보지 않은 사람들과 일하고 있었다. 솔직히 말해 겁이 나 죽을 지경이었다. 하지만 확실하게 알고 있는 것 하나는 내가 어떤 회사에 들어가든 그 회사 매출을 증가시켜줄 수 있다는 사실이었다. 그리고 두려움은 올바른 방향으로 가고 있다는 신호라는 점을 명심했다.

긴장을 풀기 위해 나는 미래에 집중하고 목표를 다시 상기했다. 두려움을 물리칠 수 있다고, 이런 일을 피해서는 안 된다고 나 자신에게 되풀이해서 말했다. 두렵다고 피한다면 사람들에게 나라는 존재와 그들을 도울 내 능력을 알리지 못할 것이다. 당신의 진짜 문제는 '이름 없음' 하나뿐이다. 나는 나 자신을 응원했다. '사람들 눈에 띄어야 해. 올인해, 전념하면 그 뒤에 창의력이 따라온다는 걸 믿어.' 내가 성공한 사람의 특성과 습관을 얼마나 활용했는지 생각해보라. '할 수 있다'는 태도를 가져라, 성공할 거라고 믿어라, 노출하라, 먼저 전념하고 나중에 파악하라, 나중이 아니라 지금 당장 하라, 올인하라, 용기를 내어라, 두려운 일을 하라, 목표에 초점을 유지하라, 리스크를 감수하라 등 이 모든 특성을 나는 발휘했다. 설령 실패하더라도 내 마인드셋과 행동은 올바른 방향으로 향하고 있다는 것을 나는 알고 있었다. 실적에 대해 후회할지언정 시도해보지조차 않고 후회하는 일은 절대 하지 않겠다고 다짐했다!

우리는 '예고편'을 촬영하기 시작했다. 시작한 지 3시간 정도 지나서 PD가 말했다. "그랜트, 당신이 하는 일을 제대로 보여줄 뭔가가 필요합니다. 말이나 설명이 필요 없는 그런 거 없을까요? 당신이 가르치는 방법이 실제로 효과를 발휘하는 걸 보고 싶은데요." 나는 촬영 기사를 보고 말했다. "카메라를 켜고 나를 따라오세요." 나는 할리 매장으로 들어가서 고객 한 사람 한 사람에게 다가가 오토바이에 올라가보라고 했다. 그런 다음 그들 주변을 돌면서 사진을 찍어 집에 있는 배우자에게 전송했다. 이런 메시지를 덧붙여서. "나는 지금 남편분에게 오토바이를 팔려고 합니다." 고객들을 상대하면서 그들의 반대와 저항을 해결하고 문제를 처리하는 모든 과정을 카메라에 담는 일은 신나고 재미있었다. 그 영상은 믿을 수 없을 정도로 강력한 힘을 발휘했다.

첫날 촬영을 마무리하면서 PD는 나를 보며 말했다. "어디서나, 어느 회사에서나 이렇게 할 수 있나요?" 내가 뭐라고 말했을지 지금쯤이면 당신도 잘 알 것이다. 혹시 모를 수 있으니 다시 반복해보겠다. "이봐요, 나는 어디에서든, 어느 회사에서든 이런 일을 끝도 없이 할 수 있어요. 아무리 경제가 나빠도 무엇이든 팔아서 매출을 증대시키는 방법을 누구에게든 보여줄 수 있다고요!" 그가 말했다. "믿어요. 사실 당신이 한 일을 보기 전에도 당신을 믿었어요. 이제 미국 전체가 이 TV 쇼를 봐야 합니다."

나는 그에게 한 가지 부탁을 했다. "방송국 관계자들과 미팅에서 그들에게 쇼에 관해 설명할 기회를 내게 주겠습니까?" 나는 그 쇼를 누구보다 잘 팔 자신이 있었다. 그는 그렇게 하겠다고 하고 뉴욕으로 돌아가서 편집을 시작했다. 그다음 주에 그는 나에게 전화를 걸어 쇼에 대한 기대로 정말 흥분된다고 하면서 하지만 여름 시즌 프로그램들 때문에 자신의 프레젠테이션이 지연되고 있다고 말했다. 방송국에 쇼의 예고편을 보여주려면 아마 4주가 더 지나야 할 것 같지만 틀림없이 모두가 그 쇼를 좋아할 거라고 장담했다.

하지만 3주가 지나도록 나는 그에게서 아무런 연락을 받지 못했다. 그래서 그에게 전화를 걸었다. 끈기가 없으면 그 쇼를 어디서도 성공시키지 못할 것임을 나는 알고 있었다. 전화 통화에서 그는 자신이 계속 '올인'하고 있다고 분명하게 말했다. 나는 그에게 내가 경영진 앞에서 쇼에 관한 프레젠테이션을 할 수 있게 해주겠다는 그의 약속을 상기시켰다. 일주일 뒤 그가 전화를 걸었다. 새벽 6시 45분이었다. 그는 이렇게 말했다. "그랜트, 나쁜 소식이 있습니다. 방송국에서 당신의 프레젠테이션을 보고 싶어하지 않아요. 대신 그 쇼를 당장 촬영하기를 바랍니다."

나는 "TV 쇼를 촬영하려면 300번의 프레젠테이션은 해야 한다"라고 말한 사람이 가장 먼저 떠올랐다. 그다음 아무도 세일즈에 대한 쇼를 보고 싶어 하는 사람이 없다고 말한 사람도 떠올랐다.(미래에 계속 초점을 맞추어라, 비합리적으로 행동하라, 땔감을 계속 공급하라, 사람들이 이미 한 일이나 할 수 있다고 말한 일만 하려고 하지 마라, 성공 가능성을 다른 사람들의 관점에서 생각하지 마라!) 사람들은 부정적인 생각과 손실에 사로잡힌 나머지 자신이 원하는 미래를 창조하는 일을 포기하고 만다. 어떤 사람은 자신의 포기를 정당화하려고 다른 사람의 모험을 비난한다. 불가능하다는 생각은 절대 하지 마라. 오히려 사람들이 불가능하다고 하는 일을 가능한 일로 만들기 위해 할 수 있는 일에 초점을 맞춰라. 내가 반대자들의 말을 듣지 않은 건 잘한 일이었다. 그렇지 않나?

아직 쇼를 촬영하지는 않았지만 모든 과정이 진행 중이며 내년에 쇼가 방송될 것이다. 나는 이 쇼가 경제가 어떻든, 어디에서든, 어느 때든 보통 사람들이 성공을 이루기 위해 어떤 방향으로 가야 하는지 시청자에게 제시해주리라 기대한다. 시장 침체, 금융 문제, 난관, 두려움이 아무리 강력해도 원대한 꿈을 꾸는 능력과 10배 더 많은 행동력만큼 강력한 힘을 발휘하지는 못한다. 아무리 혹독한 불황이라도 엄청난 행동량이 뒷받침하는 목표를 좌절시킬 수 없다.

이 행성에 당신의 발자국을 남겨라

이렇게 내 이야기를 소개한 것은 영역을 확장하겠다는 목표를 달성하기 위해 이 책에서 다룬 개념을 내가 얼마나 많이 활용했는지 보여주기 위해서다. 나는 당신과 비슷한 사람이다. 재능이 더 많은 것도 아니고 더 큰 확신이 있었던 것도 아니다. 다만 나는 10배 더 원대한 생각을 했고 10배 더 많은 행동을 했다. 10배의 법칙은 단순히 책의 주제가 아니다. 이것은 성공하기 위해 당신이 오늘 해야 하는 일이다. 세상은 말만 하는 사람에게 더는 보상을 안겨주지 않는다. 당신과 나는 말만 번지르르하게 하지 말고 한 말을 행동으로 지켜야 한다. 그러면 10배의 법칙이 누구에게나 '효과가 있다'는 사실을 깨닫게 될 것이다.

이 짧은 이야기는 그저 내 이야기만이 아니다. 이것은 '당신이' 해야 할 일에 대한 지침이다. 내가 그동안 살아오면서 얼마나 많은 사람의 비난과 조롱을 샀는지 당신은 모를 것이다. 수많은 사람이 내가 하고자 하는 일들에 눈살을 찌푸렸다. 당신은 내가 응답 없는 전화를 수십만 통 걸고 회신받지 못하는 이메일을 수천 통 보냈다는 사실도 모를 것이다. 얼마나 많은 사람이, 심지어 지지자들조차 내가 한도를 넘어 너무 밀어붙이다가 위험에 처할 수 있다고 말했는지 당신이 짐작할 수 있을까? 나는 30년 동안 성공을 대비하고 연구하며 실수를 저지르고 행동력을 발휘했다. 이 모든 것이 내 인생에서 유례없는 수준으로 훈련을 할 수 있게 해주었다.

훈련과 배움은 사명을 완수하고 용기, 끈기, 비합리적인 사고를 키우는 데 절대적으로 중요하다. 특히 자신을 단련하는 데 매우 중요한 요소다. 꿈과 목표에 합리적이거나 이성적인 태도로 접근해서는 안 되며 가능과 불가능을 구별할 필요도 없다는 사실을 나는 늘 되새긴다. 보통 수준의 생각과 행동으로 계속 살아가다가는 이례적인 성공을 결코 이룰 수 없다는 데 당신도 동의하리라 생각한다.

미래에 당신이 생존해 계속 성장하려면 원대한 생각과 엄청난 행동량, 확장, 리스크 감수는 필수다. 작은 것에 만족하며 조용하게 지내면 계속 그렇게 지낼 수밖에 없다. 그런 마인드셋을 버리지 못하면 아주 가까운 미래에 아무도 당신을 보거나 당신 목소리를 듣지 못할 것이며 심지어 당신이 존재하는지조차 모를 것이다. '10배 더 큰 생각과 10배 더 많은 행동'에 전념하라. 바로 이것이 성공한 사람과 실패한 사람을 가르는 중요한 차이다. 지능, 경제력, 인맥이 성공과 실패를 가르지 않는다. 엄청난 행동량 없이는 이 모든 건 힘을 발휘하지 못한다.

나에게는 여전히 장기적인 목적과 달성해야 할 목표가 있다. 나는 아직 쇼를 완성하지 못했고, 60억 명의 사람에게 나를 알리지 못했으며, 하고 싶은 또 다른 일이 무수히 많다. 이 세상에는 내가 아직 생각조차 못 해본 일들이 많다! 하지만 나는 내가 올바른 방향으로 가고 있다는 사실만은 확실하게 알고 있다. 이는 내가 더 특별한 존재거나 남다른 능력을 지녀서가 아니다. 10배 더 큰 생각과 10배 더 많은 행동을 하기 때문이다. 당신 역시 이 사실을 다시 한 번 명심하기 바란다.

당신의 불을 뜨겁고 활활 타오르게 해 사람들이 감탄하며 주위에 모여들 수밖에 없게 만들어라. 모든 답을 알 수는 없으며, 완벽한 타이밍은 없다. 장애물과 난관은 분명히 있을 것이다. 하지만 당신은 이 한 가지만 명심하면 된다. 지속적이고 끈기 있게 엄청난 수준의 행동량을 발휘하는 것, 행동의 네 번째 수준을 고수하는 것만이 당신이 바라는 성공을 보장해주는 유일한 방법이라는 사실이다. 엄청난 행동량에 올인하라. 이 세상 사람들이 행동의 첫 번째 수준부터 세 번째 수준에 머문 채 성공한 사람이 남긴 부스러기를 차지하려고 싸우며 삶을 낭비하는 것을 지켜보라.

주위를 둘러보면 이 세상이 보통 수준의 사람, 생각, 행동으로 가득 차 있음을 알게 될 것이다. 다시 더 자세히 살펴보라. 그러면 이렇게 보통을 받아들이는 세상 배후에 꿈을 포기하고 원대한 목적 추구를 중단한 많은 사람이 존재함을 '분명히' 알게 될 것이다. 그들은 자신이 '정상'이라고 평가하는 것에 안주하며 살아간다.

당신이 롤 모델로 삼을 사람을 선택할 때는 이례적인 성공을 거둔 사람을 골라야 한다. 삶에 대한 접근법 때문에 탁월해진 사람을 본받아라. 그들이 얼마나 특별한 존재고 당신과 얼마나 다른 사람인지는 걱정하지 마라. 그들이 한 생각과 행동에 초점을 맞추고 그대로 하라. 성공은 선택이 아니다. 올바른 수준으로 생각하고 행동하는 것은 당신의 의무다.

따라서 이 행성에 당신의 발자국을 남기는 책임을 완수하라. 당신의 임무를 완수하면 당신은 그야말로 가장 원대한 꿈과 가장 탁월한 행동으로 삶에 접근한 사람으로 기억될 것이다. 기억하라. 성공은 당신의 의무이자 사명이며 책임이다. 10배 더 큰 생각과 10배 더 많은 행동을 하면 당신은 그동안 꿈꾸어온 것보다 훨씬 더 큰 성공을 이루리라 장담한다!